# 城市轨道交通概论

## （修订）

主　编　陈　坚

副主编　霍娅敏　杨　林

参　编　陈聪聪　黎茂盛　胡　勇

　　　　王　超　任小聪

中南大学出版社

www.csupress.com.cn

·长沙·

**图书在版编目（CIP）数据**

城市轨道交通概论/陈坚主编. —长沙：中南大学出版社,2014.10
（2020.10 重印）

ISBN 978 - 7 - 5487 - 1189 - 6

Ⅰ. 城…　Ⅱ. 陈…　Ⅲ. 城市铁路—概论

Ⅳ. U239.5

中国版本图书馆 CIP 数据核字（2014）第 220137 号

# 城市轨道交通概论

## （修订）

陈　坚　主编

□**责任编辑**　刘颖维

□**责任印制**　周　颖

□**出版发行**　中南大学出版社

　　　　　　　社址：长沙市麓山南路　　　　邮编：410083

　　　　　　　发行科电话：0731 - 88876770　　传真：0731 - 88710482

□**印　　装**　长沙印通印刷有限公司

□**开　　本**　787 mm×1092 mm　1/16　□**印张** 14.5　□**字数** 367 千字

□**版　　次**　2014 年 10 月第 1 版　□2020 年 10 月第 2 次印刷

□**书　　号**　ISBN 978 - 7 - 5487 - 1189 - 6

□**定　　价**　42.00 元

# 高等院校交通运输类"十三五"创新教材

# 编审委员会

# 总 序

　　交通运输业是国民经济体系的重要组成部分，也是促进国民经济发展的重要基础产业和推动社会发展的先决条件。在最近的 30 年里，我国交通运输业整体上取得飞速发展，交通基础设施、现代化运输装备、客货运量总量和规模等都迅猛扩展，大量的新技术、新设备在铁路等交通运输方式中被投入应用。同时，通过大量的交通基础设施建设，特别是近年来我国高速铁路的不断投入使用，使我国的交通供需矛盾得到一定的缓解，我国交通运输网络的结构也得到了明显改善，颇具规模的现代化综合型交通运输网络已经初步形成。

　　我国交通运输业日新月异的发展，不仅对专业人才提出了迫切的需求，更使其教材建设成为专业建设的重点和难点之一。为解决当前国内高校交通运输类专业教材内容落后于专业与学科科技发展实际的难题，由中南大学出版社组织国内交通运输领域内的一批专家学者，协同编写了这套交通运输类"十三五"创新教材。参与规划和编写这套教材的人员都是长期从事交通运输专业的科研、教学和管理实践的一线专家学者，他们不仅拥有丰富的教学和科研经验，同时还对我国交通运输相关科学技术的发展和变革也有深入的了解和掌握。这套教材比较全面、系统地介绍了目前国内交通运输领域尤其是高速铁路的客货运输管理、运营技术、车站设计、载运工具、交通信息与控制、道路与铁道工程等方面的内容，在编写时也注意吸收了国内外业界最新的实践和理论成果，突出了实用性和操作性，适合高等院校交通运输类以及相关专业的培养目标和教学需求，是较为系统和完整的交通运输类系列教材。该套教材不仅可以作为普通高校交通运输专业课程的教材，同时还可以作为各类、各层次学历教育和短期培训的首选教材，也比较适合作为广大交通运输从业人员的学习参考用书。

　　由于我们的水平和经验所限，这套教材的编写也有不尽如人意的地方，敬请读者朋友不吝赐教。编者在一定时期之后会根据读者意见以及学科发展和教学等的实际需要，再对教材进行认真的修订，以期保持这套教材的时代性和实用性。

　　最后衷心感谢参加这套教材编写的全体同仁，正是由于他们的辛勤劳动，编写工作才得以顺利完成。我们还应该真诚感谢中南大学出版社的领导和同志们，正是由于他们的大力支持和认真督促，这套教材才能够如期与读者见面。

中国工程院院士

2020 年 10 月

# 前　言

随着交通基础设施建设、维护和运营技术的发展，在信息化、智能化、低能耗、安全运营的大背景下，交通运输部提出了新时期以"四个交通"为核心内涵的行业战略发展方向。城市轨道交通具有运能大、污染小、用地少、效率高等显著优势，是"四个交通"的重要组成部分，也是引领城市用地布局及城市发展的重要手段，我国城市轨道已经进入了快速发展的新时期。

本书作为城市轨道交通的入门教材，以"专题模块、前沿热点、专业规范、全面系统、新颖实用"为编写的核心思想，由国内交通运输领域多所高校共同完成。本书可作为高等院校城市轨道交通、交通运输、交通工程、车辆工程等相关专业本科教学用书，也可作为相关专业技术人员培训及自学参考使用。

本教材按照专题模块的思路进行教材编写，每个模块设有引例、核心内容、扩展阅读、思考与练习等部分。本教材重新梳理了城市轨道交通大系统的构成，并依据土建、机电、通信、运营等大类设置了工程设施、机电设施、通信信号设施、运营管理等四个基础模块，安全应急、经济效益评估、发展前沿等三个前沿模块。内容紧密结合我国城市轨道交通行业发展最新动态、最新政策，以拓展学生的视野。在城市轨道交通发展前沿模块中设有行业热点问题、真空管道超高速地面轨道交通、中低速磁浮交通等前沿内容。并在每个模块设置了拓展阅读环节，提供大量的与本模块相关的案例、法规等资料供学生课外查阅。通过每个模块的引例激发学生的兴趣，注重教材的实用性，将大量城市轨道交通工程资料、项目研究报告、国内外文献等作为本书的编写参考资料，提高教材的实用性。

本书共分九个模块，全书由陈坚主编。各模块的编写分工为：模块一和模块七由陈聪聪编写；模块二和模块五由霍娅敏、王超编写；模块三由胡勇编写；模块四由杨林编写；模块六由黎茂盛编写；模块八和模块九由陈坚、胡勇、任小聪编写。全书各章节由陈坚进行统稿与校对。

由于编者时间和水平有限，书中若有不当或错误之处，敬请同行专家和读者批评指正。可通过邮箱 chenjian@ cqjtu. edu. cn 进行联系与交流。

编者

2020 年 10 月

# 目　录

# 模块一

# 发展概况

## 【引　例】

### ➤ 天行者

2014 年 6 月以色列特拉维夫市官员表示，期望已久的"天行者"空中汽车将于 2015 年投入使用，"天行者"空中汽车系统使用一系列高架磁轨道，是一种两人乘坐的交通工具，能够悬浮运行。人们可以通过智能手机呼叫"天行者"空中汽车，这种荚状交通工具将运载人们抵达指定站点，期间不会在高架磁轨道沿途任何站点停泊。"天行者"空中汽车如图 1 - 1 所示。

"天行者"空中汽车最初有一个 500 m

图 1 - 1　"天行者"空中汽车

环形轨道，建造在以色列航太公司内部，运行速度达到 70 km/h。城市规划专家乔伊·迪格南称，特拉维夫空中汽车计划代表新一代交通运输方式的诞生，这是一种比建造列车轨道成本更低的交通运输方式，也是城市的一道美丽风景线。

目前全球其他城市也在规划"天行者"空中汽车方案，其中包括：法国图卢兹市、印度喀拉拉邦市和美国加州旧金山市。

## 1.1　城市轨道交通概述

随着城市化的不断发展，机动化给城市带来了空前的交通问题，人类正花费巨大的代价寻求解决城市交通问题的出路。目前，比较一致的看法是发展公共交通是基本的策略。

城市轨道交通作为城市公共交通的主要组成部分，因其运量大、快速、正点、低能耗、少污染、乘坐舒适方便等优点，已成为解决特大城市、大城市交通问题的技术政策。

城市轨道交通经过百余年的发展，机车车辆、自动控制、通信和信号等技术方面有了很大的进步，很多方面代表和体现了当今高新科学技术发展的水平。与此同时，发达国家的经验表明，城市轨道交通是解决大城市交通问题的根本途径，发展城市轨道交通对于我国大城市可持续发展具有非常重要的意义。

## 1.1.1 城市轨道交通的概念

### 1. 基本概念

城市中使用车辆在固定导轨上运行并主要用于城市客运的交通系统称为城市轨道交通。在我国国家标准《城市公共交通常用名词术语》中,将城市轨道交通定义为"通常以电能为动力,采取轮轨运输方式的快速大运量公共交通的总称"。

城市轨道交通是指具有固定线路、铺设固定轨道、配备运输车辆及服务设施等的公共交通设施。城市轨道交通是一个包含范围较大的概念,在国际上没有统一的定义。一般而言,广义的城市轨道交通是指以轨道运输方式为主要技术特征,是城市公共客运交通系统中具有中等以上运量的轨道交通系统(有别于道路交通),主要为城市内(有别于城际铁路,但可涵盖郊区及城市圈范围)公共客运服务,是一种在城市公共客运交通中起骨干作用的现代化立体交通系统。城市客运系统分类如图 1-2 所示。

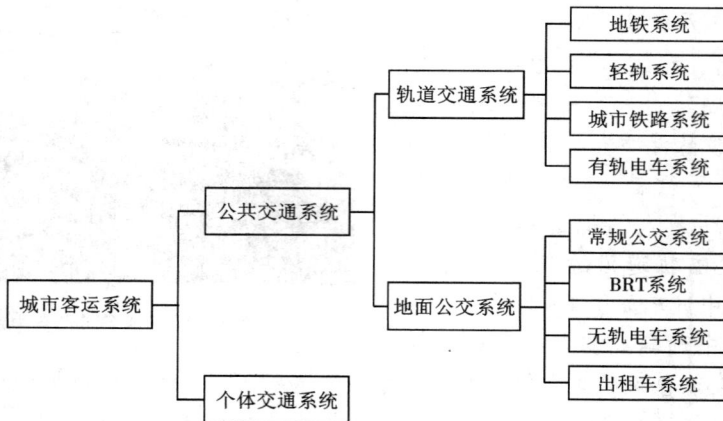

图 1-2 城市客运系统分类

### 2. 城市轨道交通在城市公共交通中的作用与地位

(1)城市轨道交通是城市公共交通的主干线,客流运送的大动脉,是城市的生命线工程。建成运营后,将直接关系到城市居民的出行、工作、购物和生活。

(2)城市轨道交通是世界公认的低能耗、少污染的绿色交通。是解决城市通病的一把"金钥匙"。

(3)城市轨道交通是城市建设史上最大的公益性基础设施,对城市的全局和发展模式将产生深远的影响。为了建设生态城市,应把摊大饼式的城市发展模式改变为伸开的手掌形模式,而手掌形城市发展的骨架就是城市轨道交通。城市轨道交通的建设可以带动沿轨道交通廊道经济的发展,促进城市繁荣,形成郊区卫星城和多个副中心,从而缓解城市中心人口密集、住房紧张、绿化面积小、空气污染严重等城市通病。

(4)城市轨道交通的建设与发展有利于提高市民出行的效率、节省时间、改善生活质量。国际著名的大都市由于轨道交通事业十分发达方便,人们出行很少使用私人车辆,主要依靠地铁轻轨等轨道交通,故城市交通秩序井然,市民出行方便省时。

## 1.1.2  城市轨道交通的分类

城市和区域轨道交通的系统制式可按运能、线路敷设方式、路权等多个方面进行划分，从目前国内外轨道交通的发展现状及趋势来看，城市和区域轨道交通的发展模式主要有地铁、轻轨、单轨系统、区域快速铁路、有轨电车以及新交通系统等几种。

### 1. 地铁

地铁(subway，又统称 metro)是大容量的快速客运系统。单向运量每小时为 3 万～6 万人次，平均旅速为 30～40 km/h，最高速度可达 80 km/h。地铁适用于人口密集的城区，主要承担城市中心区主要交通走廊中居民的出行。线路一般埋于地下，也可在地面或高架运行，但在市区仍以地下线居多，属于全封闭系统。地铁造价较高，地下线一般在每千米 5 亿元以上。作为最主要的一种轨道交通制式，地铁在世界范围内很多城市都有发展，图 1 - 3 所示为德国柏林地铁和英国伦敦地铁。

(a)德国柏林地铁　　　　　　　　　　　(b)英国伦敦地铁

**图 1 - 3　国外地铁实例**

### 2. 轻轨

轻轨(light rail transit，简称 LRT)是在有轨电车的基础上发展起来的中容量的中速客运系统。单向运量为 1.5 万～3 万人次/h，平均旅速为 25～35 km/h，最高速度可达 60～80 km/h。轻轨线路有地面、高架和地下线三种，以地面和高架为主，属于全封闭、半封闭系统。与地铁相比，轻轨的线路半径、坡度等限制相对宽松，因此适用性较强，同时其建设工期较短，造价也较低，一般地面线为每千米 1.5 亿元左右。由于轻轨所具有的这些优势，使其在国内外很多城市也有很大的发展，图 1 - 4 所示为美国波特兰轻轨和我国上海轻轨。

### 3. 单轨系统

单轨系统(monorail system)是指以单一轨道梁支撑车厢并提供引导作用而运行的轨道交通系统，依据支撑方式的不同，可以分为跨座式与悬挂式两种。单向运量为 0.5 万～2 万人次/h，平均旅速为 30～45 km/h，最高速度为 75～80 km/h。单轨系统适用于中运量以及短途、低运量的城市客运交通。大多采用高架方式，景观性较好，属于全封闭系统。其爬坡能力强、转弯半径小，适用于地形较为复杂的城市。单轨系统建设工期短，跨座式造价为每千米 2 亿～2.5 亿元，

(a) 美国波特兰轻轨　　　　　　　　　　(b) 我国上海轻轨5号线

**图 1 - 4　国内外轻轨实例**

悬挂式为 3 亿元左右。目前世界上单轨系统在日本、德国应用较多，我国重庆的轻轨 2 号线、3 号线也采用了单轨系统。图 1 - 5 所示为德国伍珀塔尔悬挂式单轨实例和我国重庆单轨 2 号线实例。

(a) 德国伍珀塔尔悬挂式单轨　　　　　　(b) 我国重庆单轨2号线

**图 1 - 5　国内外单轨实例**

### 4. 区域快速铁路

区域快速铁路（区域快线）（area rapid transit 或 regional express railway）是在市郊铁路基础上发展起来的大容量快速客运系统，某些国家和地区仍称作市郊铁路或通勤铁路（commuter rail）。单向运量可达 4 万 ~ 7 万人次/h，平均旅速一般不低于 60 km/h，最高速度可达 120 km/h 以上。区域快线主要承担城市市区与市郊以及卫星城之间居民的中长距离出行。其线路有地面、高架和地下线三种，以地面和高架为主，属于全封闭系统。区域快线的主要特点是高速度和大站距，站间距一般都超过 2 km，个别地段可超过 5 km。由于线路长度和全程运营的时间较长，需要较高的座位率和舒适度，因此很多区域快线都采用横排式座位。目前世界上较为典型的区域快线系统有法国巴黎的 RER 系统、日本东京的 JR 铁路（见图 1 - 6）、美国旧金山的 BART（见图 1 - 7）系统以及香港的新机场快速铁路。

图 1-6　日本东京 JR 铁路

图 1-7　美国旧金山 BART 快速铁路

### 5. 有轨电车

有轨电车（tramcar）实际上是轻轨的最早形式，它也是最便宜的轨道交通运输工具。单向运量为 0.2 万～1 万人次/h，平均旅速为 10～20 km/h，最高为 50～70 km/h。有轨电车适用于城市居民的短距离出行，一般在混行车道上运行，属于开放式系统。世界范围内很多城市的有轨电车已经被拆除，在我国也只在大连等极少数城市还保留了有轨电车，但最近欧洲出现了一种新型有轨电车系统，如巴黎 2006 年底开通的 T3 线（见图 1-8），其技术特性已基本和轻轨无异。

图 1-8　法国巴黎 T3 线有轨电车

### 6. 新交通系统

目前世界上还开发了自动导轨运输系统（automated guideway transit，简称 AGT）、直线电机轨道交通（linear metro）等新型轨道交通系统制式，统称为新交通系统（new transport system）。

自动导轨运输系统是一种车辆采用橡胶车轮，依靠导向轮引导方向，在两条平行的平板轨道上自动控制运行的新型快速客运交通系统。单向运量为 1 万～2 万人次/h，平均旅速为 20～30 km/h，最高为 50～60 km/h。其固定轨道可以为地下或高架方式，也可敷设于地面，但必须完全与街道中的车辆及行人交通隔离，属于全封闭系统。当前世界上新交通系统发展比较好的有日本东京临海新交通系统（见图 1-9）和法国的 VAL 系统（见图 1-10）。

直线电机轨道交通系统是由线性电机牵引，轮轨导向的中运量轨道交通系统，是利用直线电机和轨道中间安装的感应板之间的电磁效应产生的推力作为列车的牵引力或电制动力。单向运量为 3 万～5 万人次/h，平均旅速为 40～50 km/h，最高可达 90 km/h。车辆编组运行在小断面隧道、地面和高架专用线路上，属于全封闭系统。其特点是爬坡能力强、转弯半径小及噪声和振动小等。目前世界上此技术比较成熟的国家有日本和加拿大（加拿大的直线轨道交通实例见图 1-11）等，我国于 2005 年投入运营的广州地铁 4 号线（见图 1-12）以及 2007 年底全线贯通的北京机场线也选择了这种新型的轨道交通系统。

图1-9　日本东京临海新交通系统

图1-10　法国 VAL 系统

图1-11　加拿大温哥华 Sky Train

图1-12　广州地铁4号线

## 7. 各种模式的对比

城市和区域轨道交通种类繁多，且在系统运能、敷设形式、运营组织等方面都存在不同，应用范围也不相同，因此不同的城市应根据当地情况选择与之相适应的模式。表1-1对不同类型轨道交通系统的技术特点进行了对比。

表1-1　城市和区域轨道交通各种方式的技术特性对比

| 制式<br>特性 | 地铁 | 轻轨 | 单轨 | 区域快线 | 有轨电车 | 新交通<br>系统 |
|---|---|---|---|---|---|---|
| 系统运能<br>（万人次/h） | 3~6 | 1.5~3 | 0.5~2 | 4~7 | 0.2~1 | 2~4 |
| 封闭形式 | 全封闭 | 全封闭半封闭 | 全封闭 | 全封闭 | 开放式 | 全封闭 |
| 敷设形式 | 地下、地面、高架 | 地面、高架、地下 | 高架 | 地下、高架、地面 | 地面 | 地面、高架、地下 |
| 站间距（km） | 0.8~1.5 | 0.5~1.0 | 0.5~1.0 | 2.0~5.0 | 0.3~0.8 | 0.8~1.2 |
| 运营组织 | 追踪 | 追踪 | 追踪 | 追踪、越行 | 追踪 | 追踪 |
| 最小间隔时间（min） | 1.5 | 2.5 | 2.5 | 2 | 2 | 2.5 |
| 最高速度（km/h） | 80 | 60~80 | 75~80 | ≥120 | 50~70 | 50~60 |
| 平均旅速（km/h） | 30~40 | 25~35 | 30~45 | 45~60 | 10~20 | 20~30 |

## 1.1.3 城市轨道交通技术经济特性

### 1. 城市轨道交通具有较大的运输能力

城市轨道交通由于高密度运转、列车行车时间间隔短、行车速度高、列车编组辆数多而具有较大的运输能力。单向高峰每小时的运输能力最大可达到6万~8万人次(市郊铁道);地铁达到3万~6万人次,甚至达到8万人次;轻轨1万~3万人次,有轨电车能达到1万人次,城市轨道交通的运输能力远远超过公共汽车。据文献统计,地下铁道每千米线路年客运量可达100万人次以上,最高达到1200万人次,如莫斯科地铁、东京地铁、北京地铁等。城市轨道交通能在短时间内输送较大的客流,据统计,地铁在早高峰时1 h能通过全日客流的17%~20%,3 h能通过全日客流的31%。

### 2. 城市轨道交通具有较高的准时性

城市轨道交通由于在专用行车道上运行,不受其他交通工具干扰,不产生线路堵塞现象并且不受气候影响,是全天候的交通工具,列车能按运行图运行,具有可信赖的准时性。

### 3. 城市轨道交通具有较高的速达性

与常规公共交通相比,城市轨道交通不受其他交通工具干扰,车辆有较高的运行速度,有较高的启、制动加速度,多数采用高站台,列车停站时间短,上、下车迅速方便,而且换乘方便,从而可以使乘客较快地到达目的地,缩短了出行时间。

### 4. 城市轨道交通具有较高的舒适性

与常规公共交通相比,城市轨道车辆具有较好的运行特性,车辆、车站等装有空调、引导装置、自动售票等直接为乘客服务的设备,城市轨道交通具有较好的乘车条件,其舒适性优于公共电车、公共汽车。

### 5. 城市轨道交通具有较高的安全性

城市轨道交通由于运行在专用轨道上,没有平交道口,不受其他交通工具干扰,并且有先进的通信信号设备,极少发生交通事故。

### 6. 城市轨道交通能充分利用地下和地上的空间

大城市地面拥挤、土地费用昂贵。城市轨道交通由于充分利用了地下和地上空间的开发,不占用地面街道,能有效缓解由于汽车大量增多而造成道路拥挤、堵塞,有利于城市空间合理利用,特别有利于缓解大城市中心区过于拥挤的状态,提高了土地利用价值,并能改善城市景观。

### 7. 城市轨道交通的系统运营费用较低

城市轨道交通由于主要采用电气牵引,而且轮轨摩擦阻力较小,与公共电车、公共汽车相比节省能源,运营费用较低。

### 8. 城市轨道交通对环境污染小

城市轨道交通由于采用电气牵引,与公共汽车相比不产生废气污染。由于城市轨道交通的发展,还能减少公共汽车的数量,进一步减少了汽车的废气污染。由于在线路和车辆上采用了各种降噪措施,一般不会对城市环境产生严重的噪声污染。

## 1.2 城市轨道交通发展历程

### 1.2.1 城市轨道交通的由来与发展

**1. 地铁的诞生**

伦敦地铁是世界上第一条地下铁道。1856 年开始修建，1863 年 1 月 10 日正式投入运营。第一天的乘客总数就达到了 4 万人次。按照当年 7 月的统计，在地铁向公众开放的前 6 个月里，乘客数目达到 477 万人次，平均每天有 2.65 万人次乘坐。地下铁路成为伦敦历史上第一个多数市民可以负担和使用的公共交通工具。它长约 7.6 km，隧道横断面高 5.18 m、宽 8.69 m，为单拱形砖砌结构，当时是以蒸汽机车牵引列车。1890 年又建成一条地下铁道，长 5.2 km，隧道为圆形，内径 3.10～3.20 m，铸铁管片衬砌。用电力机车牵引列车，为世界上第一条电气化地铁。现在英国伦敦地铁列车通过第三轨供直流电，电压为 600 V。列车运行速度约 32 km/h，最大时速达 96 km/h。伦敦地铁于 1971 年开始在维多利亚线区应用遥控和计算机技术操纵列车。

**2. 关键时间节点**

地铁的产生源于将列车引入城市中心的构想。

1804 年，第一台行驶于轨道上的蒸汽机车试制成功。

1825 年，英国修建了世界第一条铁路，长 21 km。

此后，铁路快速发展，到 1863 年第一条地铁开通之前铁路总里程超过 100000 km，这个时期铁路只用于城市间的客货运服务，不直接服务城市交通。

但是铁路的发展促进了城市的发展也促进了城市交通需求的发展。与此同时，城市公共交通的改进是通过马车来实现的，1829 年，公共马车在巴黎推行，随后 1831 年纽约也引入了这种车辆。公共马车行驶缓慢颠簸，不舒适，且随着数量的迅速增加，容易导致交通拥挤及阻塞。

在以上两个背景下，1832 年有轨马车诞生。有轨马车是将马车放在钢轨上行驶，既提高了速度和平稳性，增大了规模，也降低了运输成本和票价。有轨马车是城市轨道交通的雏形。

随着轨道安装成本下降，从 1855 年开始，有轨马车在美国和欧洲得到快速扩展，替代了公共马车。到 1890 年，有轨马车总的轨道里程达到 9900 km。

虽然有轨马车比公共马车有了很大改进，但相对而言速度慢、平面交叉口交通阻塞等问题仍然存在，逐渐不能满足居民出行的需要，在此基础上，人们开始考虑用机车代替马车，以提高速度。1863 年，第一条快速轨道交通线在伦敦建成运营，线路位于地下隧道内用蒸汽机车牵引，成为地铁。从此，铁路技术开始被用来解决人们在城市内的出行。

### 1.2.2 世界轨道交通的发展史

随着社会与经济的发展，城市化已成为当今世界发展的重要趋势。在城市化的历程中，不同规模及不同发展阶段的城市产生了不同的交通需求，需要通过相应的交通技术水平及运输工具来加以满足。从许多国际化大都市发展的实践来看，轨道交通以其运量大、速度快的技术优势已成为城市交通结构中不可缺少的组成部分，它较好地解决了大、中城市交通日益增长的供需矛盾问题，并满足了城市化的要求。与城市的形成、发展及城市化进程的初级阶段、中级阶段和高级阶段相对应，城市交通的发展也分为初级、中级和高级三个阶段；相应地，作为城市交通主要组成部分的城市轨道交通的发展则经历了生成期、成长期和成熟期三个阶段。

**1. 生成期的城市轨道交通**

生成期在时间跨度上主要包括城市轨道交通的产生及发展的初期。大约在 2000 年前，人类社会开始了城市化历程，城市交通问题的爆发导致城市轨道交通的产生。

1）城市轨道交通的生成与公共交通

城市化是人与物、资金、技术、信息等由乡村向城市、由小城镇向大城市、由空间上的平面向某些点聚集的历史过程。生成期城市轨道交通的变革具有时代的爆发性。城市化初期，由工业技术进步所创造的所有先进交通工具基本上是首先用于解决市际交通问题的。当城市化过程发展到一定程度，城市规模扩大到只有利用交通工具才能保证城市经济生活的正常进行时，城市内部交通系统才开始诞生，出现了相应的交通工具并逐渐有所发展。正是在这种背景之下，1828 年在巴黎出现了一种可供 14 人乘坐的单行"公共马车"，并以固定路线、固定价格、按固定站循环的方式运载乘客，这是历史上第一条公共交通线，随后又演变成马拉轨道车，从而拉开城市轨道交通发展的序幕。

自从巴黎的马拉轨道车问世后，世界上其他一些城市也纷纷仿效，城市轨道交通得到了初步发展。如 1832 年，纽约市建成了第一条马车铁道。城市轨道交通的出现，对城市化过程而言虽然是一个渐变的过程，但由于在城市发展的数千年历史中，城市内部交通问题并没有突出过，所以对整个城市发展史而言，却是一个具有爆发性的动态过程。

2）生成期城市轨道交通的特点

在生成期，城市轨道交通刚刚起步。受历史条件和物质技术条件的限制，生成期的城市轨道交通具有以下主要特点：

（1）轨道交通设计简单、技术装备水平低。生成期的城市轨道交通是建立在传统交通工具马车的基础上的，其动力为畜力，运行路线固定在轨道上。承载能力较传统的马车有较大提高，但与现代城市轨道交通相比，则不可同日而语。

（2）轨道交通在城市交通中所占份额有限。在生成期，城市内部交通虽然开始爆发，但主要是通过私人交通工具来解决的。同时，由于公共交通工具收费较昂贵，普通市民往往难以承受，比如在 1850 年，巴黎、伦敦公共交通工具的乘客主要是中产阶级和上层人士，其票价相当于城市工人 1 h 的工资。

**2. 成长期的城市轨道交通**

1）城市轨道交通的发展

自工业革命以后的城市规划无不把城市交通放到了极为重要的地位，同时城市交通的侧重点从城市的外部交通逐渐转移到城市内部交通特别是轨道交通上来。先进的交通工具也随即从外部交通转到内部交通中来。比如：伦敦、巴黎、纽约、东京和柏林都曾把部分市际铁路改造为市郊铁路，甚至把蒸汽牵引方式也一度引入城市内部交通之中。城市内部交通的含义中，关于城市轨道交通的成分比例也越来越大。这一过程是与城市化的步伐紧密相连的。

城市化要求城市交通系统的规模与其发展的规模相适应。随着城市化进程的加快和城市规模的扩大，除了要保证城市内部人员的正常出行需要，并发展相应的城市客运交通工具以外，交通工具的规模即承运能力必须与城市化本身发展的规模相适应。从马车、马拉轨道车向有轨电车、地铁方向的发展，不仅仅表现为交通工具的变革，最主要的还是承运能力的变革。

成长期的城市轨道交通系统已相当完备，在城市交通中所占的比重越来越大。进入成长期后，国外城市内部交通系统迅速发展，各国在很短时间里就把由工业革命带来的技术进步用到了城市交通系统中，尤其是市内交通部分。在交通工具的更新与改造方面，更是不遗余力。

轨道交通伴随着城市公共交通的发生而生成，它从一开始就以大众运输作为主要服务对象，并逐步成为城市公共交通结构中不可缺少的组成部分。这种运行方式正好适应了城市化后城市客流对公共交通变化的需要。在以后近百年的时间里，许多大城市基本上都把城市轨道交通的发展作为城市公共交通系统的主体来对待。从一定程度上讲，轨道交通在现代城市交通的大众化中起着不可忽视的重要作用，其飞速发展是历史的一种必然趋势。

2）成长期城市轨道交通的特点

城市化的发展必然对城市轨道交通的发展提出各种新的要求。在轨道交通走向成长期的过程中出现的较重要的思想是要求系统在硬件和软件方面不断地、尽快地研究和采用先进技术。

（1）硬件方面的特点。在硬件方面，先进技术的采用主要表现为城市轨道交通运输工具的更新与完善。以工业革命驱动的城市化进程及现代城市的诞生，促使了人与物针对城市空间运动流量的迅速扩大及在城市内部流量积沉量的增大。与城市经济功能及经济结构的完善、城市规模的扩大及人与物在城市内部空间运动流量的增加相对应，城市公共交通系统得到了迅速的发展与完善。交通运输工具迅速由传统化向现代化进化。对伦敦、纽约、柏林等城市的研究分析表明，城市轨道交通及其技术装备水平在成长期得到了前所未有的创新和发展。而轨道交通及公共交通系统的快速发展和日臻完善，反过来又极大地推动了城市化进程和现代城市社会与经济功能的进一步强化。

（2）软件方面的特点。在软件方面，先进技术的采用主要表现在城市规划与城市交通布局及轨道交通网络的发展开始以先进的设计思想为指导。比如，索里亚在马德里的城市改建方案中，对轨道交通在城市规划中的系统布置提出了较为科学的看法。他的"线状城市"方案认为城市的形状应采用线状，同时轨道交通应以地下、地面和高架相结合的方式进行规划、建设。之所以提出如此设想，是因为他认为轨道交通（铁路、地铁和有轨电车）是能够做到安全、高速、高效和经济的最好交通工具，而城市以其为轴作线性发展，可以使二者得到良好的匹配及发展。在他设计的城市中，以一条宽度不小于 40 m 的干道作为"脊梁骨"，电气化铁路就铺设在这条干道的轴线上。而作为线状城市之轴线的铁路线，可以经由地下或者高架，一直引到市中心。此外，他还设计了一条长 50 km 的有轨电车环行线，离市中心的半径约 7 km，形成线状城市的骨干。在索里亚的设计方案中最为大胆的设想是使电车轨距与火车轨距相同，从而将新线与一个主要的铁路车站相连，以便能利用有轨电车线为工厂企业进行货物运输。

可以看出，尽管索里亚在 1882 年提出的方案是用于马德里城市交通改建的，但这些思想至今基本上被延续了下来。特别是关于城市有轨交通建设可采用地下、地面、高架三种方式结合的方法，正是目前世界各大城市所普遍采用的。

### 3. 成熟期的城市轨道交通

和任何事物的变化规律一样，城市轨道交通也有一个发生、发展、成熟的过程，这其中除了技术因素外，更重要的是社会因素。第二次世界大战以后，世界各国的经济进入了一个新的发展期。在二战前城市化水平比较高的国家，在战争后又迅速进入城市化发展比较成熟的阶段。而不少在二战前城市化水平并非很高的国家或地区，由于城市经济的飞跃发展也迅速达到了城市化比较成熟的阶段。由城市化发展与城市交通发展的紧密关系所决定，一些发达国家或地区的城市交通，特别是轨道交通发展也进入了成熟期。

由工业革命推动的城市化，在一些发达国家经过近一个世纪的加速发展后，先后于21世纪七八十年代进入稳定期。从总体上说，以城市化人口所占比例达到80%左右就基本上处于稳定状态了。它既标志着城市化发展已基本上进入了稳定成熟期，也标志着人与物向城市空间运动的规模流量积沉达到了空前的水平，同时市际交通与市内交通的规模也达到了空前水平。

促使城市交通进入成熟期的因素是多方面的，但总的说来可归结为两方面：一个方面是城市经济的进一步发展，并最终把城市化发展推向了成熟阶段；另一个方面则是城市交通本身的进一步发展，使其不仅在满足城市对内与对外交通需求方面得到了进一步满足，而且在交通系统及运输手段革新方面也有了极大的发展和完善，从而保证了城市轨道交通的发展在一些发达城市进入了成熟期。

1）成熟期城市轨道交通系统的结构

成熟期城市轨道交通系统的结构已较为完善，在公共交通中的主导作用日益显著。其主要交通工具包括地下铁道、轻轨、高架单轨、市郊铁路、新交通系统、有轨电车、索道缆车等。

2）成熟期城市轨道交通发展的主要特征

通过对纽约、巴黎、伦敦、东京、莫斯科等城市市内交通客运量结构的分析与研究结果表明，这些发达城市在客运量方面，公共交通始终是占第一位的，无论私人交通如何发展，公共交通作为主体的地位一直没变。在市内客运交通中，公共交通占有绝对的优势，并且在大城市的客运交通中，有轨交通往往又占有比较大的优势，居主导地位。公共交通所占的比例一般为60%～80%，其中有轨交通的比例则达30%～45%，真正解决城市交通问题的主要还是地铁、高架、市郊铁路等轨道交通运输系统。全方位、立体化市内和市际交通运输方式的完善更促使城市轨道交通的发展步入成熟期。在轨道交通的发展进入成熟期后，无论是市际还是市内交通方面，比较成熟的运输市场及多元化的交通格局已经形成。同时，各国政府及城市当局在城市交通方面巨大的资金、物资及人力的投入，为城市轨道交通进入成熟期提供了物质保证。处于成熟期高级阶段的轨道交通主要具有以下基本特征：

（1）城市交通体系不再单一，更注重公交协调合作的作用，强调大小公交的衔接和一体化，大容量快速轨道交通与传统汽、电车地面交通两大类运输方式形成全方位、立体化、多层次的格局。城市客运交通是一个整体化的设计，轨道交通与公共汽车、电车在车站的衔接上非常紧密，使乘客换乘极其方便，促使更多的人使用公交而少用私人交通工具。

（2）随着城市化发展速度变慢，人与物向城市空间运动的加速度也变慢，导致人与物的空间运动量在城市中积沉量的增加量逐渐减少，空间运动规模不再扩大，这样，城市内部轨道交通的压力将得到一定程度的缓解。但是由于城市分解和过度市郊化造成的市郊轨道交通问题开始逐渐突出。

（3）城市轨道交通的发展使得人们对城市交通的地位重新认识，使其从为城市居住、劳动、休息等功能服务的附属性地位上升到与居住、劳动、休息同等重要的主要功能地位，并体现在城市规划与城市建设之中。

（4）城市轨道交通的发展不再以满足数量上的需求为主要功能定位，而是转向以质量上的改进作为新的功能定位，从而使城市轨道向安全、快速、舒适、便利和捷运方向转变。这会促使城市按主要交通轴线呈带状分布的形成，使城市化进入一个新阶段，促使城市文明的进一步扩散；还会促使城市人口向城市周围地区移动，形成人口在城市中的均匀分布及城市功能和经济结构的优化调整。

# 1.3　我国城市轨道交通发展概况

## 1.3.1　我国城市轨道交通的发展历程

### 1. 起步阶段

从 20 世纪 50 年代开始，我国筹备地铁建设规划了北京地铁网络。1965—1976 年建设了北京地铁一期工程（54 km）。当时地铁建设的指导思想更注重人防功能。随后建设了天津地铁（现已拆除重建）、哈尔滨人防隧道等工程。

### 2. 开始建设阶段

1965 年我国开始修建内地第一条城市轨道交通系统——北京地铁一期工程，1969 年建成通车。20 世纪 70 年代，天津修建了 7.4 km 的地铁。从 80 年代末至 90 年代中期，以上海地铁一号线（21 km）、北京地铁复八线（13.6 km）、北京地铁一号线改造，广州地铁一号线（18.5 km）建设为标志，我国真正以交通为目的的地铁项目开始建设。随着上海、广州地铁项目的建设，大批城市包括沈阳、天津、南京、重庆、武汉、深圳、成都、青岛等开始上报建设轨道交通项目，纷纷要求国家进行审批。

### 3. 调整整顿阶段

从 1995—1998 年。城市轨道交通建设发展迅猛，许多地方不考虑经济的承受能力和社会发展的需要，城市轨道交通建设带有很大盲目性。针对工程造价很高、轨道交通车辆全部引进、大部分设备大量引进、城市地铁每千米造价 1 亿美元左右等问题，1995 年国务院办公厅 60 号文件通知，除上海地铁二号线项目外，所有地铁项目一律暂停审批，并要求做好发展规划和国产化工作。这期间近 3 年国家没有审批城市轨道交通项目。1997 年底开始，国家计委研究城市轨道设备国产化实施方案，提出深圳地铁一号线（19.5 km）、上海明珠线（24.5 km）、广州地铁二号线（23 km）作为国产化依托项目，于 1998 年批复 3 个项目立项，轨道交通项目又开始启动。

### 4. 蓬勃发展阶段

从 1999 年至今。一是随着国家积极财政政策的实施，国家从建设资金上给予有力支持；二是通过技术引进，国际先进制造企业同国内企业合作，实现了城市轨道交通车辆、设备本地化，使城市轨道交通建设造价大大降低。国家先后批准了深圳、上海、广州、重庆、武汉、南京、杭州、成都、哈尔滨等10多个城市轨道交通项目开工建设，并投入40亿元国债资金予以支持，建设进入高速期。

根据国民经济和社会发展，城镇化进程加快的需要，城市及城际轨道交通在未来十几年将处于网络规模扩展，完善结构，提高质量，快速扩充运输能力，不断提高装备水平的大发展时期。到2025年，我国将形成布局合理、功能完善、干支衔接、技术装备优良的城际、城市轨道交通网，基本形成城市和城际大容量交通与跨区域长距离干线交通的规模对接，塑造网络化、规模化、高效化的运输服务组织形态。更好地实现城际客运专线、城市轻轨、城市地铁同铁路客运专线之间的有机衔接，依托交通运输枢纽发展以运输服务大网络、产业发展大平台、运输组织大通道、服务产业全链条、企业运作新模式为特点的交通枢纽经济。

2019年2月22日，发改委发布的《关于培育发展现代化都市圈的指导意见》中提出：到2020年，都市圈同城化取得明显进展，基础设施一体化程度大幅提高；到2035年，现代化都市圈格局更加成熟，形成若干具有全球影响力的都市圈。统筹考虑都市圈轨道交通网络布局，构建以轨道交通为骨干的通勤圈。在有条件地区编制都市圈轨道交通规划，推动干线铁路、城际铁路、市域（郊）铁路、城市轨道交通"四网融合"，探索都市圈中心城市轨道交通适当向周边城市（镇）延伸。

## 1.3.2 我国城市轨道交通的发展现状

我国的城市轨道交通从1965年开工建设，至今已有40多年历史。进入20世纪90年代后，随着我国经济体制改革的逐步深入，社会经济迅速发展，城市交通需求剧增，使得我国城市轨道交通进入高速发展时期。

截止2019年底，我国累计有40个城市建成投运城轨线路208条，运营里程6736.2 km。新增温州、济南、徐州、呼和浩特5个运营城市、25条运营线路、974.8 km运营里程。在6736.2 km运营里程中，地铁5180.6 km，占总里程的76.8%；轻轨217.6 km，占总里程的3.2%；单轨98.5 km，占总里程的1.5%；市域快轨754.6 km，占比11.2%；现代有轨电车417 km，占总里程的6.2%；磁浮交通57.7 km，占总里程的0.9%；APM 10.2 km，占总里程的0.2%。表1-2给出了2019年全国已开通城市轨道交通线路运营里程数据。

表1-2 2019年全国已开通城市轨道交通线路运营里程统计表

| 序号 | 城市 | 总里程（km） | 运营线路（条） | 各系统制式及运营里程（km） | | | | | | | 2019年新增里程（km） | 2018年末运营里程（km） |
| --- | --- | --- | --- | --- | --- | --- | --- | --- | --- | --- | --- | --- |
| | | | | 地铁 | 轻轨 | 单轨 | 市域快轨 | 现代有轨电车 | 磁浮交通 | APM | | |
| 1 | 北京 | 771.8 | 22 | 637.6 | — | — | 115.3 | 8.9 | 10.0 | — | 58.8 | 713.0 |
| 2 | 上海 | 809.9 | 19 | 669.5 | — | — | 56.0 | 49.0 | 29.1 | 6.3 | 25.3 | 784.6 |
| 3 | 天津 | 238.8 | 7 | 178.6 | 52.3 | — | — | 7.9 | — | — | 12.0 | 226.8 |
| 4 | 重庆 | 328.5 | 10 | 230.0 | — | 98.5 | — | — | — | — | 15.1 | 313.4 |
| 5 | 广州 | 501.0 | 14 | 489.4 | — | — | — | 7.7 | — | 3.9 | 37.1 | 463.9 |
| 6 | 深圳 | 316.1 | 9 | 304.4 | — | — | — | 11.7 | — | — | 18.5 | 297.6 |
| 7 | 武汉 | 387.5 | 14 | 338.4 | — | — | — | 49.1 | — | — | 39.5 | 348.0 |

续表 1 - 2

| 序号 | 城市 | 总里程（km） | 运营线路（条） | 各系统制式及运营里程（km） | | | | | | | 2019 年新增里程（km） | 2018 年末运营里程（km） |
|---|---|---|---|---|---|---|---|---|---|---|---|---|
| | | | | 地铁 | 轻轨 | 单轨 | 市域快轨 | 现代有轨电车 | 磁浮交通 | APM | | |
| 8 | 南京 | 394.3 | 12 | 176.8 | — | — | 200.8 | 16.7 | — | — | 0.0 | 394.3 |
| 9 | 沈阳 | 184.6 | 9 | 87.2 | — | — | — | 97.4 | — | — | 56.2 | 128.4 |
| 10 | 长春 | 117.7 | 7 | 38.7 | 61.5 | — | — | 17.5 | — | — | 0.0 | 117.7 |
| 11 | 大连 | 181.3 | 6 | 54.1 | 103.8 | — | — | 23.4 | — | — | 0.0 | 181.3 |
| 12 | 成都 | 435.7 | 8 | 302.2 | — | — | 94.2 | 39.3 | — | — | 105.9 | 329.8 |
| 13 | 西安 | 158.0 | 5 | 158.0 | — | — | — | — | — | — | 34.6 | 123.4 |
| 14 | 哈尔滨 | 30.3 | 3 | 30.3 | — | — | — | — | — | — | 8.5 | 21.8 |
| 15 | 苏州 | 210.1 | 8 | 165.9 | — | — | — | 44.2 | — | — | 45.2 | 164.9 |
| 16 | 郑州 | 194.7 | 5 | 151.7 | — | — | 43.0 | — | — | — | 58.1 | 136.6 |
| 17 | 昆明 | 88.7 | 4 | 88.7 | — | — | — | — | — | — | 0.0 | 88.7 |
| 18 | 杭州 | 130.9 | 4 | 130.9 | — | — | — | — | — | — | 16.2 | 114.7 |
| 19 | 佛山 | 28.0 | 2 | 21.5 | — | — | — | 6.5 | — | — | 6.5 | 21.5 |
| 20 | 长沙 | 100.4 | 3 | 81.8 | — | — | — | — | 18.6 | — | 33.1 | 67.3 |
| 21 | 宁波 | 96.9 | 4 | 91.3 | — | — | 5.6 | — | — | — | 22.4 | 74.5 |
| 22 | 无锡 | 58.8 | 2 | 58.8 | — | — | — | — | — | — | 3.1 | 55.7 |
| 23 | 南昌 | 60.4 | 2 | 60.4 | — | — | — | — | — | — | 11.9 | 48.5 |
| 24 | 兰州 | 86.5 | 1 | 25.5 | — | — | 61.0 | — | — | — | 25.5 | 61.0 |
| 25 | 青岛 | 184.0 | 5 | 50.0 | — | — | 125.2 | 8.8 | — | — | 5.8 | 178.2 |
| 26 | 淮安 | 20.1 | 1 | — | — | — | — | 20.1 | — | — | 0.0 | 20.1 |
| 27 | 福州 | 53.4 | 2 | 53.4 | — | — | — | — | — | — | 28.8 | 24.6 |
| 28 | 东莞 | 37.8 | 1 | 37.8 | — | — | — | — | — | — | 0.0 | 37.8 |
| 29 | 南宁 | 80.9 | 3 | 80.9 | — | — | — | — | — | — | 27.8 | 53.1 |
| 30 | 合肥 | 89.5 | 3 | 89.5 | — | — | — | — | — | — | 37.2 | 52.3 |
| 31 | 石家庄 | 38.4 | 2 | 38.4 | — | — | — | — | — | — | 10.0 | 28.4 |
| 32 | 贵阳 | 34.8 | 1 | 34.8 | — | — | — | — | — | — | 1.1 | 33.7 |
| 33 | 厦门 | 71.9 | 2 | 71.9 | — | — | — | — | — | — | 41.6 | 30.3 |
| 34 | 珠海 | 8.8 | 1 | — | — | — | — | 8.8 | — | — | 0.8 | 8.0 |
| 35 | 乌鲁木齐 | 26.8 | 1 | 26.8 | — | — | — | — | — | — | 10.1 | 16.7 |
| 36 | 温州 | 53.5 | 1 | — | — | — | 53.5 | — | — | — | 53.5 | 0.0 |
| 37 | 济南 | 47.7 | 2 | 47.7 | — | — | — | — | — | — | 47.7 | 0.0 |
| 38 | 常州 | 34.2 | 1 | 34.2 | — | — | — | — | — | — | 34.2 | 0.0 |
| 39 | 徐州 | 21.8 | 1 | 21.8 | — | — | — | — | — | — | 21.8 | 0.0 |
| 40 | 呼和浩特 | 21.7 | 1 | 21.7 | — | — | — | — | — | — | 21.7 | 0.0 |
| | 合计 | 6736.2 | 208 | 5180.6 | 217.6 | 98.5 | 754.6 | 417.0 | 57.7 | 10.2 | 975.6 | 5760.6 |

## 1.4　世界典型城市轨道交通发展

目前，世界上主要的大城市大多具有比较成熟的轨道交通系统，一些城市轨道交通运量占城市公交运量的 50% 以上，有的甚至达 70% 以上。同时，许多大城市还发展了区域快速轨道交通系统，在世界范围内做得较好的有巴黎、东京、纽约以及慕尼黑等城市，它们已成为城市和区域轨道交通系统一体化共同发展的典型范例。

### 1.4.1　国外城市轨道交通发展现状

#### 1.巴黎

巴黎市中心区面积 105 km$^2$，人口约 217 万；大巴黎地区包括城区周围的 7 个省，面积 12000 km$^2$，人口约 906 万。巴黎有 16 条地铁线，包含 14 条主线（M1～M14）和两条支线，线路总长约 221 km，设有 380 个车站。巴黎地铁的平均旅速为 25 km/h，最高速度可达 70 km/h。巴黎的区域铁路总长 1286 km，经过数 10 年的不断完善，目前已形成呈扇形向外放射的区域快速轨道交通网。

巴黎区域快线（regional expressed railway，简称 RER）是整个区域铁路系统的核心，约占区域轨道交通总客运量的 70%。RER 线共有 5 条线路，其中两条线路由巴黎公交总公司（RATP）经营，另外 3 条线路由法国国家铁路（SNCF）经营。线路总长度为 550 km，设 240 个车站，平均站间距为 2.3 km，平均旅速为 45 km/h，最高可达 90 km/h，全日总客流量为 400 万人次。RER 线穿越了整个巴黎市区，两端连接至中心区外围的卫星城。在中心城区段还存在与之平行的地铁线路，使位于中心城区段的 RER 线并不主要体现城市交通的功能，而是主要服务于贯通城市两端的出行。

#### 2.东京

东京中心城区面积为 621 km$^2$，人口约 811 万；东京都面积为 2155 km$^2$，人口约 1229 万；东京都市圈包括神奈川县、埼玉县、千叶县等（以东京火车站为中心，半径为 50 km 区域），面积 13497 km$^2$，人口约 3260 万。

整个东京都市圈的轨道交通网络由 13 条地铁线路、17 条 JR 铁道和 13 条私营铁路构成。地铁线路中有 9 条是"营团地铁"，由中央政府和东京都设立的特殊法人机构管理，其余 4 条由东京都府管理，称为"都营地铁"，线路总长度达 286.2 km。日本的 JR 铁道和私铁属于市郊铁道，总长 1781.1 km，其中 JR 铁道总长约 876.4 km，私铁总长约 904.7 km。东京都市圈年总客运量约 238.45 亿人次，公交系统的总客运量约 161.81 亿人次，占总客运量的 68%，其中轨道交通系统总客运量达 133.55 亿人次，市郊铁道承担 103.88 亿人次，占轨道交通总客运量的 77.7%。由此可见市郊快速铁道在东京交通中的巨大作用。

东京的地铁和市郊铁路主要通过 JR 山手线（环线）衔接。山手线全长 34.5 km，设 29 个车站，其中 24 个是与其他线路的换乘站，全线最短半径 3.6 km、最长半径 6.9 km，最大的日双向客流量近 100 万人次。

为了满足通勤客流的需求，东京市郊铁道列车运行分"各停"（每站都停）、"急行"（只停大站）、"快急"（停的站更少）、"通勤准急"（只在上下班高峰期开行）等，相比"各停"列车，"通勤准急"列车的旅行速度高出近一倍。

### 3. 纽约

纽约市中心区面积 833 km²，人口约 810 万；都市圈面积为 12060 km²，人口约 2025 万。目前纽约地铁一共有 468 个站，总长度约为 1056 km。

相对于美国其他城市，纽约比较重视公共交通，9% 的公共交通比重已是美国各城市中最高，其中通勤铁路年客运量 2.4 亿人次，占总客运量的 0.7%。早在 20 世纪初期，宾州站和中央站这两个最重要的市域铁路枢纽就开始提供通勤服务。大多数通勤列车服务在这两个位于曼哈顿中心区的车站终止，没有穿越市区的运行，也没有列车进入地铁线路运行。

如今纽约市市域铁路总长 1566 km，其中长岛、北铁、PATH 线这 3 条主要线路就占了全部市域铁路约 80% 的客运量。由于纽约拥有发达的公路网，在非通勤时间，市域铁路相比小汽车没有速度优势，使得市域铁路只能在通勤高峰时段发挥作用，而郊区间的出行，市域铁路所占的比重几乎为零。

### 4. 慕尼黑

慕尼黑市区面积为 311 km²，人口约 130 万；慕尼黑地区面积为 5504 km²，人口约为 250 万。

慕尼黑的轨道交通分成 3 个层次，U-Bahn、S-Bahn 和 trambahn。U-Bahn 行驶在慕尼黑的市区；而 S-Bahn 相当于市郊铁路，包括了整个大慕尼黑地区，并连接了机场；trambahn 指有轨电车。U-Bahn 和 trambahn 的运营公司为 MVG，其中 U-Bahn 线路长度约为 100 km，共 98 个车站，基本行驶在地下。

S-Bahn 的运营公司为 DB(德国铁路)，线路长度约为 442 km，有 198 个车站，最高速度为 140 km/h，出了市区多行驶在地面上。S-Bahn 充分利用了 DB 的铁路线，都是树型结构，具体为一条穿越城市的主线，在两个方向分出若干支线。因为是 DB 运营，S-Bahn 全部采用德国铁路的系统、信号以及运营组织模式，部分线路也和国铁共用。在城市中心的几个站中，有 8 条 S-Bahn 是共线运营的，这些线路由于车次很多，所以时间间隔非常小，最小约为 30 s。

慕尼黑的 S-Bahn 系统不但能承担城市中心区到郊区的客运、郊区到郊区的客运，也能承担城市中心区短途客运任务，是城市客运交通的骨干。

## 1.4.2　国内城市轨道交通发展现状

在我国一些城市酝酿和开始兴建的轨道交通市郊线将大大改善卫星城市与大城市中心的联系，推动区域经济的联动。比较典型的有上海 R4 线、天津津滨轻轨等；另外，环渤海京津冀、长江三角洲、珠江三角洲都做了区域城际轨道交通规划。既有市区线也有市域线的上海、天津、北京以及香港等城市的轨道交通发展状况与经验都很有借鉴意义。

### 1. 北京

北京市面积约 16400 km²，人口约 2000 万。中心城区面积约 750 km²，人口近 700 万。地铁线路目前共有 17 条运营线路，总里程达 465 km，日客运量达 340 万人次左右。

北京市地铁 1 号线原规划自苹果园到通县(现为通州区)土桥，总长 50 km。后因市郊与市区相比客流明显减少，如将线路贯通将导致大量列车空跑，造成浪费，遂将 1 号线四惠站作为终点站，由四惠站至通县土桥站建成市郊线，并改称为八通线，在四惠站与 1 号线实现同站台换乘。1 号线为 6 辆编组，八通线为 4 辆编组。

八通线其实就是 1 号线的东段延长线，主要线路沿京通快速路修建，将距离北京城市中心区相对较远的通州区和朝阳区联系起来。线路全长 18.964km，共 13 个车站，全线均为地面或高架线路。而八通线开通运营几年的实践证明，当初将八通线单独作为市郊线是正确的，2007 年 1—5 月，1 号线日客流量约为 60.4 万人次，而郊区性质的八通线的日客运量仅为 8.7 万人次，如果当时硬性决定贯通为一条线，必将造成极大的浪费。

### 2. 上海

上海市中心区面积约 600 $km^2$，人口将近 1000 万；整个上海市面积为 6340 $km^2$，人口约为 1778 万。上海远景规划的轨道交通网络由 17 条线路构成，包括 4 条 R 线（市域性轨道交通快速线）、8 条 M 线（市区地铁线）和 5 条 L 线（市区轻轨线），规划线路总长度约 780 km。

作为市域线的 R 线总长约为 438 km，平均旅速为 80 km/h，最高可达 100 ~ 120 km/h。R 线（特别是 R1 线和 R2 线）是以中心城区地铁向郊区延伸的方式形成的，线路全部为新建。因此 R 线在中心城区段实际上承担着地铁的功能，能力现已非常紧张，很难再有与其他线路共线的能力；在郊区段，由于线路是新建的独立系统，如采用分段运营模式，则有可能与通向远郊的市郊铁路实现共线运营。

由于 R 线在中心城区区段不存在与之平行的地铁线路，使得 R 线既承担着为郊区乘客在中心城区主要集散点提供换乘条件的功能，同时又发挥着中心城区地铁线路的作用。因此全线各段的需求特征、功能定位都有较大区别，给系统选型和运营组织都带来困难。

### 3. 香港

香港总面积为 1103 $km^2$，人口约为 680 万。香港地铁有 7 条线，全长 87.0 km，共有 53 个车站，其中 14 个为转车站，平均日客运量逾 340 万人次。

香港机场快线总长 34 km，其中隧道线路 8 km，高架线路 6 km，地面线路 20 km，共 7 个车站，平均旅速为 80 km/h 左右，最高速度可达 130 km/h。新机场线设计有两条行车线——机场快线及东涌线，有 2/3 的路段使用相同的路轨，但使用不同的站台。机场快线列车采用 8 辆编组，每 12 min 一班，乘搭机场快线列车由机场前往香港站的时间约需 24 min。为吸引客流，机场快线还提供了市区预办登机及免费穿梭巴士等服务。

## 1.4.3 国内外城市轨道交通经验总结

### 1. 客流特征

1）初期客流具有缓慢增长的过程

一般情况下，由于土地开发利用滞后于城市规划，因此线路建成通车后，客流将是一个缓慢增长的过程。比如 JR 东日本的常盘线，该线路全长 50.6 km，40 年间平均日客流量由 28.15 万增加到 130.58 万，平均每 10 年增加 20 万 ~ 28 万客流，30 年后客流才趋于稳定。同时，一条线路的客流不可能无限制增长，否则将导致客流失衡。

2）在时空分布上具有双高峰特征

客流的性质一般分为通勤客流和非通勤客流两类。通勤客流是以常住人口为主，属于上班、上学等的稳定客流，存在早高峰和晚高峰；非通勤客流包括商务、访友、游览等，属于非稳定性客流，其早高峰的峰值不大，与通勤客流高峰时段可能错开，而晚高峰时段两种客流有可能重合，成为控制性的最大断面。因此，线路的高峰断面及其时段，必须按两种客流性质、出行量和发生的时段进行综合判断。

3）客流具有明显的方向性

郊区、组团的功能是疏解大城市中心区人口和城市功能，就业主要集中在中心区，因此其客流具有极强的方向性。早高峰由市郊至中心区，晚高峰以中心区至郊区。

4）区域轨道交通潜在需求大

区域轨道交通高质量的客运服务供给，可能会吸引事先难以预计的大量需求，因此需求量估计容易产生偏差。东京穿越市区的通勤铁路中央线，设计运能约 5 万人次/h，实际运量将近 10 万人次/h，超过设计能力近一倍。巴黎 RER 的 A 线建成后，也迅速饱和，需要通过地铁延伸线和 E 线进行分流。

**2. 线路特征**

1）区域轨道交通引入城市的方式

区域轨道交通引入市中心主要有 3 种模式：

（1）以纽约为代表，直接在市中心设终点站。

（2）以巴黎 RER 系统为代表，穿越市中心。

（3）以东京为代表，穿越市中心且与地铁共线运行。

纽约与巴黎模式的共同特点是市域铁路直接进入市中心，建设成本较高。巴黎 RER 线在市中心与地铁有较明确的分工，巴黎地铁平均站间距只有约 550 m，大部分线路平均旅速为 25 km/h 左右，起中速连接作用；RER 系统的市中心平均站间距为 2.9 km，平均旅速为 45 km/h，承担快速贯通的作用。

2）充分利用地面铁路

充分利用地面铁路，包括干线、废弃线路、不饱和线路，如支线、专用线和联络线，并采用混合运行方式，以节约投资、缩短建设时间。对现有铁路繁忙线路，不宜采用混合运行方式时，应规划设计独立运行的区域快速轨道交通系统。巴黎、纽约的通勤列车多终止于城际铁路车站，日本铁路公司 JR 也利用城际铁路的市内区段开行通勤列车，这一模式在各大城市被广泛采用。

3）合理站间距的确定

市区线地铁站间距一般均在 1～1.3 km，最大不超过 1.5 km；郊区近郊线站间距一般 2～3 km，远郊可达 3～4 km。如果区域线站间距在 2 km 以内，会使列车运行速度提不上去，如果郊区线平均旅速仅为 40 km/h 左右，外围组团居民就可能放弃乘坐轨道交通，仍通过私家车或道路公交车直达市中心。

同时，区域线站间距的大小对外围组团的规模影响显著。如巴黎 RER 线路平均站距较大，约 3 km 左右；而东京市域铁路平均站间距较小，只有 1.5 km。采用较大站间距，使城市沿交通轴点状分布发展，可保证外围组团相对独立发展的规模；采用较小站间距，可使城市沿交通轴方向较均匀发展，土地利用更高效，但组团的发展规模会受一定影响，如东京多摩新城的规划人口 30 万，目前实际人口约 16 万。

4）线路敷设因地制宜以降低造价

为节省投资，如在城市规划中能事先留出通道，区域线应采用地面线或高架方式。建地面或高架线可大大节省投资，仅为地下线的 1/3～1/2；而且车站可设停站股道和越行股道，为区域线组织快慢车运营创造条件；地面、高架车站还可施行技术改造，形成树权形发展，为以后建设区域支线创造条件。

**3. 运营特征**

1）采用大站距以及追踪运行的方式

全线采用追踪运行的行车组织方式，线路区间为双线，部分车站设配线。车站的站间距较大，采用高速车辆，增加车辆最高速度的运行时段，提高平均旅行速度。

2）采用快慢车共线越行的运行组织方式

线路区间为双线，部分列车为快车，部分列车为慢车。快车只在部分大站停车，慢车为站站停车。因此有"快车越行慢车、慢车会让快车"的运行方式，所以根据运行图的设计，大部分车站是快慢车的越行交会站，均须设会让线，保证了快车的快速，但慢车的旅行速度有所降低，工程的投资也有所增加。

3）采用快慢车分线越站越行的运行组织方式

该方式适用于在客流较大的站点间需要组织快车运行的地段。当快慢车共线越行的运行列车数量达到饱和时，该区段需设置复复线，这不仅能提高整体运能，对慢车的列车旅行速度有较大提高，更能发挥快线的作用，但同时投资也高。

4）分区段运行组织方式

由于全线线路过长，且各区段客流量不平衡性较大，尤其是某些区间客流很大，可以根据区段客流的不同，分为复复线区段、复线区段和单线区段。这种运行组织投资相对较省，但较为复杂并有可能增加乘客换乘的次数和时间。

**4. 技术特征**

1）运输能力

区域快速轨道交通运量相差较大，最高可达 10 万人次/h，通常为 4 万～6 万人次/h。由于列车可以采用不同的编组形式、不同的间隔时间以及不同的车辆定员，因此区域快速线路的运输能力变化较大。

2）车辆速度

市郊快速轨道交通系统，车辆最高速度明显高于地铁、轻轨等。轻轨交通为中运量系统，车辆最高运行速度为 60～80 km/h，地铁最高速度通常为 80 km/h，区域快速轨道交通为保证 40～50 km 半径边缘的郊区新城镇至城市中心区的时间控制在 45 min 左右，需要保持一定的服务水平，充分发挥其速度快、站距大的优势，速度一般在 100～140 km/h 的范围内。具体线路采取的最高速度，需根据客流、站间距大小，通过牵引计算，进行技术经济比较来确定。

# 1.5　城市轨道交通相关规范总结

城市轨道交通相关规范是进行城市轨道交通规划、建设、管理等的重要依据与基础，也是城市轨道交通区别于其他行业的典型特征，掌握并运用相关规范开展工作，是城市轨道交通行业遵循的核心原则。

## 1.5.1　城市轨道交通通用技术标准

城市轨道交通通用技术标准规范了城市轨道交通从规划、设计、建设到运营各环节的安全管理和技术要求。主要包括 8 个标准（见表 1－3），其中：规划类标准有两个，设计类标准有两个，施工类标准有 1 个，运营管理类标准有 3 个。

表 1-3　城市轨道交通通用技术标准分类

| 类别 | 标准名称 |
|---|---|
| 规划 | 《地下铁道、轻轨交通岩石工程勘探标准》（GB 50307—1999） |
| | 《城市轨道交通线网规划标准》（GB/T50546—2018） |
| 设计 | 《地铁设计规范》（GB 50157—2013） |
| | 《城市轨道交通综合监控系统工程技术标准》（GB/T 50636—2018） |
| 施工建设 | 《城市轨道交通技术规范》（GB 50490—2009） |
| 运营管理 | 《城市轨道交通客运服务标志》（GB/T 18574—2008） |
| | 《城市轨道交通客运服务》（GB/T 22486—2008） |
| | 《地铁运营安全评价标准》（GB/T 50438—2007） |

**1.《城市轨道交通线网规划标准》**（GB/T50546—2018）

《城市轨道交通线网规划标准》适用于城市总体规划阶段的城市轨道交通线网规划。目的在于规范城市轨道交通线网规划的内容和方法，明确规划的基本原则和技术要求，引导和优化城市空间功能布局与交通方式结构，提高城市轨道交通线网规划的科学性，促进城市轨道交通系统健康发展。城市轨道交通线网规划应与城市总体规划、城市综合交通体系规划协调一致，并纳入城市总体规划。城市轨道交通线网规划宜与城市总体规划同步开展。城市轨道交通线网规划应落实国家优先发展城市公共交通的政策，坚持以人为本、节约和集约利用资源，遵循因地制宜和安全、公平、经济可行的原则，促进城市和交通可持续发展。城市轨道交通线网规划主要内容包括：

（1）城市和交通现状。

（2）交通需求分析。

（3）城市轨道交通建设的必要性。

（4）城市轨道交通功能定位与发展目标。

（5）线网方案与评价。

（6）车辆基地规划。

（7）用地控制规划。

**2.《地铁设计规范》**（GB/T 50157—2013）

《地铁设计规范》适用于最高运行速度不超过 100 km/h、采用常规电机驱动列车的钢轮钢轨系统的地铁新建工程设计，以及其他类型的城市轨道交通相似工程的设计，可参照运行。规范的目的是使地铁设计做到安全、可靠、适用、经济和技术先进。具体对主体结构、运营方面、限界方面、线路方面、轨道方面、路基方面、车站方面、地下结构方面、工程防水方面、通风、空调与采暖方面、给水与排水方面、供电方面、通信方面、信号方面、电梯、自动扶梯和自动人行道方面、防灾与报警方面等作了详细规定。

地铁工程设计，必须符合政府主管部门批准的城市总体规划和城市轨道交通线网规划。地铁工程在满足本系统的安全、功能、环境需求的前提下，人防要求可由城市主管部门根据具体情况确定。

地铁工程的设计年限应分初期、近期、远期三期。初期按建成通车后第 3 年要求设计，近期按第 10 年要求设计，远期按第 25 年要求设计。

地铁工程的建设规模、设备容量，以及车辆段和停车场等用地面积，应按预测的远期客流量和列车通过能力确定。对于可分期建设的工程和配置的设备，应考虑分期扩建和增设。

地铁的主体结构工程，设计使用年限为 100 年。地铁线路应为右侧行车的双线线路，并应采用 1435 mm 标准轨距。

地铁线路必须为全封闭形式，并宜采用高密度、短编组组织运行。远期设计最大能力应满足每小时行车密度不小于 30 对列车。

初期、近期和远期列车编组的车辆数，应分别根据预测的初期、近期和远期客流量、车辆定员数和设定的行车密度确定。车辆定员数为车辆座位数和空余面积上站立的乘客数之和。车厢有效空余地板面积上站立乘客标准宜按每平方米站立 5 ~ 6 名乘客计算。

**3.《城市轨道交通技术规范》( GB/T 50157—2009 )**

《城市轨道交通技术规范》以城市轨道交通安全为主线，对城市轨道交通建设和运营提出了基本要求。城市轨道交通应采用质量合格并符合要求的材料与设备。城市轨道交通应具有消防安全性能，应配备必要的消防安全设施，应具备乘客及相关人员安全疏散及方便救援的条件。城市轨道交通应采取有效的防淹、防雪、防滑、防风雨、防雷等防止自然灾害侵害的措施。供乘客自行操作的设备，应易于识别，并应设在便于操作的位置；当乘客使用或操作不当时，不应导致危及乘客安全和设备正常工作的事件发生。城市轨道交通的设施及设备应进行有效的维修，确保其处于安全、可靠和正常的状态。在发生故障、事故或灾难的情况下，运营单位应迅速采取有效的措施或依据应急预案进行处置。既有城市轨道交通达到设计使用年限或遭受重大灾害后，当需要继续使用时，应进行技术鉴定，并应根据技术鉴定结论进行处理。

规范对城市轨道交通行车管理、车辆、车体、前沿和制动、车载设备和设施、限界、机电设备等作了具体详细规定。

**4.《城市轨道交通客运服务》( GB/T 22468—2008 )**

规定了城市轨道交通客运服务的基本要求、服务管理、服务质量、服务设施、服务安全和服务环境。适用于全封闭线路上运行的城市轨道交通系统的客运服务，其他城市轨道交通系统的客运服务可参考执行。

**5.《地铁运营安全评价标准》( GB/T 50438—2007 )**

《地铁运营安全评价标准》规定了地铁运营安全评价的一般要求和程序，规定了以基础安全评价和事故风险水平评价为主体的地铁运营安全评价体系，其中，基础安全评价内容包括：安全管理评价、运营组织和管理评价、车辆系统评价、供电系统评价、消防系统与管理评价、线路及轨道系统评价、机电设备评价、通信设备评价、信号设备评价、环境与设备监控系统评价、自动售检票系统评价、车辆段与综合基地评价和土建评价。

## 1.5.2 城市轨道交通运营技术标准

《城市轨道交通运营技术规范》( GB/T 38707—2020 )

《城市轨道交通运营技术规范》于 2020 年 10 月 1 日正式实施，适用于地铁、轻轨规划建设阶段的需求管理和运营阶段的技术管理。单轨、现代有轨电车、磁悬浮系统、自动导向轨道系统、市域快速轨道系统可参照使用。标准规定了城市轨道交通设施设备运营技术需求和运营管理技术要求。具体对线路方面、路基方面、轨道方面、建筑方面、控制中心方面、设备机房方面、结构方面、供电系统、通信系统方面、信号系统方面、综合监控系统方面、车站机电设备方面、车辆与车辆基地方面以及运营管理要求方面等做出了详细规定。下列规范性引用文件其最新版本（包括所有修订版）适用于本标准：

（1）《城市轨道交通照明》（GB/T 16275—2008）
（2）《轨道交通电磁兼容》（GB/T 24338—2018）
（3）《建筑设计防火规范》（GB 50016—2014）
（4）《地铁设计规范》（GB 50157—2013）
（5）《城市轨道交通技术规范》（GB 50490—2009）
（6）《电气装置安装工程电气设备交接试验标准》（GB 50150—2016）
（7）《城市轨道交通信号工程施工质量验收标准》（GB/T 50578—2018）
（8）《城市轨道交通综合监控系统工程技术标准》（GB/T 50636—2018）
（9）《城市轨道交通公共安全防范系统工程技术规范》（GB 51151—2016）
（10）《轨道交通可靠性、可用性、可维修性和安全性规范及示例》（GB/T 21562—2015）
（11）《轨道交通通信、信号和处理系统控制和防护系统软件》（GB/T 28808—2012）
（12）《轨道交通通信、信号和处理系统信号用安全相关电子系统》（GB/T 28809—2012）

城市轨道交通运营技术标准现有 10 个（见表 1-4）。其中：车站标准 2 个，车辆专业标准 3 个，线路专业标准 2 个，机电专业标准 1 个，另外，还有单轨交通标准 2 个。

表 1-4　城市轨道交通运营技术标准分类

| 类别 | 标准名称 |
| --- | --- |
| 车站 | 《城市轨道交通照明》（GB/T 16275—2008） |
| | 《城市轨道交通站台屏蔽门》（CJ/T 236—2006） |
| | 《轨道交通站台屏蔽门系统技术规范》（CJJ 183—2012） |
| 车辆专业 | 《地铁车辆通用技术条件》（GB/T 7928—2003） |
| | 《城市轨道交通直线电机车辆通用技术条件》（CJ/T 310—2009） |
| | 《城市轨道交通车辆贯通道技术条件》（CJ/T 353—2010） |
| | 《城市轨道交通直线电机车辆通用技术条件》（GB/T 32383—2020） |
| 线路专业 | 《城市轨道交通浮置板橡胶隔震器》（CJ/T 285—2008） |
| | 《城市轨道交通轨道橡胶减震器》（CJ/T 286—2008） |
| 机电专业 | 《城市轨道交通车辆空调、采暖及通风装置技术条件》（CJ/T 354—2010） |
| 单轨交通 | 《跨座式单轨交通设计规范》（GB 50458—2008） |
| | 《跨座式单轨交通施工及验收规范》（GB 50614—2010） |
| | 《跨座式单轨交通车辆通用技术条件》（CJ/T287—2008） |

　　1.《城市轨道交通照明》(GB/T 16275—2008)

　　《城市轨道交通照明》中对城市轨道交通运营各场所的照明一般规定、照明照度值、应急照明、照明质量和照明功率密度值等作了相关规定。

　　2.《地铁车辆通用技术条件》(GB/T 7928—2003)

　　《地铁车辆通用技术条件》对车体、驾驶员室、客室、制订系统、安全设施、通信与乘客信息系统、运输与质量保证期限等内容作了相关规定。

　　3.《跨座式单轨交通设计规范》(GB 50458—2008)

　　《跨座式单轨交通设计规范》是我国首次编制的跨座式单轨交通国家标准,主要内容除城市轨道交通具有的常规专业技术内容外,还根据跨座式单轨交通的特点专门增订了车辆、轨道梁桥、道岔系统等章节,在其他有关章节中也依据跨座式单轨交通技术要求局部地增补了专门的规定。规范的制订是在深入总结和分析我国跨座式单轨交通建设经验及相关科研成果的基础上,广泛调查研究国外跨座式单轨交通建设技术与经验并参考国外相关技术文献。主要内容包括:行车组织与运营管理、车辆、限界、线路、车站建筑、轨道梁桥、高架车站结构、地下结构、工程防水、通风、空调与采暖、给水与排水、供电、车站其他机电设备、道岔、通信、信号、自动售检票系统、环境与设备监控系统、运营控制中心、车辆基地、防灾、环境保护等。

## 1.5.3　各城市轨道交通管理办法

　　我国已开通城市轨道交通的各大城市,均制订了各自的城市轨道交通管理办法(见表1-5),主要内容是结合城市实际情况,对轨道交通的规划与建设、运营管理、应急处理、保护区等内容进行规范说明,其中《广州市城市轨道交通管理条例》、《南京市轨道交通管理条例》是通过地方立法确定的地方法规,法律效力高于其他城市的行政规章。

表1-5　国内各城市轨道交通管理办法

| 城市 | 办法名称 |
| --- | --- |
| 北京 | 《北京市城市轨道交通安全运营管理办法》(北京市人民政府令第147号) |
| 上海 | 《上海市轨道交通运营安全管理办法》(上海市人民政府令第22号) |
| 重庆 | 《重庆市城市轨道交通管理办法》(重庆市人民政府令第176号) |
| 天津 | 《天津市轨道交通管理规定》(天津市人民政府令2014年第13号) |
| 南京 | 《南京市轨道交通条例》(南京市第十五届人民代表大会常务委员会第十次会议制订) |
| 广州 | 《广州市城市轨道交通管理条例》(广州市第十四届人民代表大会常务委员会第三十九次会议制订) |

### ➢ 未来 10 大交通工具

未来交通运输工具将在数 10 年内带来革命性变化，这些新颖独特的未来交通工具包括：太空电梯、超空穴船艇、真空管列车等。

超回路运输系统：2012 年，SpaceX 公司创始人埃伦·穆斯克（Elon Musk）首次提出了超回路运输概念，它被认为是协和飞机、轨道炮和空中冰球平台的综合体。连续气流可使超回路列车在轨道中运行，这是一种节约能源的运输方式。横跨美国大陆仅需 45 min。

太空电梯：太空电梯支持者梦想着太空电梯将成为未来太空的新通道，在过去几年里，科学家们提出了多个太空电梯概念。近期，日本大林组建筑公司计划 2050 年从太空飞船上放置太空电缆，这个"太空电梯港"计划将发送智能攀爬机器人至一个高空测试平台，最终实现将人类直接送至太空（见图 1 - 13）。

超空穴船艇：在军事领域中"超空穴现象"是指在水中移动物体周围形成的气泡，在气泡消失之前有助于物体在水中移动。目前，超空穴现象可适用于交通工具，牵引船只或者水下交通工具，减少它们的水中阻力。图 1 - 14 所示为超空穴船艇。

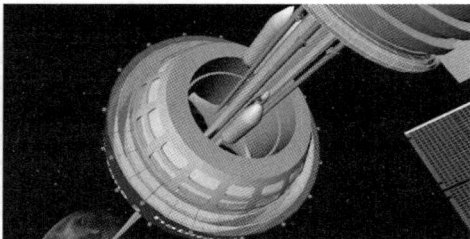

图 1 - 13　太空电梯

图 1 - 14　超空穴船艇

真空管列车：1909 年，美国工程师罗伯特·戈达德（Robert Goddard）就曾设想列车穿行在真空管状隧道中，可用于运输乘客。20 世纪 70 年代，兰德公司提议建造一个超高速列车，或者 VHST 运输系统，之所以应用真空管道是由于没有空气阻力，列车能够非常快速地运行（见图 1 - 15）。汉斯曼指出，然而存在的问题是：真空管运输系统需要大量的能量，我们很难实现完美的密封效果，如果出现气体泄漏现象，则意味着该系统必须不停地抽吸空气，这将消耗大量的资金。

磁悬浮太空舱：磁悬浮轨道系统它非常强大，足以将一个乘客舱沿着轨道弹射至大气层（见图 1 - 16）。美国工程师凯斯·洛斯特罗姆（Keith Lofstrom）早在 20 世纪 80 年代就提出一种弹射环路结构，无论是过山车电缆系统还是炮弹类型的发射，其主要思路是高速抵达太空轨道。

图1-15 真空管列车

图1-16 磁悬浮太空舱

太阳能子弹列车:2009年,美国亚利桑那州太阳能子弹LLC公司提议一种太阳能子弹列车(见图1-17),从图森市至凤凰城仅需半个小时。目前,该公司智慧团仍在思考如何更多地利用太阳能,他们计划沿着列车轨道铺设太阳能板。

低空飞机:数十年以来,运输系统一直尝试着与有趣的航空效应结合在一起,事实上机翼更接近地面,其飞行效果更佳。一些研究机构提出低空飞机概念,仅距离地面3~4.5 m之上飞行(见图1-18)。

图1-17 太阳能子弹列车

图1-18 低空飞机

飞行汽车:美国麻省理工学院特拉弗吉亚公司提出了一款飞行汽车设计——"过渡者"(见图1-19),它是一种街道合法飞行器,今年初还宣布了更加自动化的型号——"TF-X"。此外,其他飞行器制造商也提出了一些飞行汽车设计,汉斯曼说:"未来20年人们很容易能购买到私人飞机,只需按一下按钮便能飞到自己想去的任何地方!"

道路列车:道路列车是一种智能交通系统,汽车和卡车都能在高速公路上自动化行驶,直到它们需要转向至不同的目的地(见图1-20)。汉斯曼说:"当高速公路变得更加拥挤,如果你开着汽车自动行驶,这将更加安全。"

单轨电车:几年前,新西兰Shweeb公司设计师杰夫·巴奈特(Geoff Barnett)首次公布了人类单轨电车概念,这是一种单轨基础设施,旅行者沿着轨道横卧在一个驾驶舱中,舱内有自行车类型的脚蹬运输装置(见图1-21)。

图 1 − 19　飞行汽车

图 1 − 20　道路列车

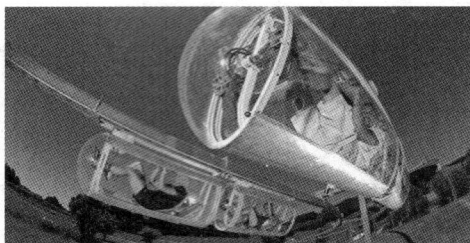

图 1 − 21　单轨电车

## 思考与练习

1. 城市轨道交通如何分类?
2. 城市轨道交通的经济特性有哪些?
3. 简述世界轨道交通发展阶段。
4. 城市快速运输系统包括哪些内容? 各有什么特点?
5. 城际高速铁路能否成为城市轨道交通的一部分? 为什么?
6. 与其他交通方式相比,轨道交通具有什么优缺点?

# 模块二

# 城市轨道交通规划与建设

## 【引　例】

### ➤ 世界地铁之最

最早的地铁：于 1863 年在英国伦敦建成。由于当时电动机车尚未问世，机车牵引仍用蒸汽机车。尽管隧道里烟雾弥漫，但人们仍争着去坐。

最长的地铁：英国有 8 个城市有地铁，总长度将近 1000 km，共设有 458 个车站，是目前地铁最长的国家。

最现代化的地铁：美国旧金山地铁，运行时速高达 128 km，为世界地铁速度之最。

最方便的地铁：莫斯科的地铁，营运时间长、发车频繁、行车迅速、坐车舒服、票价低廉、换车方便，堪称世界一流。

最漂亮的地铁：法国巴黎的地铁，建筑设计十分精美，技术设备极为先进，被人们誉为"地下宫殿"。

最深的地铁：朝鲜平壤市的地铁，由于地质的原因，路线和车站都离地面七八十米深。

最便宜的地铁：莫斯科的地铁，花 5 卢布(约人民币 1 元多)可以来回坐。

最干净的地铁：新加坡的地铁，车厢宽敞漂亮，车票种类多样。

现在世界上有地铁的城市已有 100 多个，地铁线路长度达 5200 km。按照年输送客流量来排名，世界上的 10 大地铁排名如下：

(1) 莫斯科(俄罗斯)：26 亿人次。

(2) 东京(日本)：25 亿人次。

(3) 纽约(美国)：15 亿人次。

(4) 墨西哥城(墨西哥)：15 亿人次。

(5) 巴黎(法国)：12 亿人次。

(6) 大阪(日本)：9.48 亿人次。

(7) 圣彼得堡(苏联)：8.21 亿人次。

(8) 伦敦(英国)：8.15 亿人次。

(9) 汉城(韩国)：8.12 亿人次。

(10) 香港(中国)：6.3 亿人次。

## 2.1 城市轨道交通系统

城市轨道交通是一个庞大复杂的技术系统，其专业涵盖了土建、机械、电气、电子信息、环境控制、运输组织等门类。从系统的角度看，城市轨道交通系统是由多个分别完成不同功能的子系统所构成。

### 2.1.1 城市轨道交通系统构成

城市轨道交通系统的构成主要包括车辆、车辆段、限界、轨道、车站、供电系统、通信信号系统等。各子系统的状态良好、运行正常是城市轨道交通安全、快速、高效运行的保证。

### 2.1.2 子系统介绍

#### 1. 车辆

城市轨道交通车辆（见图 2 - 1）是一个机电一体化设备，主要由机械部分和电气部分组成。机械部分主要包括车体、转向架、车钩缓冲装置、制动装置、空调通风系统等；电气部分主要包括电气牵引系统、受流设备等；此外还包括车辆内部设备、列车控制和故障诊断系统，乘客信息系统等辅助部分。

车辆是城市轨道交通系统中完成乘客运输任务的直接工具，具有载客能力强、动力性能好、安全可靠性强、环境条件好、灵活的牵引特征以及节能环保等特点。

**图 2 - 1  城市轨道交通车辆实例**

#### 2. 车辆段

车辆段又被称作车辆基地（见图 2 - 2），是城市轨道交通系统中对车辆进行运营管理、停放及维修保养的专门场所。它不仅包括车辆段本身，还包括综合维修中心、物资总库、培训中心及必要的办公、生活等相关的生产配套设施。

作为城市轨道交通车辆的运营与维修基地，车辆段应具备车辆停放及日常保养功能、车辆检修功能、列车救援功能、设备维护功能、材料供应功能以及技术培训功能。

车辆段根据功能来划分主要有运用停车场（简称停车场）和检修车辆段（简称车辆段）两种形式。而检修车辆段根据其作业范围又有架（厂）修段和定修段两种。

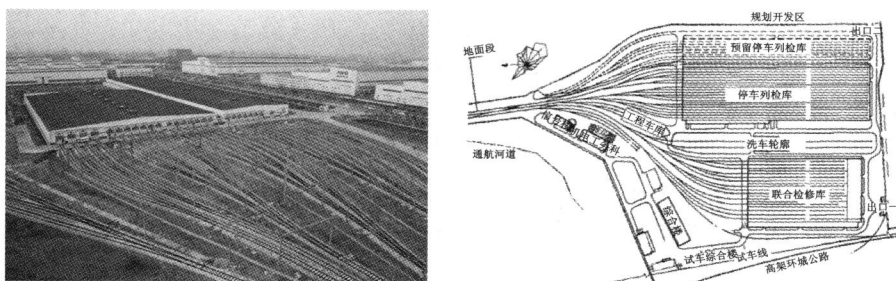

图 2 - 2　城市轨道交通车辆段实例

### 3. 车站

车站是站线、站台、站房等站场设备的总称，是城市轨道交通的基本设施(见图 2 - 3)。车站一般由主体、出入口及通道、通风道及风亭(地下)和其他附属建筑物组成。车站主体是列车的停车点，它不仅要供乘客上车、下车、集散、后撤，一般也是办理运营业务和运营设备设置的地方。

车站按运营功能分为：终点站、折返站、换乘站、中间站。

车站按设置位置分为：地面车站、地下车站、高架车站。

车站按站台类型分为：岛式站台车站、侧式站台车站、混合式站台车站。

换乘站是城市轨道交通的重要车站，位于各线路之间。换乘设施的通过能力应满足预测的远期需要。换乘方式分为同站台平面换乘、节点换乘、站厅换乘、通道换乘、站外换乘等基本类型。

图 2 - 3　城市轨道交通车站实例

### 4. 限界

限界是指列车沿固定的轨道运行时所需要的空间尺寸。限界越大，安全度越高，但工程量及工程投资也随之增加。

根据城市轨道交通系统的构成和设备运营要求，限界可以分为车辆限界、设备限界、建筑限界、接触轨和接触网限界。限界的确定需要根据车辆外轮廓尺寸及技术参数、轨道特性、各种误差及变形，并考虑列车在运动中的状态等因素，经过科学的分析计算后确定。

### 5. 轨道

轨道是城市轨道交通运营设备的基础,它直接承受列车载荷,并引导列车运行。在列车荷载作用下,轨道的各个组成部分必须具有足够的强度、刚度、稳定性、耐久性以及适当的弹性,保证列车按照规定的速度,安全、平稳、不间断的快速运行,保证乘客的舒适性。

城市轨道交通均采用电力牵引,要求轨道结构具有良好的绝缘性能以减少杂散电流。根据环境保护对沿线不同地段的减震降噪的要求,轨道应采用相应的减震结构。轨道结构由钢轨、轨枕、连接零件(包括中间扣件和接头连接零件)、道床、道岔、加强设备(轨距杆、防爬器、地锚等)组成。按照道床结构形式的不同,轨道可分为有砟轨道(见图 2 - 4)和无砟轨道(见图 2 - 5)两大类。无砟轨道也称为整体道床轨道。城市轨道交通的地面线大多采用有砟轨道,在高架桥、隧道中一般采用无砟轨道。

图 2 - 4　有砟轨道

图 2 - 5　无砟轨道

### 6. 供电系统

城市轨道交通供电系统是城市轨道交通中最重要的能源设施,不仅为车辆提供牵引用电,而且还为城市轨道交通运营服务的其他设施供电,如照明、通风、空调、给排水、通信、信号、防灾报警、自动扶梯等。城市轨道交通供电系统由城市电网与轨道交通主要变电站之间的输电线路、轨道交通供电系统内部牵引降压输配电网络、牵引供电网和车站低压配电网、电力监控系统、防雷设施和接地系统等组成。城市轨道交通供电系统一旦中断,不仅会造成城市轨道交通运输的瘫痪,而且还会危及乘客安全和造成财产损失。因此,安全、可靠而又经济合理的供电是城市轨道交通正常运营的重要保证和前提。

### 7. 通信系统

城市轨道交通通信系统是行车指挥、运营管理、公务联络的重要系统,可提供语音、数据和图像信息的传送和交换,并具有自身网络监控和管理功能。在正常情况下传送各种信息;在非正常或紧急情况下,应能作为抢险救灾的通信手段。

城市轨道交通通信系统包括传输系统、公务电话系统、专用电话系统、闭路电视监控系统、广播系统、乘客导乘信息系统、时钟系统、办公自动化系统、无线集群通信系统、消防无线系统、公安无线系统、集中监控系统、公众移动通信接入系统和通信电源系统。

### 8. 信号系统

城市轨道交通信号系统担负着指挥列车运行、保证行车安全、提高运输效率的重要任务。现代化的城市轨道交通要求城市轨道交通信号设备具有较高的现代化水平。城市轨道交通系统的安全、输送能力和效率与信号系统密切相关,以速度控制为基础的列车自动控制系统已成为城市轨道交通信号系统的必然选择。信号系统实际上已经成为城市轨道交通调度指挥和运营管理的中枢神经,选择合适的信号系统可以产生巨大的经济效益和社会效益。

## 2.2 城市轨道交通基本建设程序

### 2.2.1 城市轨道交通项目建设周期

建设和发展大运量、快速、方便、经济的城市轨道交通,建立城市综合交通网络体系已成为当今城市交通的发展方向。为保持城市轨道交通可持续、健康、良性的发展,需要加强对城市轨道交通建设的管理,尤其要从源头抓起,强调建设程序和前期工作,同时强化和突出项目的程序性和规范性。

一个建设项目,从提出项目设想、开发、建设、施工,到开始生产活动的整个过程,一般被称为项目建设周期。在这个周期中的各个时期又有许多不同的工作和活动,概括起来,可以把这些工作和活动分为三个阶段,即投资前阶段、投资阶段和生产阶段,每个阶段的各项活动,形成了一个循序渐进的工作过程,在此过程中,项目逐渐形成。

一个城市轨道交通项目周期的各个阶段及其主要活动,如图2-6所示。

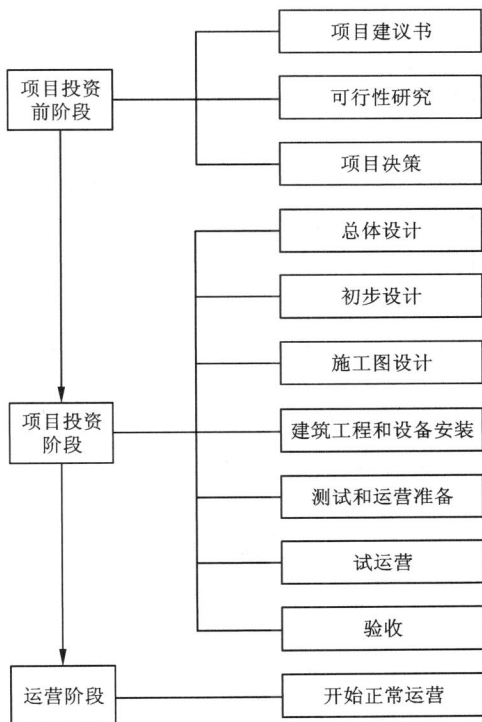

**图2-6 城市轨道交通项目周期各个阶段及其主要活动**

### 2.2.2 城市轨道交通项目前期工作内容

城市轨道交通是大型城市基础设施项目,对城市的建设和发展有较大的影响,在项目决策前阶段,要做相应的前期工作。城市轨道交通项目前期工作主要内容有:城市轨道交通规划(含远景线网规划和近期建设规划)、机会研究、预可行性研究及可行性研究等。

**1.城市轨道交通规划**

城市轨道交通规划是保证城市轨道交通建设科学、合理、经济、可持续发展的关键环节,是属于城市总体规划的组成部分,应根据城市总体规划制订,要与城市总体发展战略、土地利用布局及交通发展战略有机地结合起来。城市轨道交通项目工程浩大,对城市发展有极强的引导作用,对整个土地开发和交通结构的变化都有巨大的影响作用,因此城市轨道交通线网规划的合理与否,对城市的发展至关重要。城市轨道交通线网的规划也是项目建设的前提,对建设项目的选择、为项目建设提供规划条件、协调与其他交通方式的衔接及与市政工程的配套都有直接的作用。

### 2. 机会研究

机会研究的主要任务是捕捉投资机会，为拟建投资项目的投资方向提出轮廓性的建议。机会研究可分为一般机会研究和项目机会研究。一般机会研究可以作为规划研究，以计划部门或城市交通部门为主对城市轨道交通项目投资机会进行研究。这项研究，一般作为制订经济发展机会的基础。项目机会研究是在一般机会研究基础上以项目为对象进行的研究，通过项目机会研究将项目设想落实到项目投资建议，以引起投资者的注意，使其作出投资意向。对城市轨道交通项目的引资等活动，可以以该研究为基础。

### 3. 预可行性研究

预可行性研究是介于机会研究和可行性研究的中间阶段，其研究内容与可行性研究基本相同，但深度和广度略低。预可行性研究是城市轨道交通项目立项的依据，其任务是根据城市总体规划及城市轨道交通线网规划的要求，对项目与城市发展的关系，项目在城市交通发展中的地位和作用，主要工程技术标准和方案设想、组织机构和建设进度等进行研究，进行初步技术经济评价，以判定项目的必要性和紧迫性，为下一步的可行性研究工作奠定基础。这一阶段的主要工作如下：

(1)分析投资机会研究的结论。

(2)对关键性问题进行专题的辅助性研究。

(3)论证项目的初步可行性，判定有无必要继续进行研究。

(4)编制预可行性研究报告。

### 4. 可行性研究

可行性研究亦称详细可行性研究，是在投资决策之前对拟建项目进行全面技术经济分析论证的科学方法，也是投资前期工作的重要内容，是投资建设程序的重要环节。在投资项目管理中，可行性研究是指在项目投资决策之前，调查、研究与拟建项目有关的自然、社会、经济、技术资料，分析、比较可能的投资建设方案，预测、评价项目建成后的社会经济效益，并在此基础上，综合论证项目投资建设的必要性，财务上的盈利性和经济上的合理性，技术上的先进性和适用性以及建设条件上的可能性和可行性，从而为投资决策提供科学依据的工作。

## 2.2.3 城市轨道交通项目的审批

城市轨道交通项目，是重大的基础设施项目，根据我国目前基本建设程序规定，其属于大中型基建项目，需要国家进行审批，主要审批程序如下：

(1)对城市轨道交通线网规划的审批。

(2)对项目建议书(预可行性研究报告)的审批。

(3)对可行性研究报告的审批。

(4)对初步设计审批。

## 2.2.4 城市轨道交通系统规划与设计

### 1. 规划与设计的主要内容

一般认为，城市轨道交通系统规划与设计的主要内容包括以下几个方面：

1)功能定位

主要包括城市经济地理特征分析、城市规划总体目标与城市交通结构的协调性分析、轨道交通的功能评估等。

2）客流预测

主要是指在城市规划与综合交通规划基础上进行客流预测，它是确定轨道交通网络及线路建设规模、能力水平的依据。

3）线网规划

主要包括线网规模确定、线网构架方案选择和方案评估等，线网规划是城市轨道交通线路设计和建设的基础。

4）可实施性规划

主要包括车站、车辆段、换乘点的选址与规模，线路敷设方式规划，线网建设顺序与运营，以及轨道与地面交通的衔接设计等内容。

5）线路和车站设计

主要包括线路的走向、线路平纵断面设计、车站的数量及分布、车站的站型设计及换乘站的设计等。

6）轨道交通枢纽规划与设计

主要包括城市地区枢纽点规划、枢纽客流分析、枢纽换乘设计、枢纽用地分析、枢纽不同方式间的协调等。

7）与其他的交通方式的衔接设计

主要工作内容是研究轨道交通系统与其他交通方式（包括地面交通、城市间交通等）的衔接，具体包括车站周边其他交通方式站点布局及设计。

8）城市轨道交通系统的安全防护设计

主要包括地震防护、火灾防护、水灾防护及杂散电流防护等设施的设计，需要考虑轨道交通运营中的安全对策与应急措施。

9）运营规划

主要包括运输计划与运输能力、列车运行组织与调车工作、客流预测与分析、车站工作组织、运价与票务管理、轨道系统运营分析等。

**2. 规划与设计的意义**

城市轨道交通系统规划与设计工作的意义就是要科学回答"轨道交通需求"和"轨道交通供给"这两个方面的问题，以及二者之间动态影响关系和科学的平衡关系，从而阐明作为大城市客运骨干系统的发展方向，同时协调与城市其他要素之间的关系。做好城市轨道交通规划工作，具有以下 4 方面的意义。

（1）有助于科学制订城市经济发展计划。

（2）有助于制订城市各项设施建设计划。

（3）有助于控制轨道交通建设用地、降低工程造价。

（4）为轨道交通工程立项建设提供依据。

**3. 城市轨道交通线网规划的特点**

线网规划是城市总体规划总的专项规划，在城市规划流程中，位于综合交通规划之后，专项详细控制性规划之前。线网规划是长远的、指导性的专项宏观规划，它强调稳定性、灵活性、连续性的统一。稳定性就是规划核心在空间上（城市中心区）和时间上（近期）要稳定；灵活性规划延伸条件在空间上（城市外围区）和时间上（远期）要有灵活变化余地；连续性是指线网规划要在城市的条件不断变化的情况下，不断调整完善。城市轨道交通线网规划具有以下特点：

（1）线网规划既有相对的独立性，又要与城市的总体规划有机地融为一体。

（2）线网规划研究工作涉及城市规划、交通工程、建筑工程及社会经济等多项专业，各专业既相互联系又彼此独立，因此需要采用整理研究方法。

（3）线网规划不能作为一个孤立的系统来进行，既要重视起自身的建设运行机制，又要注重与外部环境及各影响因素的协调关系。

（4）线网规划是一个探索性很强的工作，关键在于探索一条技术路线，将各子系统的研究有机地结为一个整体。

**4. 线网规划的基本思路**

城市轨道交通线网规划要在确定的规划期限内对整个轨道网的大致走向、总体结构、用地控制、车辆段及换乘站的配置作出规划，轨道网规划的过程实际上是对初级路网不断优化完善的动态滚动过程。城市轨道交通网络设计的基本思路是：

（1）在城市规划方案基础上拟订多个科学路网方案。

（2）基于四阶段法进行客流预测。

（3）对方案进行综合评价，确定近期与远期分阶段实施方案。

**5. 线网规划的主要内容**

线网规划涉及专业面广、综合性强、技术含量高，从规划实践来看，其主要内容包括城市背景的研究、线网构架研究和实施规划研究。

1）城市背景研究

城市背景研究主要是对城市的人文背景和自然背景进行研究，从中总结指导轨道交通线网规划的技术政策和规划原则。主要研究依据是城市总体规划和综合交通规划等。具体的研究内容包括：城市现状与发展规划、城市交通现状和规划、城市工程地质分析、既有铁路利用分析和建设必要性论证等。

2）线网构架研究

线网构架研究是线网规划的核心，通过多规模控制、方案构思、评价、优化的研究过程，规划较优的方案。这部分研究的内容主要包括：合理研究规模、线网方案的构思、线网方案客流测试和线网方案的综合评价。

3）实施规划研究

实施规划是轨道交通规划可操作性的关键，集中体现了轨道交通的专业性，主要研究内容是工程条件、建设顺序和附属设施规划。具体内容包括车辆段及其他基地的选址与规模研究、线路敷设方式及主要换乘节点方案研究、修建顺序规划研究、轨道交通线网的运营规划、联络线分布研究、轨道交通线网与城市的协调发展及环境要求和轨道交通和地面交通的衔接等。

# 2.3　城市轨道交通建设运营模式

## 2.3.1　城市轨道交通建设模式

众所周知，城市轨道交通建设周期长、工程技术复杂、投资巨大，需要政府不断投入较大数额的财政资金。城市轨道交通已经建设的不会轻易停运，需要政府持续不断的财政支持，这将影响到城市财政收支平衡的风险和压力。因此，城市轨道交通建设不仅要坚持量力而行、有序发展，而且更重要的是应探索行之有效的城市轨道交通建设模式。这是涉及我国城市轨道交通可持续发展的更深层次的问题。

### 1. 城市轨道交通投融资模式

根据资金来源和不同的投融资工具的应用，城市轨道交通产业的投资融资模式可分为完全政府投资模式、政府主导的债务融资模式和多元化投融资主体模式。

#### 1）完全政府投资模式

由于城市轨道交通建设项目盈利能力低、正外部效应强、难以吸引社会投资，因此很多城市，特别是较早期建设城市轨道交通项目的城市都采取了完全政府投资模式。例如纽约地铁和2002年以前的伦敦地铁等；我国在城市轨道交通建设初期也采用这个模式，例如北京地铁1号线、2号线和天津地铁等。

在该模式下，政府是唯一的投资主体。因此具有管理体制简单、公益性较强和融资成本较低等优点。但缺点也较为明显：一是由于工程造价的不断上涨，以及城市轨道交通建设的快速发展，政府财政资金难以满足基础设施建设的需要；二是不利于城市轨道交通运营企业引入先进的公司管理模式；三是缺乏对经营者有效的激励约束机制，运营效率不高。

#### 2）政府主导的债务融资模式

该模式是城市轨道交通建设较为普遍采用的模式，例如发展初期的香港地铁、广州地铁2号线、3号线、上海地铁10号线和深圳地铁1号线等均采用这一投融资模式。

在该模式下，政府仍然对城市轨道交通建设资金的融资起着主导作用。首先，政府需要投入一定比例的资本金；其次，由于城市轨道交通经营的公益性，企业债务融资的还本付息实际上还是由政府承担；再次，在企业进行债务融资的过程中，金融机构和利率事项等具体的投融资相关事宜的安排也往往由政府主导。

政府主导的债务融资模式有着资金筹措程序简单、到位快等优点，对满足当前我国地方经济发展对城市轨道交通的迫切需要，缓解财政建设资金不足等方面起到一定的积极作用。但其存在的问题是，如果城市轨道交通运营企业无法成功构建城市轨道交通的盈利模式，城市轨道交通项目未来的还本付息还将由政府以财政资金或者划拨土地等资源方式解决，无法从根本上解决城市轨道交通建设运营资金短缺的问题。另外，在这一模式下，企业股权结构依然单一，难以引入现金的公司管理模式，企业经营绩效往往不高。

#### 3）投融资主体多元化模式

政府主导下的债务融资模式只是减轻了政府即时的资金压力，在盈利机制不健全的情况下，城市轨道交通项目贷款的还本付息压力最终还是由政府承担，只不过在政府资金的投入时间上往后推移了，并没有减少财政资金对城市轨道交通建设的总投资量，因为以上两种投融资模式投融资的主体仍然是政府。只有实现城市轨道交通投融资主体的多元化，改善企业治理结构，提高企业管理水平，吸引社会资本进入城市轨道交通建设，形成城市轨道交通投融资、建设和运营的良性循环，才能从根本上解决城市轨道交通投融资问题。

### 2. 城市轨道交通线网规划模式

城市轨道交通线网规划是在确定的规划期限内，对整个城市轨道交通线网的总体结构、线路规模、站点布局、用地控制、车辆段及枢纽站的配置等所作的规划。线网规划是城市轨道交通建设、运营和相关资源开发利用的前提，其质量直接决定着城市轨道交通系统的优劣程度和经营效率。

从城市轨道交通与土地开发先导关系角度分类，目前，世界大城市轨道交通线网规划模式可以分为以解决目前交通紧迫问题、符合现状最大客流的客流紧随型（SOD 模式）和引导土地开发导向、支持新区建设的规则引导型（TOD 模式）。从政府在城市轨道交通规划中所起的作用角度分类，可以将城市轨道交通规划分为政府主导型、政府引导型两种模式。

SOD 模式的主要优点是：首先，城市轨道交通客流预测有现成的城市客运量、居民出行数据为基础，线网规划可以沿着城市主要交通走廊进行布置，因而不确定性小、风险性小。其次，这种模式的时效性比较显著，经济和社会效益比较客观。再次，在客流密集地区建设城市轨道交通项目，容易赢得社会各方面的支持。

SOD 模式的主要缺点是：城市轨道交通经营成本较高，可持续发展能力不足。此外，由于在城市主要建成区施工，会给城市生活带来相当长一段时间的交通拥挤和紊乱，对城市轨道交通经营带来一定的负面影响。

在 TOD 模式下，要求城市发展以轨道交通的发展和完善为基础，城市轨道交通站点周边的各类商业民用设施的开发均以城市轨道交通的社会效益最大化为基本原则，最终形成城市的集约化、可持续的发展模式。因此，在一定程度上有着"人跟线走"的特征。这种规划模式强调用于城市轨道交通建设的土地要综合利用，将居住、零售、办公和公共空间组织置于以城市轨道交通站点为核心的社区步行环境中，从而为城市发展带来更好的社会效益、经济效益和环境效益。

TOD 模式的缺点：由于 TOD 模式是基于预测的规划模式，它依赖于未来城市发展目标、定位、城市规划意见相关社会资源的配套与支持，是多目标的价值取向和多种公共政策共同的结果。因此，存在较大的不确定性。一旦引导功能未实现，会导致城市轨道交通后期运营的困境和发展的障碍。此外，由于城市轨道交通建设后的初期客流量会比较小，因此项目投入运营的初期经济、社会效益也不明显，线路开通后的一段时间内在线路运营方面难以实现财务收支平衡。

政府主导型模式是我国目前大多数城市采取的城市轨道交通线网规划编制方式，政府在规划领域中起着主导作用。政府引导型模式是目前世界上多数先进城市编制城市轨道交通线网规划通常所采取的方式。

### 3. 城市轨道交通线路建设工程管理模式

现代项目管理大致可分为传统的项目管理模式、工程总承包项目管理模式、由专业化机构进行项目管理模式和公共设施及服务私营化模式 4 大类。

我国在多年的城市轨道交通工程建设实践中主要采取这 4 种建设工程管理模式即传统的项目管理模式、工程总承包项目管理模式、由专业化机构进行项目管理模式和公共设施及服务私营化模式下的移交融资（build transfer，简称 BT）模式。

## 2.3.2  城市轨道交通运营管理模式

城市轨道交通运营管理模式主要有以下几种。

### 1. 国有国营模式

国有国营模式是指由政府负责地铁投资建设，所有权归政府所有，运营由政府部门或国有企业负责。法国巴黎、德国柏林、美国纽约等世界上绝大多数城市都采用国有国营模式，这也是我国地铁建设的主要模式。

法国城市公共交通以城市交通管理委员会为管理机构、城市交通服务区为责权范围，城市交通税为资金来源，这三者相互支持，构成了其地方化的城市公共交通建设与管理机制的基础。巴黎地铁的投资来源主要是政府直接投入和市政当局设立的特别交通税。该税收将专项用于城市交通设施的建设、维修以及支付融资成本。在项目建成后，由大区公交公司统一经营。由于巴黎市地铁票价定位较低，票款收入与经营费用无法对冲。但巴黎的公交车盈利，公交公司以公交车的盈利补贴地铁的亏损，在此基础上实现财务的总体平衡。巴黎模式的特点是：政府设立专项建设资金(专款专用)，以确保地铁的建设投资和债务的偿还；票价定位以吸引客流为主要目标；采取大公交混业经营，实现地铁经营的财务平衡。

同样，德国各城市的地铁轻轨建设资金60%出于联邦政府，其余由州、市政府承担。联邦政府规定：交通运输建设所需的资金，在全国范围内以汽油税方式征收，其中10%用于各城市的地铁与轻轨交通建设。另外，德国还制订了一些法律、规章等来吸引资金投资轨道交通等基础设施。例如，地方交通财政资助法，该法规规定可以用矿物油的所得税来改善地方的交通状况，增加城市轨道交通的投资可能性，包括新建或扩建有轨电车线、轻轨线及地铁线。

**2. 国有民营模式**

国有民营模式是指地铁线路完全由政府投资建设，建成后委托民营企业负责运营管理。目前新加坡地铁采用这种模式。

新加坡地铁、轻轨的建设资金完全由财政负担，由新加坡陆路交通管理局负责建设，建成后通过特许经营协议的方式交给新加坡地铁总公司(SMRT)和新捷运(SBS Transit)负责运营。其中SMRT负责新加坡地铁的东西线和南北线，SBS Transit则负责东北线。为确保政府巨额投资和公众的利益能够得到保障，新加坡国会专门通过一项新法案，授予陆路交通管理局充分的管理权，去管制地铁和轻轨列车的经营者。法案规定，地铁和轻轨列车经营者的服务若达不到标准要求，将被罚款高达100万新元，在发生重大运营安全事故等情况下，陆路交通管理局将吊销经营者的执照。

新加坡地铁是完全的市场经营模式，以利润为企业最大追求目标。虽然政府只负责轨道交通的规划与投资建设，对线路运营不补贴，但新加坡地铁却是世界上少数几家能盈利的地铁之一。概括地讲，新加坡政府与新加坡地铁总公司和新捷运的关系就是政企分开，明确职责，各负其责。政府只负责为企业配备优秀的经营人才，营造必要的市场环境，建立相应的政策法规予以支持和约束，加强监督和安全管理。而企业则要对政府负责，对事关国计民生的公共事业负责，要保证服务质量和正常运营，自己解决生存和发展的问题。

国有民营模式和国有国营模式都由政府负责投资建设，不同的是前者由政府部门或国有企业负责运营，而后者则委托民营企业按市场模式运营。优点是由政府投资，资金有保障，但同时也给政府带来巨大的财政负担。国有国营模式有利于政府对轨道交通建设运营的一体化管理与控制，缺点是难以对国有管理绩效进行有效考评，投资和管理效率相对较低，适合于轨道交通建设初期或建设制度与监督管理相对规范的情况。国有民营模式通过企业市场化运作，自负盈亏，一定程度上减轻了政府在运营阶段的补贴，但要求政府事先对轨道交通项目运营收支情况有准确把握，能够在引入企业介入时合理确定政府补贴或扶持的政策条件，提供企业进入的合理竞争性平台。

### 3. 公私合营模式

公私合营模式即由政府与企业共同出资成立地铁公司，负责地铁的投资、建设和运营。中国香港地铁和日本地铁就是典型的例子。

1）中国香港

中国香港政府从1975年开始建设城市轨道交通。在建设初期，债务融资全部由香港政府提供担保；项目建成后，由香港地铁有限公司（简称地铁公司）按照商业原则进行地铁的经营和日常管理。自1979年底逐段投入运营以来，经历了12年的亏损后转为盈利。随后香港地铁的投资、建设及经营均由地铁公司承担，公司以独立的商业实体进行财务策划和经营，按照审慎的商业原则进行融资运作。

香港地铁的建设资金主要来源于两个方面：一是政府在审批地铁规划时，将周边土地的开发权交给地铁公司。而香港土地价格昂贵，地铁公司通过地铁沿线地产交易筹集大量资金，在很大程度上补充地铁建设的需求。二是中国香港政府赋予地铁公司确定票价的自主权，这样地铁公司就可以按照平衡经营成本反算来确定地铁票价。虽然地铁票价较高，但地铁站点布置密集，可以提供快捷、舒适的通勤服务，因此多数人还是形成了乘坐地铁的习惯。于2000年在香港联合交易所上市，开拓了一条新的融资渠道。

中国香港政府为自己划定底线，即地铁公司必须按市场规律运作，严格遵守审慎的商业原则，即在切实可行的范围内尽量确保其收入，以跨年计算，至少足以应付其日常营运。通过《地下铁路条例》等一系列法例、营运协议和长期发展规划，使地铁公司的运作和对其监管有章可循，这也是香港政府管理地铁公司的主要依据。当政府认为有必要成立地铁公司时，政府先制订和通过相关法例，明确公司的权利、责任、公司架构、营运原则和政府的监管机制等。同时，当地铁公司获得政府批出的某项专营权时，必须和政府签订一份详尽的营运协议，明确公司必须按照审慎商业原则运作，即确保其收入足以应付开支。法例又容许行政长官会同行政会议基于公众利益，发出指示。但如果指示违反了审慎商业原则，地铁公司有权就此获得政府的合理赔偿。

香港地铁建设管理模式的特点是发挥地铁资源（周边土地、票款收入等）在项目建设、经营过程中的作用，并对其实行集约化管理，通过资源整合，实现建设目标和经营目标。

2）日本

日本对城市轨道交通的发展十分重视，制订了许多政策对有关投资者提供各种补助和税制优惠，促使全社会向城市轨道交通建设投资，设立了半公半私的轨道交通企业。日本城市轨道交通建设资金筹措途径主要有政府补助、利用者负担、受益者负担、发行债券、贷款5大类。其中贷款又分为日本政策投资银行贷款（政策性贷款，一般不超过总投资的10%）、无息贷款和商业贷款（不超过总投资的20%）。

日本城市轨道交通的经营由资产的所有者认定，票价执行地区统一标准。为约束轨道交通的投资、经营、建设等行为，专门制订了铁路事业法和铁路抵押法，以保证投资及经营者的权益。东京地铁的经营虽然微有盈余，但不足以实现滚动发展。其投资回收期一般定为30年左右。

为了鼓励城市铁路建设投资，增加城市铁路的运输能力，东京于1982年4月建立了"特定城市铁路建设公积金制度"。该制度规定，"鉴于铁路作为公共设施的特殊性质，对铁路部门收入实行减免法人税和固定资产税的税收优惠政策"。并规定，"凡享受减免税优惠政策的收入必须纳入铁路部门内部基金，用于铁路新线建设的投资。"这一政策，对铁路部门来说，可以减轻新线建设投资的利息负担；对铁路使用者而言，则有保持建设工程前后运费稳定的好处。

日本十分重视轨道交通立法工作。在不同发展时期，出台了相应的法律法规。如改革前用《国有铁道法》《铁道建设法》和《地方铁道法》来规范原国铁行为。1987 年，为配合国铁民营化改革，日本颁布了《国有铁道改革法》，废除了原有法律。新成立的 JR 铁路集团 7 家子公司和其他铁路企业一样受《国有铁道改革法》的制约。通过法律形式，不仅明确了铁道建设投资、施工、营业线路、颁发执照、安全检查、运费及设施变更的上报批准等内容，而且进一步明确了铁路企业与政府的关系。这是日本铁路建设、运营和管理有序进行的关键所在。

日本东京模式的特点是在中央、地方两级政府承担轨道交通的大部分投资的同时，受益者负担也是建设资金筹措的重要手段；票价定位相对较低，并且票价标准相对稳定，客运总量大，因而运营公司依然可以凭借客票收入实现财务平衡（不含贷款本息的偿还）。

公私合营模式的特点是政府和企业共同出资设立地铁公司，负责地铁投资、建设和运营。香港地铁通过转让地铁周边土地开发权给地铁公司获得部分建设资金，而日本地铁通过政府补助、利用者和受益者负担、债券、贷款等渠道融资，这样有利于减轻政府的财政负担。其次政府和地铁企业之间的责任和权利划分明确，各司其职。香港地铁通过法例、营运协议、审慎的商业原则等来明确，而日本地铁则以法律的形式进行明确。公私合营模式在发挥政府投资主导作用和责任的基础上，通过民间资本的进一步引入，提高了轨道交通建设的商业化运作能力，有利于提高轨道交通管理绩效，是轨道交通建设运营模式发展的方向，但前提要求政府合理界定政府投资的责任与配套监管政策，能保证私人投资通过自身管理实现一定水平的收益，为私人资本介入提供良好的竞争平台和政策保障。

**4. 民有民营模式**

民有民营模式即在政府特许经营条件下，由私人集团投资兴建，并由私人集团经营。泰国曼谷轻轨采用了此种模式。

曼谷轻轨的资金来源 30% 由投资者出资，70% 由投资者向银行贷款，其开创了世界上完全由民间资本投资、建设和运营的城市轨道交通的先例。曼谷轻轨采用简单建设—经营—转让（BOT 模式），项目发起者是曼谷市政府，具体主管部门为曼谷市政管理局。投资者为香港股票上市公司华基泰公司，由其在泰国的联营公司泰华荣组建一个子公司即曼谷运输系统有限公司作为项目公司，建设经营这个项目，经营 30 年后交回市政管理局。

曼谷轻轨以高架或地面线为主，市政府无偿给发展商提供沿线及车辆段工程用地并在建设中基本采用国产机电设备。泰国政府对该项目的进口机电设备采取全免关税等措施，市政管线拆迁总费用约为 13.116 亿泰铢，发展商只承担 5 亿泰铢，其余由政府承担，并且政府给予其运营前 8 年全免营业税政策，使发展商的建设和运营费用最低。政府为吸引外商投资保证给予发展商较高的回报率，保底回报率为 15%，最高可达 20%，同时承诺发展商只承担每年 5% 的通胀率，超过部分由政府承担。但客流风险由发展商承担，由于曼谷市民能承受较高的票价（平均一程票价为 21 泰铢），同时泰币为可自由兑换币，汇率风险较小，而且规定建设期 48 个月，从政府交出沿线及车辆段用地之日起计。这些政府的承诺和较低的汇率、工期风险，给了发展商投资的信心保障。

民有民营模式的特点是私人集团负责地铁的投资、建设和运营，政府只为私人集团的投资、建设等提供保障。虽然从某些角度来说解决了政府财政负担的问题，但由于城市轨道交通建设投资巨大, 项目自身运营效益难以维持企业的良性发展循环, 特大城市的轨道交通网络全部采用该模式是不合适的, 只能对其中一条或少数几条有条件线路采取此种模式进行探索尝试。

## 拓展阅读

### ➢ 世界城市轨道交通发展简述

1863 年世界上第一条地下铁道于 1 月 10 日在伦敦建成。开始是采用蒸汽机车牵引。1881 年第一辆有轨电车在德国柏林工业博览会上展示。1888 年美国弗吉尼亚州里士满市世界上第一条有轨电车系统投入运行。1908 年中国第一条有轨电车在上海建成通车。1969 年中国第一条地铁北京地铁一期工程当年 10 月建成。1978 年在比利时国际公共交通联合会上, 确定了新型有轨电车交通的统一名称, 简称轻轨交通(LRT)。据粗略统计, 到目前已有 50 个国家建有 360 条轻轨线路。

二战后经过短暂的经济恢复后, 地下铁道建设随着全世界经济起飞而启动、加快。20 世纪 70 年代和 80 年代是各国地下铁道建设的高峰。发达国家的主要大城市如纽约、华盛顿、芝加哥、伦敦、巴黎、柏林、东京、莫斯科等已基本完成了地铁网络的建设。但后起的中等发达国家和地区, 特别是发展中国家地铁建设却方兴未艾。比如亚洲共有 26 个城市有地下铁道。除了东京与大阪在二次大战前就建有地下铁道外, 其余城市均是在战后建成。

旧式有轨电车行驶在道路中间, 与其他车辆混合运行, 又受路口红绿灯的控制, 运行速度很慢, 正点率低, 而且噪声大, 加减速性能较差。随着汽车工业的迅速发展, 西方国家私人小汽车数量急骤增长, 大量的汽车涌上街头, 城市道路面积明显地不够用。

20 世纪 50 年代开始, 世界各国大城市都纷纷拆除有轨电车线路, 这阵风也波及中国。到 20 世纪 50 年代末, 我国各大城市也把有轨电车线基本拆完, 仅剩下大连、长春个别线路没有拆光, 并一直保留至今, 继续承担着正常公共客运任务。

20 世纪六七十年代在地下铁道建设高潮发展时期, 由于地下铁道造价昂贵, 建设进度受财政和其他因素制约, 西方大城市在建设地下铁道的同时, 又重新把注意力转移到地面轨道上来。利用现代高科技开发了新一代噪声低、速度高、转弯灵活、乘客上下方便, 甚至照顾到老人和残疾人的低地板新型有轨电车。在线路结构上, 也采用了降噪声技术措施。在速度要求较高的线路上, 采用专用车道, 与繁忙道路交叉处, 进入半地下或高架交叉, 互不影响。对速度要求不高的线路, 可与道路平齐, 与汽车混合运行。

回顾 20 世纪城市交通的发展历程, 就是一个否定之否定的过程, 有轨电车从大发展到大拆除; 然后汽车登上历史舞台, 逐渐成了城市交通的主角; 到 20 世纪末, 以地铁和轻轨为代表的城市轨道交通又恢复了它的主导地位, 这是个螺旋式的上升过程。

## 思考与练习

1. 简述城市轨道交通基本建设和审批程序。
2. 简述城市轨道交通线网规划的主要内容。
3. 简述城市轨道交通系统规划与设计的主要内容。
4. 简述城市轨道交通运营管理的模式。

# 模块三
# 城市轨道交通工程设施

## 【引　例】

根据前瞻产业研究院发布的《2020—2025 年中国城市轨道交通行业市场前瞻与未来投资战略分析报告》显示：2019 年末，我国累计有 40 个城市建成投运城轨线路 208 条，运营里程 6736.2 km。2019 年新增 5 个运营城市、25 条运营线路、974.8 km 运营里程。在 6736.2 km 运营里程中，地铁 5180.6 km，占总里程的 76.8%；轻轨 217.6 km，占总里程的 3.2%；单轨 98.5 km，占总里程的 1.5%；市域快轨 754.6 km，占比 11.2%；现代有轨电车 417 km，占总里程的 6.2%；磁浮交通 57.7 km，占总里程的 0.9%；APM10.2 km，占总里程的 0.2%。

自 20 世纪 50 年代我国开始筹备地铁建设至今⋯⋯已进入黄金发展期。根据《交通运输"十三五"发展规划》，"十三五"期间将深入贯彻落实城市公共交通优先发展战略，充分发挥城市公共交通对改善城市交通状况、促进经济社会协调和可持续发展的作用。"十三五"期间将加快综合交通运输枢纽的建设，以高速铁路、轨道交通等建设为契机，重点建设一批集多种运输方式于一体的综合客运枢纽。"十三五"期间，规划地铁线路总规模为 4248 km，在建线路总规模为 3790 km，四年来，全国共完成建设投资 19992.7 亿元，年均完成建设投资额 4998.2 亿元，截至 2019 年底，各城市城轨交通在实施建设规划线路共 7339.4 km，中国城市轨道交通将进入另一个蓬勃发展时期。

## 3.1　轨道

一般来说，轨道指用条形的钢材铺成的供火车、电车等行驶的路线。按轮轨支撑形式，可分为钢轮钢轨系统、胶轮混凝土轨系统以及特殊系统。钢轮钢轨系统是目前火车、地铁与轻轨的主流形式，胶轮混凝土轨系统主要指单轨及新交通系统，而特殊系统则包括支撑面置于车辆之上的悬挂式单轨系统、磁悬浮式轨道系统等。

### 3.1.1　轮轨系统的轨道结构

轨道结构是城市轨道交通系统的重要组成部分。最常见的钢轮钢轨系统由钢轮轮缘和钢轨之间的作用来提供导向力。它一般由钢轨、轨枕、道床、道岔、连接零件及其他附属设备组成。为保证列车运行的安全，轨道结构应具有足够强度和稳定性、耐久性、绝缘性及适量弹性，且养护维修量小，以确保列车安全运行和乘客舒适。

#### 1. 钢轨

常用碳素钢或中锰钢制造，其断面为工字形，用以承受机车车辆的车轮荷载，并将承受的荷载传给轨枕；同时为车轮的滚动提供连续、平顺的表面和引导车轮运行，这种轨道部件称为钢轨。在电气化铁路和自动闭塞信号线路上，钢轨还可兼作电路导体。钢轨的种类通常以每米钢轨的质量表示。我国铁路的钢轨有每米 60 kg、50 kg、45 kg、43 kg 等种类。在使用英制单位的国家钢轨有每码 132 磅、112 磅、90 磅等种类。不同种类的钢轨适用于不同的铁路线路，主要是依据线路上运行的机车车辆的轴重、行车速度、线路运输量等选用，如轻型铁路可采用每米质量较小的钢轨，有的轻型铁路采用每米仅 10 余千克的钢轨；重型铁路可采用每米质量较大的钢轨，美国宾夕法尼亚铁路采用每码 155 磅的钢轨。

　　工字形钢轨主要由上部的"轨头"和下部的"轨底"，以及连接轨头和轨底的"轨腰"组成（见图 3－1）。钢轨断面的设计，除考虑它的抗弯能力、轨头的抗压和耐磨能力、轨底的支承面积以及抗倾倒能力等强度和稳定性因素外，还须考虑经济合理性和轧制技术可行性等因素。

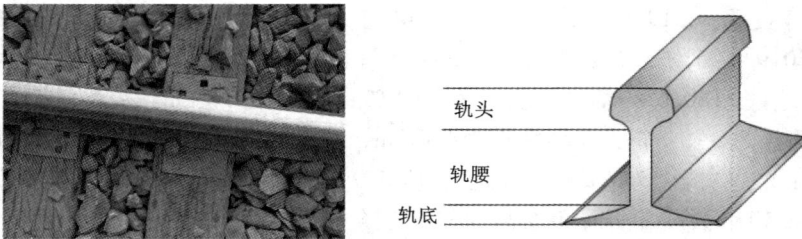

图 3－1　城市轨道交通钢轨图例

　　各国铁路钢轨的标准长度是不同的。如美国钢轨标准长度为 11.9 m（39 ft①）；德国为 45 m 或 60 m；我国为 12.5 m 和 25 m。另外，钢轨还有缩短轨，比标准长度缩短 40 mm、80 mm、120 mm、160 mm 等数种，主要用于铺设曲线线路轨道。

　　钢轨必须具有足够的强度、韧性和耐磨性能。如果钢轨发生断裂和破损，将危及行车安全。钢轨的断裂和破损多数发生于有缺陷的轨头、轨头与轨腰连接处以及螺栓孔周围等处。钢轨断裂处一般有疲劳源，断裂呈脆性状态。钢轨生产时如有未切净的残余缩孔或有害偏析，使用时也可能造成轨腰劈裂。

**2. 轨枕**

　　铺设在道床和钢轨之间，用以承受从钢轨传来的力和振动，并传给道床；同时用以保持钢轨轨距和方向，这种轨道部件称为轨枕。轨枕除将钢轨传来的力振动传给道床外，它本身也能吸收部分振动能。每千米铁路线路上铺设的轨枕数，是根据线路上的机车车辆运行速度和运输量等因素确定的。机车车辆运行速度高和运输量大的线路铺设轨枕数多。我国铁路在直线线路上每千米一般铺设轨枕 1840 根、1760 根或 1600 根。轨枕按材料性质分为木枕、混凝土枕和钢枕 3 种。

　　1）木枕（又称枕木）

　　世界各国铁路用木枕铺设的轨道约占轨道总长的 70%。木枕的优点是弹性好，易于铺设，与钢轨的连接比较简单，绝缘性能好；缺点是使用寿命短（如易腐朽、易机械磨损及劈裂）。

---

　　①　1 ft＝0.3048 m。

制作木枕的木材必须坚韧而有弹性,常用山毛榉、橡木、松木等木材制作。木枕经防腐处理后称为油枕,可延长其使用寿命。木枕尺寸因木材种类、产量以及所承受荷载不同而不同。我国铁路木枕大多数是用松木制作,干线上的木枕长 2.5 m、横截面为矩形,截面的底宽为 22 cm、高为 16 cm。

2)混凝土枕(又称砼枕)

第二次世界大战以后,混凝土枕开始大量被使用,它的优点是稳定性好,使用寿命长,养护维修费省。缺点是重量大、弹性及绝缘性能差,在轨底部分须设缓冲绝缘垫层等。

混凝土枕的主要类型有整体式预应力钢筋混凝土枕、整体式预应力高强度钢筋混凝土枕和钢杆式混凝土枕等。我国自 1958 年以来,主要推广使用前两种类型。

3)钢枕

优点是抗腐菌侵蚀、抗白蚁和虫蛀。缺点是易受化学性腐蚀、不绝缘、维修费用高。钢枕仅在德国和瑞士的一些铁路上,以及地处热带的一些铁路上应用,我国尚未应用。

**3.连接零件**

连接零件分中间连接零件和接头连接零件两种。

1)中间连接零件

它是钢轨与轨枕的扣件,包括普通道钉、螺纹道钉、刚性或弹性扣铁、垫板、垫层、防爬器及轨距杆等。连接零件实例如图 3-2、图 3-3 所示。

| 图 3-2　钢轨与木枕的连接零件实例 | 图 3-3　钢轨与混凝土枕连接零件实例 |

中间连接零件具有足够的强度和耐久性,并具有一定的弹性,能保持钢轨和轨枕的可靠连接和相对固定的位置,并能减缓线路残余变形积累速度。中间连接零件本身应构造简单,以便于装配、卸除和调整轨道的轨距及水平等。

木枕和钢轨的连接一般采用普通道钉,木枕和钢轨间的铁垫板也用普通道钉固定,它安装方便,应用广泛。欧洲铁路有的采用刚性扣铁的分开式扣件连接木枕和钢轨,其优点是扣压力强,能有效防止钢轨纵横向位移。缺点是零件多,用钢量大。也有采用弹条式扣件的,扣压力较强,装卸较方便。采用混凝土的轨枕的轨道,轨枕和钢轨间须设置弹性垫层以减少冲击力,其连接零件有扣板、弹片及弹条等,用螺栓连接。钢枕在顶面上支承钢轨部分的两侧,各留有螺栓孔,将螺栓插入孔内固定在钢枕上,再在螺栓上部装上扣铁扣住钢轨,从而实现钢枕和钢轨的牢固连接。

列车车轮滚动和纵向滑动,以及列车制动等产生的纵向力,能使整个轨道或钢轨纵向移动。为了防止轨道或钢轨的纵向移动,除了利用扣件能产生纵向阻力外,还需装设防爬器,以增加扣件的纵向阻力。防爬器有弹簧式及穿梢式等形式，轨距杆是装设在铁路曲线区段，用以保持轨距的零件。

2) 接头连接零件

它是连接两根钢轨的零件，主要有夹板、螺栓和弹簧垫圈（见图 3 - 4）。

夹板又称鱼尾板，因最早设计制作的夹板截面形状如鱼尾而得名。板上一般有 4 个或 6 个螺栓孔。螺栓用以连接夹板和钢轨，螺栓拧紧后，可把两个轨端夹紧，使接头处钢轨能承受车轮的作用力。弹簧垫圈是用于增加螺栓帽和螺栓螺纹间的压力，防止螺栓帽因列车通过时引起的振动而松退的零件。

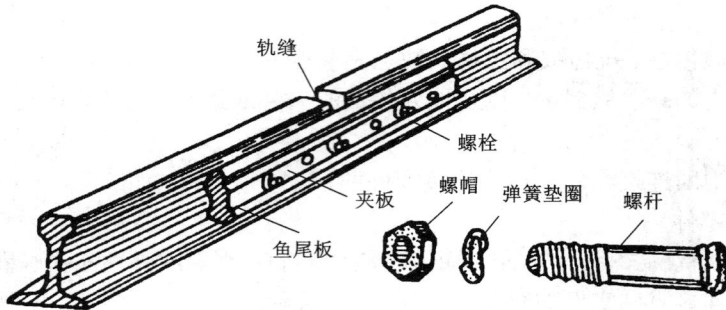

**图 3 - 4　接头连接零件**

#### 4. 道床

用碎石、卵石或砂等道砟材料组成的轨道基础，用以将轨枕的荷载均匀地传布到路基上，以及防止轨枕的纵向和横向移动（见图 3 - 5）。同时，为轨道提供良好的排水、通风条件，以保持轨道干燥，使轨道具有足够的弹性。

道床材料一般用坚韧的玄武岩或花岗岩碎石，有的也用石灰岩碎石，但不如前两者好。碎石有不同的形状和

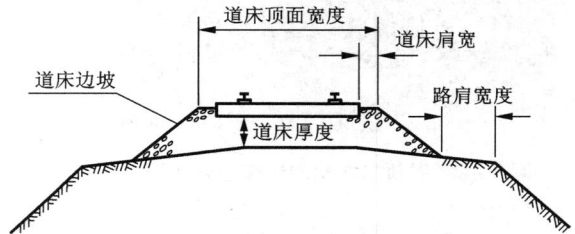

**图 3 - 5　道床图示**

大小，才能互相挤紧，防止松动。我国铁路道床所用碎石粒径有 3 种规格：20 ~ 70 mm 的用于新建道床和道床的大修及维修；15 ~ 40 mm 的用于道床维修；3 ~ 20 mm 的用于道床垫砟起道。道床材料也常用规定级配的筛选卵石、天然卵石、矿渣或沙子等，但这些材料修筑的道床质量较差，粗砂、中砂一般仅作垫床之用。垫床一般只在繁忙干线的碎石道床和路基面之间铺设。

道床的厚度和宽度是根据铁路等级确定的，我国铁路规定道床厚度为 25 ~ 50 mm。道床可以是单层的或双层的，铁路正线上一般采用双层道床，下面的一层称作垫层，可以防止翻浆冒泥，其厚度一般不小于 20 cm。不易风化的砂石路基，可以不铺垫层。道床顶面的宽度决定于轨枕长度。我国铁路在使用混凝土轨枕的线路上规定道床宽度为 3.1 m。碎石道床的边坡为 1：1.75。

20 世纪 60 年代以来，用沥青砂浆灌注在普通道床里把道砟固结起来，或用沥青混凝土压实层作道床底部，再用沥青胶砂作为调整层的沥青道床，逐渐在一些运输繁忙的铁路线上试用。由于这种道床有利于提高道床的承载能力和线路稳定性，并有利于道床防水和防脏，减少了线路维修工作量，而受到各国的重视。

## 3.1.2 其他系统的轨道结构

### 1. 单轨铁路的轨道结构

单轨铁路简称单轨，是铁路的一种，特点是使用的轨道只有一条，而非传统铁路的两条平衡路轨。单轨铁路的路轨一般以混凝土制造，比普通钢轨宽很多。而单轨铁路的车辆比路轨更宽。作为城市轨道交通系统，单轨铁路主要应用在城市人口密集的地方，用来运载乘客。亦有在游乐场内建筑的单轨铁路，专门运载游人。

单轨铁路按照走行模式和结构，主要分成悬挂式单轨和跨坐式单轨两类。悬挂式单轨铁路（也称空中轨道列车）的列车悬挂在轨道之下。另一种较为常见的是跨座式单轨铁路，列车跨座在路轨之上，两旁盖过路轨。

单轨铁路一般使用道路上部空间，所占的地面面积小，垂直空间亦较小。单轨铁路所需的宽度主要由车辆的宽度决定，与轨距无关。且单轨铁路多数以高架兴建，地面上只需很小的空间建造承托路轨的桥墩，亦不大影响视线，能有效利用道路中央隔离带，适于建筑物密度大的狭窄街区。

大多数单轨系统采用橡胶轮胎在混凝土或者在钢轨上行走，噪音污染小，可以适应急弯及大坡度，对复杂地形有较好的适应性，从而减少拆迁量。同时，单轨系统建设工期较短，投资也小于地铁系统。单轨系统每小时单向最大运送能力在 8400 ~ 25200 人，适用于对速度和运输需求较低的场合。

### 2. 磁悬浮列车非接触式的轨道结构

它是运用磁铁"同性相斥，异性相吸"的性质，使磁铁具有抗拒地心引力的能力，即磁性悬浮。科学家将磁性悬浮这种原理运用在铁路运输系统上，使列车完全脱离轨道而悬浮行驶。这就是所谓的磁悬浮列车，亦称之为磁垫车。

由于磁铁有同性相斥和异性相吸两种形式，故磁悬浮列车也有两种相应的形式：一种是利用磁铁同性相斥原理而设计的电磁运行系统的磁悬浮列车，它利用车上超导体电磁铁形成的磁场与轨道上线圈形成的磁场之间所产生的相斥力，使车体悬浮运行的铁路；另一种则是利用磁铁异性相吸原理而设计的电动力运行系统的磁悬浮列车，它是在车体底部及两侧倒转向上的顶部安装磁铁，在 T 形导轨的上方和伸臂部分下方分别设反作用板和感应钢板，控制电磁铁的电流，使电磁铁和导轨间保持 10 ~ 15 mm 的间隙，并使导轨钢板的吸引力与车辆的重力平衡，从而使车体悬浮于车道的导轨面上运行。

磁悬浮列车与当今的高速列车相比，具有许多无可比拟的优点：由于磁悬浮列车在是浮在轨道上行驶，导轨与机车之间不存在任何实际的接触，成为"无轮"状态，故其几乎没有轮与轨之间的摩擦，时速高达几百千米；磁悬浮列车可靠性大、维修简便、成本低，其能源消耗仅是汽车的 1/2、飞机的 1/4；噪声小，当磁悬浮列车时速达 300 km 以上时，噪声只有 656 dB，仅相当于一个人大声地说话，比汽车驶过的声音还小；由于它以电为动力，在轨道沿线不会排放废气，无污染，是一种名副其实的绿色交通工具。

## 3.2 线路

城市轨道交通线路是城市轨道列车运行的道路设施，是城市轨道交通系统的基本组成部分。线路的设计必须满足行车安全、线路平顺与养护方便等要求，并保证一定的舒适度及符合有关设计规范的要求。

### 3.2.1 线路类型分类

**1. 按线路与地面位置的关系分类**

城市轨道交通线路按其与地面位置的关系可分为：地下线路、地面线路及高架线路。

1）地下线路

地下线路常用于地下铁道系统，线路置于地下隧道中。其优点是与地面交通完全分离，且不占城市地面与空间，不受气候影响。其缺点是需要较大的一次性投资，较高的施工技术，较先进的管理，完善的环控、防灾措施与设备；建设过程会影响地面交通，运营成本较高，改造调整与线路维护均较困难。地下线路一般选择在城市中心繁华地区，是对城市环境影响最小的一种线路敷设方式。

根据线路与城市道路的关系，城市轨道交通地下线路的平面位置主要有线路位于道路规划红线范围内和线路位于道路规划红线范围外两种情况。道路红线是指道路用地的边界线。图 3 - 6 中 A、B、C 分别代表城市轨道交通地下线路的几种位置。

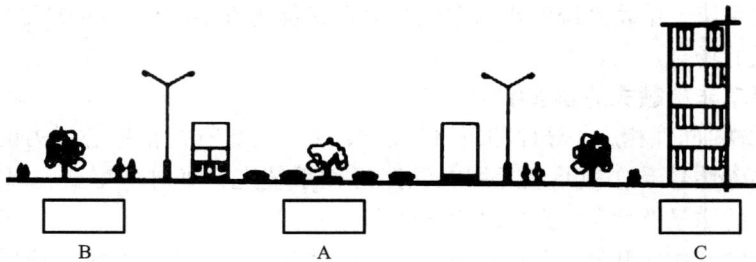

**图 3 - 6 城市轨道交通地下线路类型**

A 位：城市轨道交通线路位于道路中心，对两侧建筑物影响小，地下管网拆迁较少，有利于减少曲线数量，线路裁弯取直，并能适应较窄的道路红线宽度。但若采用明挖法施工便破坏了现有道路路面，对城市交通干扰大，不如 B 位。

B 位：线路位于规划的慢车道和人行道下方，施工时能减少对城市交通的干扰和对机动车道路面的破坏，但它靠建筑物较近，市政管线较多且线路不易顺直，需结合站位的设置统一考虑。

城市轨道交通的地下线路也有位于道路规划红线范围以外的情况，如图 3 - 6 中的 C 位。

C 位：线路位于道路规划红线以外，是在特殊情况下采用的一种线路位置，如果线路从既有多层、高层房屋建筑下面通过，不但施工复杂、难度大，并且造价高昂，选线时要尽量避免。如果线路位于待拆的已有建筑物下方，对现有道路及交通基本上无破坏和干扰，地下管网也极少。

城市轨道交通地下线路位于道路范围之外,可以缩短线路长度、减少拆迁、降低工程造价。但必须具备如下条件:

(1)沿线区域地质条件好,基岩埋深很浅,隧道可以用矿山法在建筑物下方施工。

(2)沿线区域为城市非建成区或广场、公园、绿地(耕地)等。

(3)沿线区域为老的街坊改造区,可以与城市轨道交通同步规划设计,并能按合理施工顺序进行施工。

2)地面线路

地面线路的优点是造价最低、施工简便、运营成本低,线路调整与维护方便。缺点是运营速度难以提高(有部分信号控制的平面交叉点)、占地面积较多、破坏城市道路路面,使城市道路交叉口复杂化,容易受气候影响(如雨水、雾、台风等),乘车环境难改善,有一定的污染等负效应(如噪声、景观等)。

在城市道路上设地面线,一般有两种位置,一种是位于道路中心带上,另一种是位于快车道一侧,如图3-7所示。

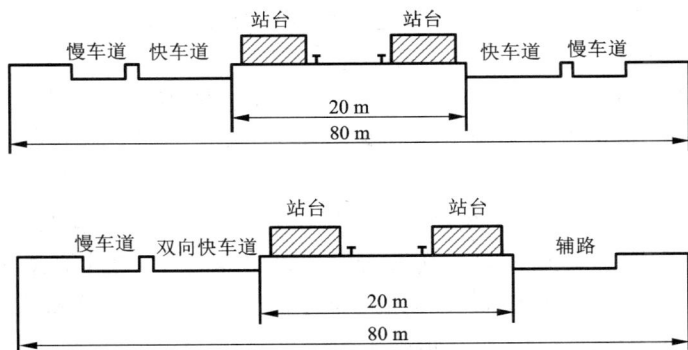

图3-7 地面线设置示意图

城市轨道交通地面线位于道路中心带上,带宽一般为20 m左右。当城市快速路或主干道的中间有分隔带时,地面线设于该分隔带上,不阻隔两侧建筑物内的车辆按右行方向出入,不需设置辅路,有利于城市景观及减少城市轨道交通噪声的干扰。其缺点是乘客需通过地道或天桥进入城市轨道交通站台。

城市轨道交通地面线位于快车道一侧,带宽一般为20 m左右。当城市道路无中间分隔带时,该位置可以减少道路改移量,其缺点是在快车道另一侧需要建辅路,增加道路交通管理复杂性。

城市轨道交通地面线应尽量采用专用道的形式,两侧设置护栏,防止行人、车辆进入,以保证列车快速安全运行。线路通过市区繁忙路口时,要求采取立体交叉,在次要路口,行车密度低时,可考虑设平交道口,交通信号灯给予优先通行。当道路范围之外为江、河、湖、海岸滩地,以及不能用于居住建筑的山坡地等,可考虑将城市轨道交通线路布置于这些地带上,但要充分考虑路基的稳固与安全。

3）高架线路

高架线路是城市轨道交通中一种重要的线路敷设方式，既保持了专用道的形式，又占地较少，对城市交通干扰也较小。高架区段中的高架桥是永久性的城市建筑，结构寿命要求为100年。高架线在城市中穿越时一般沿道路设置，一般应结合规划道路的横断面考虑，设于道路中心或快慢车行道分隔带上，如图3-8所示。

**图3-8　高架线路示意图**

线路设在高架工程结构物上，与地面交通无干扰，造价介于地下线路与地面线路之间，施工、维护、管理、环控、防灾等方面都较地下线路方便。但要占用一定的城市用地并有光照、景观、噪声等负效应，也受气候变化的影响。

高架线路虽然造价适中，与地面交通无干扰，但有三方面缺点：一是对市区景观有影响，可能破坏市容；二是运营时产生的噪声等污染对周围环境有不良影响；三是对沿线居民的隐私权有所侵犯，易引起某些纠纷。

高架线路平面位置选择较地下线严格，受城市建筑约束大，一般要与城市主路平行设置。高架线路设置于快慢车分隔带上，可充分利用道路隔离带，减少高架桥墩柱对道路宽度的占用和改建，线路高架桥墩柱位置要与道路车行道配合，一般宜将桥墩柱置于分隔带上。在无中间分隔带的道路上敷设时，改建道路工程量大。

高架线路除可设置于快慢车分隔带上，还可设置于慢车道、人行道上方及建筑区内，但它仅适用于广场、公园、绿地及江、河、湖、海岸线等空旷地段，以及地铁高架线与旧房改造同步规划建设。

在同一城市，可采用上述三种不同的空间布置方式。较为理想的是在市中心人口、建筑密集，土地价值较高的区域，采用地下方式设置城市轨道交通线路，也可适当布置为高架方式；而在城市边缘区或郊区，则宜采用地面独立路基或一般路面路基。

**2. 按线路在运营中的作用分类**

城市轨道交通系统线路的整体布置基本模式如图3-9所示。按线路在运营中的作用可分为正线、辅助线和车场线。

1）正线

正线是指连接所有车站贯穿运营线路始点、终点，供车辆日常运行的线路。

城市轨道交通正线是独立运行的线路，大多数线路为全封闭，一般按双线设计，采用上下行分行，实行右侧行车制，以便于与地面交通的行车规则吻合（世界上除了英国、日本等部分国家外，绝大部分国家城市道路交通均实行右侧行车规则）。

正线行车速度高、密度大，且要保证行车安全和乘坐舒适，因此，线路标准要求高。线

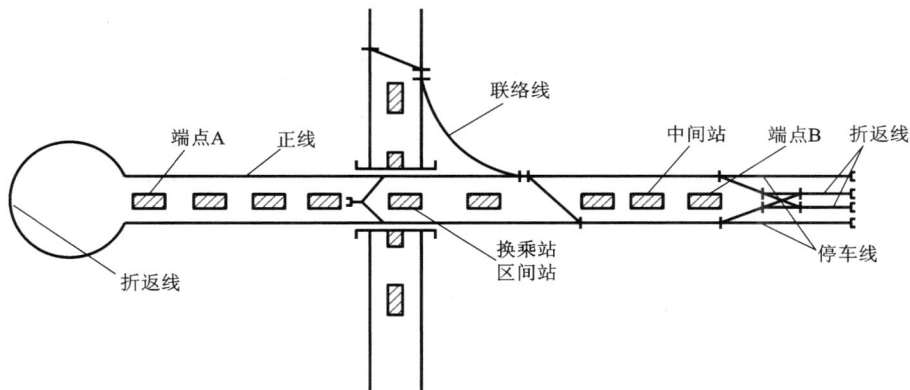

**图3-9 立体交叉的线路布置图**

路与其他交通线路相交处,一般采用立体交叉。在特殊条件下(如运营初期),两条线路或交通方式的运量均较小时,经过计算,通过能力满足要求时,也可考虑采用平面交叉。

2)辅助线

辅助线是指为列车进行折返、停放、检查、转线及出入段作业所设置的线路。辅助线包括车辆段出入线、停车场出入线、车站配线(存车线、渡线、折返线)及两线路之间的联络线。辅助线是城市轨道交通系统的重要组成部分,直接关系到系统运营组织的效率。例如,列车在正线上运行时,倘若突然出现故障,而上下行线路没有岔道时,列车既不能改变方向,也不能超越,便有可能造成全线瘫痪。为了运营时段意外事故发生后能迅速进行抢修,每相隔2~3个车站应选择一处设置渡线和临时停车线等辅助线,用于特殊情况下应急使用。

(1)折返线。折返线是在线路两端终点站(对于环线,也需要设两个"终点站"),或者准备开行折返列车的区间站,供运营列车往返运行时调头而设置的线路。

城市轨道交通线路一般都较长,全线的客流分布不太均匀,这时可组织区段运行。区段运行是指列车根据运行调度的要求,在尽端站与中间站或中间站与中间站之间进行列车折返调头,故在这些地方需要设置折返线,折返线的形式应能满足折返能力的要求。折返线除了供运营列车往返运行时的调头专线使用外,有些也可以作为夜间存车使用。

折返线形式很多,根据不同的折返方法可分为:

①环形折返线(俗称灯泡线):如图3-10所示,将端点折返作业转化为沿一个环形单线区段运行的作业图。一般适用于线路较短、线路延伸可能性较小且该端点站又往往在地面的情况。

②尽端折返线:可分为单线折返(见图3-11)、双线折返(见图3-12)与多线

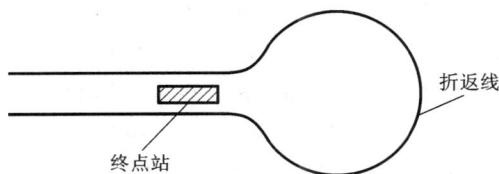

**图3-10 环形折返线(俗称灯泡线)**

折返(见图3-13)等不同布置方法。利用尽端折返,弥补了环线折返的不足,使端点站既可有效组织折返(如双折返线可明显降低折返时间),又可备有停车线供故障停车、检修、夜间停车等作业使用。对于线路延伸也十分方便,比较适合于地下结构的端点站,以及线路较长或有延伸可能,土地不宜多占用的情况。

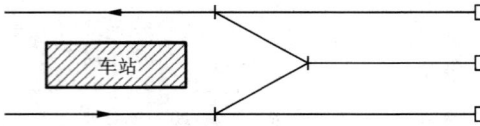

图 3 - 11　单线折返示意图　　　　　　　　图 3 - 12　双线折返示意图

（2）渡线。渡线是指用道岔将线路上行线、下行线及折返线连接起来的线路。渡线有单渡线（见图 3 - 14）和交叉渡线（见图 3 - 15）两种。渡线单独设置时，用来临时折返列车增加运营列车调度的灵活性。渡线与其他辅助线合用时，能完成或增强其他辅助线的功能。

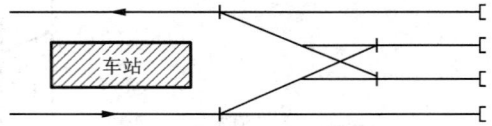

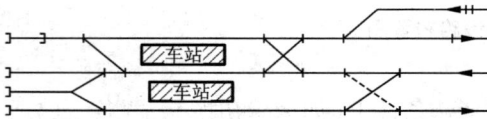

图 3 - 13　多线折返示意图　　　　　　　　图 3 - 14　站后单渡线

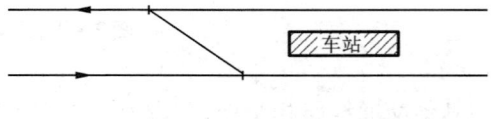

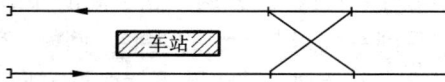

图 3 - 15　站前交叉渡线　　　　　　　　　图 3 - 16　区间站渡线折返

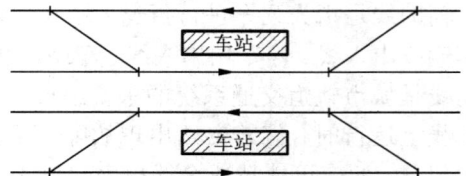

很明显，利用渡线折返需要修建的线路最少，投资下降。然而，列车进出车站与折返作业有严重的干扰。尤其是在区间站利用渡线进行区间列车折返（见图 3 - 16），需占用正线进行作业，故对运营管理要求十分严格。且列车运行间隔时间受其制约需放大，导致线路通行能力下降，安全可靠性存在隐患。所以，在列车运行速度较高、运行间隔时间较短（即发车频率较高）、运量较大的线路不宜采用此类办法。

（3）临时停车线。临时停车线一般设置在端点站，专门用于停车，进行少量检修作业的尽端线。城市轨道交通线路运输量大，列车运行间隔较密，在运营过程中，列车可能会发生故障，为不影响后续列车运行，一般在线路沿线每隔 3～5 个车站的站端加设渡线或临时停车线。渡线的作用是使离开车辆段的故障列车能及时调头返回车辆段，临时停车线的作用则是临时停放事故列车。

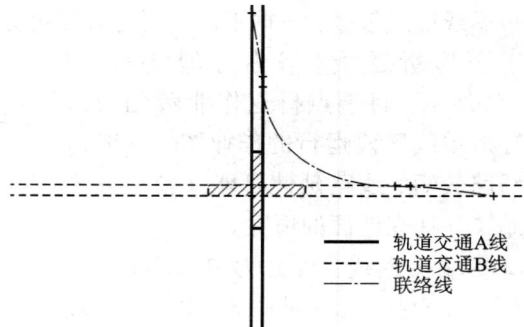

图 3 - 17　十字交叉单线联络线平面示意图

（4）联络线。联络线是轨道交通线路之间为调动列车等作业方便而设置的连接线路（见图 3 - 17）。联络线因连接的轨道交通线往往不在一个平面上，因此，有较大的坡道与较小的曲线半径，列车运行速度不可能很高。如果在地下建设，施工难度较大，投资也随之加大。联络线按其布置形式可分为单线联络线、双线联络线和联络渡线。

（5）车辆段出入线。为保证运行列车的停放和检修，在城市轨道交通沿线适当的位置应设置车辆段。车辆段与正线连接的线路为车辆段出入线，是车辆段与正线之间的联络通道。出入线可以设计为双线或单线，与城市道路或其他方式的交叉处可采用平交或立交，具体方案要根据远期线路通过能力来确定。图 3 – 18 为车辆段出入线的 3 种典型形式。

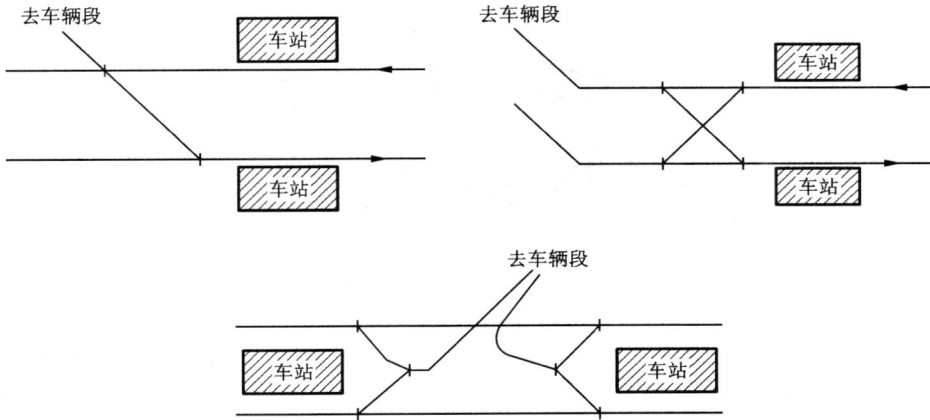

**图 3 – 18　车辆段出入线 3 种典型形式**

3）车场线

车场线是车辆段内厂区作业与停放列车的线路，如停车列检线、检修线等。

## 3.2.2　道岔

**1. 道岔的概念**

道岔是使列车由一组轨道转到另一组轨道上去的装置。每一组道岔由转辙器、岔心、两根护轨和岔枕组成，由长柄以杠杆原理拨动两根活动轨道，使车辆轮缘依开通方向驶入预定进路。

**2. 道岔的特点和作用**

1）特点

（1）它是轨道的薄弱环节之一，会限制列车速度、使行车安全性低等。

（2）它的构造复杂、使用寿命短、养护维修投入大。

2）作用

它是轨道部件重要的部分，是铁路轨道的一个重要组成部分。

**3. 道岔的分类**

（1）道岔按功能和用途分类有单开道岔、对称道岔、三开道岔、交叉渡线、内复式交分道岔、外复式交分道岔 6 种标准类型（见图 3 – 19）。其中单开道岔是最常用的类型。

（2）道岔按钢轨轨型分有 43 kg/m、50 kg/m、60 kg/m、75 kg/m 钢轨道岔。

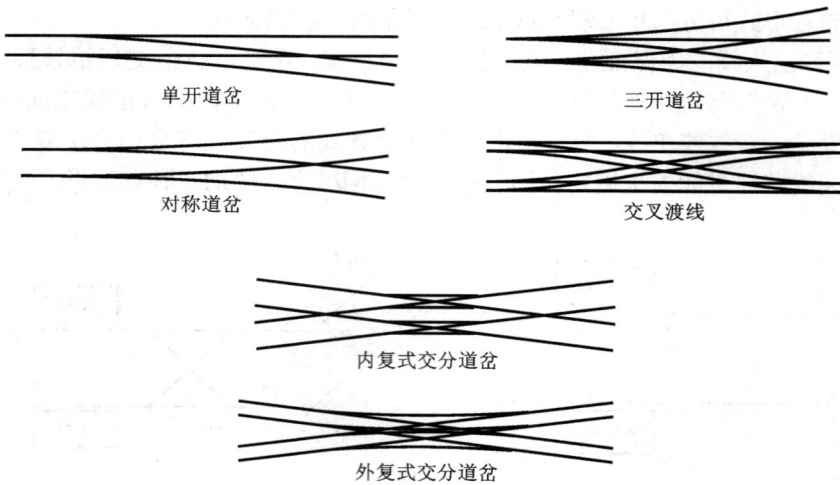

图 3 - 19  道岔的六种标准类型

（3）道岔按号数分类有 6#、7#、8#、9#、12#、18#以及大号码（如 30#、38#、42#道岔）等，主要运营铁路干线常用的单开道岔有 9#、12#、18#，大号码道岔主要用于要求侧线通过速度较高的联络线。客运专线以 18#道岔为主。6#、7#和 8#等道岔主要用于工矿企业专用线或货运站场。

（4）道岔按轨距分类有标准轨距用道岔（轨距 1435 mm）、窄轨距用道岔（轨距 1000 mm）、宽轨距用道岔（轨距 1520 mm），还有套线类道岔。

（5）道岔的其他分类方式

按岔枕类型分类有木岔枕道岔、钢筋混凝土岔枕道岔和整体道床道岔。

按设计年代分类有 55 型、57 型、62 型、75 型、92 型、提速型、客运专线道岔等。其中提速型为当前既有线路大量使用的道岔。新建客运专线多采用 250 km/h 和 350 km/h 客运专线道岔。

**4. 道岔的构造**

以最常见的单开道岔为例，如图 3 - 20 所示。

单开道岔由转辙器、中间连接部分（导曲线部分）、辙叉及护轨 3 部分组成。

1）转辙器

单开道岔转辙器（见图 3 - 21）主要由两根基本轨、两根尖轨、间隔铁（或限位器或无传力装置）、各种垫板（平垫板、

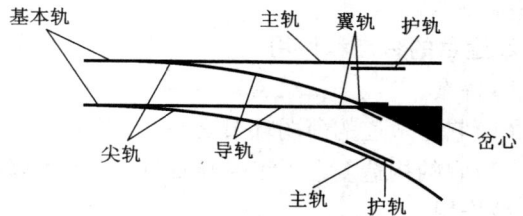

图 3 - 20  普通单开道岔

轨撑平垫板、滑床板、轨撑滑床板、通长垫板、支距垫板、橡胶垫板、塑料垫片，等）、拉连杆（外锁闭装置无）、轨撑（无轨底坡道岔一般设置轨撑，有轨底坡道岔一般不设轨撑）、顶铁、岔枕及其他连接零件（扣件、轨距块、螺栓螺母等）组成。

基本轨有直、曲基本轨之分。采用标准轨型钢轨制造。

尖轨常用的平面形式有直线形和曲线形两种。

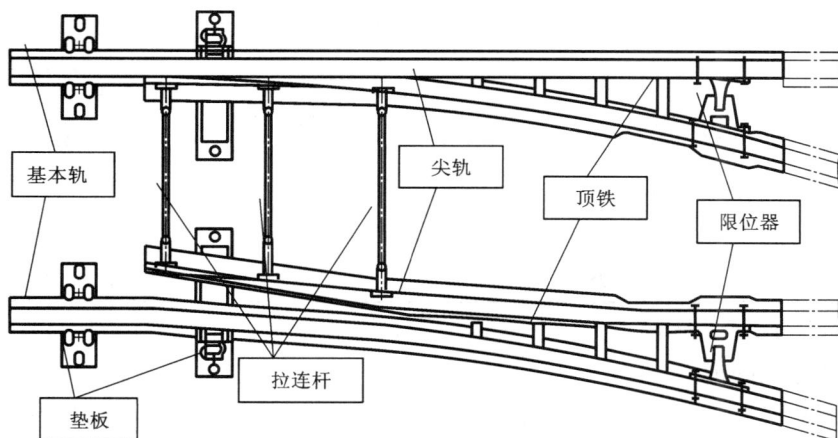

**图 3－21　单开道岔转辙器**

2）辙叉及护轨

辙叉是使车轮由一股钢轨越过另一股钢轨的设备。辙叉（见图 3－22）由岔心、翼轨和连接零件组成。按平面形式分，辙叉有直线辙叉和曲线辙叉两类；按构造类型分，有固定辙叉和活动辙叉两类。

3）道岔辙叉号

道岔岔心所形成的角，称为辙叉角，它有大有小。在图 3－23 中，道岔号码（$N$）代表了道岔各个部分的主要尺寸，通常用辙叉角（$\alpha$）的余切值来表示，即 $N = \cot\alpha = FE/AE$。显而易见，辙叉角 $\alpha$ 越小，$N$ 值就越大，导曲线半径也越大，列车侧线通过道岔时就越平稳，允许的过岔速度也就越高。所以采用大号道岔对于列车运行是有利的。不过，事物总有它的两面性，道岔号数越大，道岔越长，造价自然就高，占地也要多得多。因此，采用什么号数的道岔要因地制宜，因线而异，不可一概而论。目前，在我国铁路主要线路上大多采用 9#、12#、18# 三个型号的道岔，常用 60 kg/m 道岔辙叉号及其通过速度表（见表 3－1）。

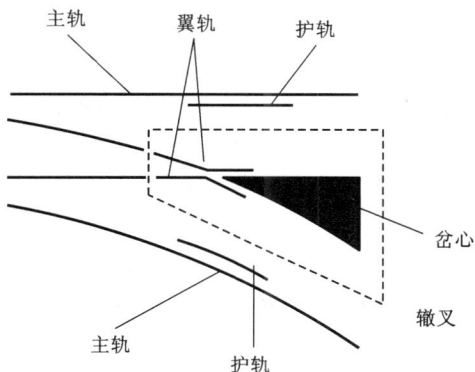

**图 3－22　辙叉图示**

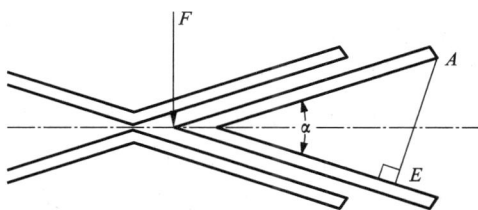

**图 3－23　道岔号数计算示意图**

表 3 – 1　常用 60 kg/m 道岔辙叉号及其通过速度表

| 60 kg/m 道岔类型 | 尖轨长度（m） | 岔心 | 通过速度、直股/弯股（km/h） |
|---|---|---|---|
| 过渡型 12# | 7.7 | 固定 | 110/50 |
| 弹性尖轨 12# | 11.27 | 固定 | 120/50 |
| 弹性尖轨 12# | 11.27 | 可动 | 140/50 |
| 提速 12# | 13.88 | 固定 | 140/50 |
| 提速 12# | 13.88 | 可动 | 160/50 |
| 提速 18# | 15.68 | 可动 | 160/80 |
| 提速 30# | 27.98 | 可动 | 160/140 |

**5. 道岔的故障处理**

道岔出现故障后，应首先根据道岔故障现象分析是哪些地方出现故障才导致这种现象。其次，应在室外分线盘处测量电源送没送出去，如果分线盘处能测量到电压，则电源送出去了，否则为室内道岔故障。

故障情况：首先询问车站值班员故障现象，然后在控制台上操纵道岔试验。登记道岔停用设备。

判断原因：

（1）如果是单动道岔，在操动时控制台的电流表有指示，说明动作道岔的电已送至到道岔。如果这时道岔不能操作到规定位置，应为室外原因。在操动道岔时，如果控制台的电流表没有指示，首先到机械室的室外分线盘测量该道岔有没有电压，如果有电压说明动作道岔的电已送出，为室外故障。

（2）如果是双动道岔，在操动时控制台的电流表动一下就不动了，说明动作道岔的电已送到了一动道岔，故障出在一动道岔以后，为室外故障。

（3）如果道岔定位、反位都能操动，就是没有反应。用万用表交流电压 250 V 挡，在分线盘测量 X1（或 X2）与 X3 间有无交流 110V 左右电压，如果有电压，则为室外故障，否则为室内故障。

**6. 道岔的铺设技术**

道岔铺设位置应按设计铺设，困难条件下，经统筹研究，可在不影响股道有效长度和不变更其他运营条件下，将道岔铺设位置前后移动不大于 6.25 m，但在区段站及以上的车站，特别是咽喉区道岔，最大移动量不得大于 0.5 m。

国家铁路正线上的道岔轨型，应与正线轨型一致，站线和地方铁路、铁路专用线上的道岔轨型，可用不小于与其连接的主要线的轨型。当道岔轨型与连接线路轨型不同时，道岔铺设时，道岔前后应各铺 1 节长度不小于 6.25 m 与道岔同型的钢轨，在困难情况下，长度可减小到 4.5 m。

道岔铺设时，两前后道岔间距小于 9 m 时，道岔轨型应一致或两道岔直接用异型轨连接。设有轨道电路的道岔，两不同轨型道岔间的距离，尚应满足设置绝缘接头的要求。不同轨型连接处，不得设置绝缘接头。

道岔铺设轨面应与连接的主要线的轨面一致,与另一线的轨面高差,可自道岔后普通轨枕起至警冲标止的范围内顺接。道岔应按现行标准图或设计图铺设,并应符合下列规定:

(1)道岔铺设钢轨接头处的岔枕间距应与区间轨道同类型钢轨接头处轨枕间距一致,并使轨缝位于间距的中心。单开道岔的岔枕应在直股外侧取齐。

(2)道岔铺设转折器必须扳动灵活。尖轨道尖端应与基本轨密贴。第一连杆处的最小动程:直尖轨为 142 mm,曲尖轨为 152 mm,弹性可弯尖轨为 180 mm。

(3)道岔铺设轨距允许偏差:有控制锁的尖轨尖端处应为 ±1 mm,其他各部位应为 +3 mm、-2 mm。查照间隔不得小于 1391 mm,护背距离不得大于 1348 mm。

**7. 装置检修**

为保证配件良好使用,需要经常对道岔设备进行检修和补强,以提高道岔设备质量,避免事故的发生,配件生产商会提供专业的道岔检修标准。

道岔安装装置检修标准:

(1)道岔安装装置固定螺丝紧固,装置无旧伤裂纹。

(2)各连接杆、外锁装置无旧伤裂纹,杆件无磨卡及锈蚀,销孔磨耗不大于 1 mm,绝缘良好。

## 3.2.3 路基工程

**1. 路基的定义**

路基指的是按照路线位置和一定技术要求用土或石料修筑的作为路面基础的带状构造物,是铁路和公路的基础,修筑在良好的地质、水文、气候条件下的路基。从材料上分,路基可分为土路基、石路基和土石路基 3 种。

路基是由填筑或开挖而形成的直接支承轨道的结构,也称为线路下部结构。路基与桥梁、隧道相连,共同构成线路。路基依其所处的地形条件不同,有两种基本形式:路堤和路堑,俗称填方和挖方。铁路路基的作用是在路基面上直接铺设轨道结构,因此,路基是轨道的基础,路基荷载,既承受轨道结构的重量(静荷载),又承受列车行驶时通过轨道传播而来的动荷载。路基同轨道一起共同构成的线路结构是一种相对松散连接的结构形式,抵抗动荷载的能力弱。建造路基的材料,不论填或挖,主要是土石类散体材料,所以路基是一种土工结构,经常受到地质、降雨、气候、地震等自然条件变化的侵袭和破坏,抵抗能力差,因此,路基应具有足够的坚固性、稳定性和耐久性。对于高速铁路,路基还应有合理的刚度,以保障列车高速行驶中的平稳性和舒适性。

道路的基础,又叫路槽、路床。按照设计路床与自然地面的相对位置,分为路堤、路堑和半填半挖 3 种形式。

(1)路堤:在原地面上用土、石或其他材料填筑起来的路基。按填土高度分为:高路堤 $h > 12$ m、一般路堤 $1$ m $> h > 12$ m 和低路堤 $h > 1$ m。

(2)路堑:指从原地面向下挖低而成的路基。

(3)半填半挖路基:同一断面内既挖又填。

**2. 路基的构造**

1)本体

路基本体包括用天然土、石所填筑的路堤和在天然地层中挖出的路堑。路基本体直接支撑轨道,承受通过轨道的列车荷载,是路基的主体。路基本体根据地质条件和填筑材料的不同,又可分为路堤、路堑、半路堤、半路堑、半堤半堑、不填不挖路基6种基本形式见图3-24。

2）排水

地面排水设备：用来将有可能停滞在路基范围以内的地面水迅速排除到路基以外，并防止路基以外的地面水流入路基范围，以免下渗浸湿路基土体或形成漫流冲刷路基边坡，如侧沟、排水沟、天沟等。

地下排水设备：根据水文和地质条件修筑于地面以下一定深度，用来截断、疏干、引出地下水或降低地下水位，以使路基及边坡保持干燥状态，提高土的稳固能力，如排水槽、渗水暗沟、渗井等。

3）防护

坡面防护设备：用来防护易受自然作用破坏而出现坡面变形的土质边坡，如铺草皮、喷浆、抹面、护墙、护坡以及为防护崩塌落石而修建的拦截和遮挡建筑物，如明洞、棚洞。

冲刷防护设备：用来防护水流或波浪对路基的冲刷和淘刷，如铺草皮、抛石、石笼、圬工护坡、挡土墙、顺坝、挑水坝等。

支撑加固设备：用来支撑加固路基本体，以保证其稳固性，如挡土墙、支挡墙、支柱等。

防沙、防雪设施：用来防止风沙、风雪流掩埋路基，如各种栅栏、防护林等。

4）路堤

路堤是指全部用岩土填筑而成的路基。

路堤的几种常用横断面形式：

（1）矮路堤［填土高度低于1.0 m］。

（2）高路堤［填土高度大于18 m（土质）或20 m（石质）］。

（3）一般路堤［填土高度介于高、矮路堤之间］。

（4）浸水路堤。

（5）护脚路堤。

（6）挖沟填筑路堤。

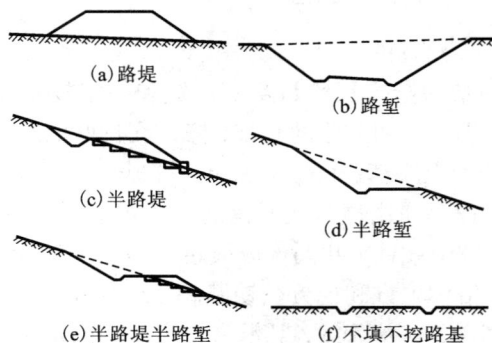

图3-24　路基的6种基本类型

5）路堑

路堑是指全部在原地面开挖而成的路基。

路堑横断面的几种基本形式：全挖式路基、台口式路基、半山洞式路基。

6）半填半挖路基

当原地面横坡大，且路基较宽，需一侧开挖另一侧填筑时，为挖填结合路基，也称半填半挖路基。在丘陵或山区公路上，挖填结合是路基横断面的主要形式。

**3.路基的类型**

1）一般型

一般路基是指修筑在良好的地质、水文、气候条件下的路基。通常认为一般路基可以结合当地的地形、地质情况，直接选用典型横断面图或设计规定。但高填方路堤，深挖方路堑须进行个别论证和验算。

2）特殊型

特殊路基是指位于特殊土（岩）地段、不良地质地段或受水、气候等自然因素影响强烈的路基。

特殊路基主要有：

（1）湿黏土路基、软土地区路基、红黏土地区路基、膨胀土地区路基、黄土地区路基、盐渍土地区路基、风积沙及沙漠地区路基。

（2）季节性冻土地区路基、多年冻土地区路基、涎流冰地区路基、雪害地区路基。

（3）滑坡地段路基、崩塌与岩堆地段路基、泥石流地区路基。

（4）岩溶地区路基、采空区路基。

（5）沿河与沿溪地区路基、水库地区路基、滨海地区路基。

3）软土型

以饱水的软弱黏性土沉积为主的地区称为软土地区。软土包括饱水的软弱黏性土和淤泥。在软土地基上修建公路时，容易产生路堤失稳或沉降过大等问题。我国沿海、沿湖、沿河地带都有广泛的软土分布。

滑坡地段路基：滑坡是指在一定的地形地质条件下，由于各种自然的和人为的因素影响，山坡的不稳定土（岩）体在重力作用下，沿着一定的软弱面（带）做整体的、缓慢的、间歇性的滑动变形现象。滑坡有时也具有急剧下滑现象。

4）膨胀型

膨胀土是指土中含有较多的黏粒及其他亲水性较强的蒙脱石或伊利石等黏土矿物成分，且有遇水膨胀，失水收缩的特点，是一种特殊膨胀结构的胶质土。多分布于全国各地二级及二级以上的阶地与山前丘陵地区。

**4. 路基的建设**

1）要求

（1）具有合理的断面形式和尺寸。

（2）具有足够的强度。

（3）具有足够的整体稳定性。

（4）具有足够的水温稳定性。

2）作用

它承受着本身的岩土自重和路面重力，以及由路面传递而来的行车荷载，是整个公路构造的重要组成部分。

它作为铁路轨道或道路路面的基础。为使路线平顺，在自然地面低于路基设计标高处要填筑成路堤，在自然地面高于路基设计标高处要开挖成路堑。路基必须具有足够的强度和稳定性，即在其本身静力作用下地基不应发生过大沉陷；在车辆动力作用下不应发生过大的弹性和塑性变形；路基边坡应能长期稳定而不坍滑。为此，须在必要处修筑一些排水沟、护坡、挡土结构等路基附属构筑物。路基是一种线形结构物，具有路线长、与大自然接触面广的特点，其稳定性在很大程度上由当地自然条件所决定。合理选择线位，可以避开地质不良地段和工程艰巨路段，保证路基稳定，减少工程数量，节约工程投资。路基工程的特点是工艺较简单、工程数量大、耗费劳力多、涉及面较广、耗资亦较多。路基施工改变了沿线原有自然状态，挖填借弃土石方涉及当地生态平衡、水土保持和农田水利。土石方相对集中或条件比较复杂的路段，路基工程往往是施工期限的关键之一。

为了保证线路质量并防止灾害，必须研究路基强度和稳定性的基本规律，针对路基设计、施工和养护等各个环节制订科学的技术标准、技术规范和工艺要求。此外，为此目的既需要土力学、岩体力学和工程地质学等有关的学科理论，又必须有从事铁路工程与道路工程的实践工作中所总结得到的专业技术和专业理论，包括路基设计、路基挡土结构、路基土石方施工、路基养护等。

3）过渡

大型建设项目中，路基一般不会单独存在，由于线路地形的复杂程度决定了路、桥、隧比例，路基往往和桥梁、隧道等结构物相间分布。路基与桥梁的连接部位，设置过渡段，其设计结构与路基基床底层是不同的；路基与隧道的间接部位，设置过渡段，设计结构也是和路基基床底层不同的；路堤和路堑也设过渡段；有可能路堤路堑是在路基横断面过渡，也有可能是在总断面过渡，一般情况下，横断面过渡较常见，斜向过渡的一般都调整成横向过渡；路基与涵洞及横（斜）向交叉时，也设置过渡段，过渡段的长度一般为 20 m。铁路过渡段施工一般要经过选取有代表性的段落作为试验段，待工艺总结后，使用相同方法施工其他过渡段。

## 3.2.4　区间结构

为保证行车安全和铁路线路必要的通过能力，把铁路线路分成若干个长度不等的段落，每一段线路称为一个区间（见图 3 - 25）。相邻两个区间的分界称为分界点，分界点是车站、线路所及自动闭塞区间通过信号机的通称。

站间区间：两相邻车站之间的距离。

所间距离：线路所与车站之间的距离。

闭塞分区：通过色灯信号机之间或通过色灯信号机与线路所或车站之间的距离。

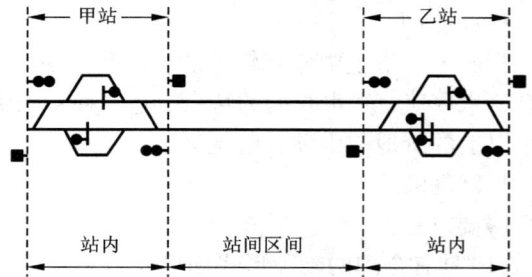

图 3 - 25　区间结构

区间与分界点应有明确的界限。在单线铁路上，以进站信号机柱的中心线作为车站与区间的分界。在双线铁路上，以各线路的进站信号机柱或站界标的中心作为车站与区间的分界。

## 3.2.5　线路施工

车站线路施工是在确定位置进行的建设，它的特点是原地建设，基本不产生位移，属于建筑物的建设范畴。城市轨道交通线路施工中以隧道施工最为关键与困难。

隧道施工是为了连通地下相邻两个车站而进行的线路建设，一般采用掘进方式形成隧道，隧道掘进中需要在三度空间进行精确定位，同时需要进行支撑形成稳定的结构。其施工方法主要分为明挖法、暗挖法和沉管法。

### 1. 明挖法

明挖法是各国地下铁道施工的首选方法，在地面交通和环境允许的地方通常采用明挖法施工，明挖法具有施工作业面多、速度快、工期短、易保证工程质量和工程造价低等优点，但因对城市生活干扰大，应用受到各种因素的限制，尤其是当地面交通和环境不允许时，只能采用盖挖法或新奥法。明挖法适用于浅埋车站、有宽阔的施工场地，可修建的空间比较大，如带有换乘站、地下商场、休息和娱乐场所及停车库等的地下综合体车站，如上海地铁徐家汇站。明挖法的关键工序是降低地下水位、边坡支护、土方开挖、结构施工及防水工程等。其中边坡支护是确保安全施工的关键技术。主要有：

（1）放坡开挖技术。适用于地面开阔和地下地质条件较好的情况。基坑应自上而下分层、分段依次开挖，随挖随刷边坡，必要时采用水泥黏土护坡。

（2）型钢支护技术。一般使用单排工字钢或钢板桩，基坑较深时可采用双排桩，由拉杆或连梁联结共同受力，也可采用多层钢横撑支护或单层、多层锚杆与型钢共同形成支护结构。

（3）连续墙支护技术。一般采用钢丝绳和液压抓斗成槽，也可采用多头钻和切削轮式设备成槽。连续墙不仅能承受较大载荷，同时具有隔水效果，适用于软土和松散含水地层。

（4）混凝土灌注桩支护技术。一般有人工挖孔或机械钻孔两种方式。钻孔中灌注普通混凝土和水下混凝土成桩。支护可采用双排桩加混凝土连梁，还可用桩加横撑或锚杆形成受力体系。

（5）土钉墙支护技术。在原位土体中用机械钻孔或洛阳铲人工成孔，加入较密间距排列的钢筋或钢管，外注水泥砂浆或注浆，并喷射混凝土，使土体、钢筋、喷射混凝土板面结合成土钉支护体系。

（6）锚杆（索）支护技术。在孔内放入钢筋或钢索后注浆，达到强度后与桩墙进行拉锚，并加预应力锚固后共同受力，适用于高边坡及受载大的场所。

（7）混凝土和钢结构支撑支护方法。依据设计计算在不同开挖位置上灌注混凝土内支撑体系和安装钢结构内支撑体系，与灌注桩或连续墙形成一个框架支护体系，承受侧向土压力，内支撑体系在做结构时要拆除。适用于高层建筑物密集区和软弱淤泥地层。

**2. 暗挖法**

1）新奥法

新奥法是通常所说的矿山法，新奥法是当代隧道施工设计应用最广泛的方法。其施工思路是在监控量测的基础上，及时更改喷射混凝土的厚度，锚杆、钢支持和钢丝网的参数以及二次衬砌等支护措施，来保持开挖洞室的稳定，从而保证施工的安全。当地面交通和环境不允许时，世界上各国常采用这种施工方法，如日本采用新奥法修建的东叶高速线北习志野站，为三拱两柱单层式结构。其优点是对地面的影响小、造价低，适用于坚硬岩土介质、底下水位低，但是进度慢、劳动强度大，并且风险也大。

新奥法施工对大断面的开挖有侧壁导坑、台阶和CRD等，其施工流程为：放线→钻孔、装药和放炮→通风除尘后出渣→打锚杆、钢拱架支撑和挂钢筋网→施工喷射混凝土初期支护→最后修建模筑混凝土二次衬砌。用到的辅助工法有降水、大小导管、注浆和采取必要的监控量测措施。

2）浅埋暗挖法

该法是按照新奥法原理进行设计和施工，以加固、处理软弱地层为前提，采用足够刚性的复合衬砌（由初期支护和二次衬砌及中间防水层所组成）为基本支护结构的一种用于软土地层近地表隧道的暗挖施工方法，它以施工监测为手段，指导设计与施工，保证施工安全，控制地表沉降。浅埋暗挖法的施工原则是：管超前、严注浆、短开挖、强支护、快封闭、勤量测。与明挖法相比，浅埋暗挖法的最大优点是避免了大量拆迁、改建工作，减少了对周围环境的粉尘污染和噪声影响，对城市交通的干扰小。盾构法虽然也具有上述同样优点，但盾构法不能适应隧道断面变化,而且当盾构开挖的隧道不是足够长时,盾构法的经济性不明显。选用浅埋暗挖法应考虑的基本适用条件有:不允许带水作业和要求开挖面具有一定的自立性和稳定性,而且是浅埋地铁车站。缺点是地下作业风险大、机械化程度低。

浅埋暗挖法对土体的加固和对水的处理方法有冻结法、注浆、深层搅拌和管棚等。对于断面较大的隧道,考虑分部开挖、分部支护和封闭成环的需要,选择中隔壁法(CD 法)、交叉隔壁法(CRD 法)和侧壁导坑法(眼镜法)等。浅埋暗挖法常用的初期支护形式是钢筋格栅、钢筋网和喷混凝土。地表位移、拱顶下沉、隧道周边收敛等量测项目常被选为监控量测的必测项目,而土压力、土体位移、支护应力等可作为选测项目。

3)盾构法

国外已经采用了配合盾构法修建地铁车站的施工方法,这种施工方法可一次采用盾构法将区间隧道和过站隧道贯通,再在盾构隧道的基础上扩挖而形成地铁车站;或直接利用大直径盾构机或连体盾构机修建地铁车站。配合盾构法修建地铁车站的优点是可充分有效地利用盾构设备,达到进一步提高地铁工程的建设质量、缩短建设周期,从总体上较大幅度地降低工程造价的目的,从而使得盾构法在城市地铁工程中得到了大规模的采用;同时不影响地面交通和中断地下生命线(上下水道、电线和电话线管道以及天然气管道等),且施工安全、机械化程度高。这种施工方法适用于市区深埋车站和线路交汇处换乘下层站等。但是,其施工所使用的机械复杂,安装操作难度大。国外盾构综合法修建地铁车站有以下 5 种形式:

(1)扩挖区间盾构隧道修建。此方法直接在两条单线区间盾构隧道的基础上,扩挖形成车站。得到实际应用的有两种方法:一种是托梁法,一种是半盾构法。此类方法已有较多工程实例,但多用于单层岛式站台,且单线区间盾构隧道的建筑界限还应满足车站的使用要求。托梁法,此方法采用两台单线盾构,并行施工修建两条单线区间隧道,而后修建两侧立柱,从两侧立柱顶部向区间隧道间的地层中压入托梁,在托梁的支撑下进行上部土体的开挖和管片的拆除,立模现浇车站顶部结构,然后开挖下部土体和管片的拆除并施作下部结构,日本东京地铁 7 号线(南北线)的水田町站即采用该法修建的。半盾构法与托梁法一样,用两台盾构并行施工修建两条单线区间隧道,而后修建两侧立柱,再用半盾构修筑车站顶部结构,最后进行管片的拆除和开挖下部土体并施作下部结构。

(2)建成两条或三条平行隧道。首先,建成三条平行隧道。用直径为 9 ~ 10 m 的盾构建成三条平行隧道,在中间隧道与两侧隧道间修建联络通道形成地铁车站。该法适用于修建站台较宽的岛式车站,在苏联深埋地铁中应用较多,如基辅地铁车站。其次,建成两条平行隧道。日本近期投入技术研究力量,成功开发出了采用圆周盾构方式将小直径的区间盾构隧道扩大为大直径的方法,为在区间隧道采用盾构法,使在车站受净空限制而不便扩建为车站结构的情况提供了可能途径。英国直接用 7 m 左右的盾构机修建两条平行隧道,形成侧式站台车站,缺点为修建车站的盾构机不能采用修建区间的盾构机,如果都用大直径盾构机修建区间和车站的话,造成不必要的浪费,当然也可修建少量的联络通道,满足车站工作人员和乘客的通行。

(3)固定式或分离式连体盾构机直接修建。日本在采用两连盾构机修建区间隧道成功后,继而又开发了采用固定式或可分离式连体盾构机直接修建车站的方法。这些方法越来越多地应用到工程中,取得了良好的效果,但多为单层车站。日本还有采用此法修建双层地铁车站的计划。如都营地铁 12 号线饭田桥站,就是采用固定式三连体盾构机修建的,该站为单层岛式站台车站。

（4）修建拱形结构。此方法为先修建两个小型盾构并充填混凝土，以此作为拱座基础，再修建上部单拱结构形成车站，此方法在俄罗斯使用较多，且已在双层车站中使用。如圣彼得堡地铁三拱墙柱式车站，先用盾构贯通区间隧道，修建两侧的立柱（实际上为连续开洞的隔墙，在墙上装有自动控制的门，列车到站时会自动开启），再暗挖站台隧道上部土体，修建拱部结构，最后开挖下部土体并修建仰拱结构。在修建上部拱式结构时，可结合辅助工法采用矿山法开挖（如加固上层后开挖或机械开槽形成上部拱式结构后开挖等）、也可直接采用若干小型盾构修筑上部拱式结构体后，在上部结构保护下开挖。

（5）复式微型盾构修建。这是一种正在发展中的方法，其思路是采用小型或微型盾构设备，先修筑车站结构体，而后开挖内部土体，可修建大型地铁车站。其形式有多种，按盾构机刀盘的切削方向，可分成弧形或矩形车站结构体。此法不用大型盾构设备，安全可靠、可在极其软弱的地层条件下修建大型车站结构，但尚需进一步完善小型盾构设备。

**3. 沉管法**

沉管法是在水底建筑隧道的一种施工方法。沉管隧道就是将若干个预制段分别浮运到海面（河面）现场，并一个接一个地沉放安装在已疏浚好的基槽内，以此方法修建的水下隧道。

1）管段长度的发展

从沉管隧道发展进程来看，目前沉管隧道的设计施工，正向大型化方向发展。沉埋管段的长度已经从 20 世纪 40 年代的 60 多米发展到 200 多米。为适应城市交通的发展，隧道的车道数已由最初的双车道发展到目前城市隧道通用的 6 车道，甚至 8 车道。

2）水力压接法的发展

在 20 世纪 60 年代以前，沉管管段之间的连接都是待管段沉放完毕后，再浇注水下混凝土。这种方法不光工艺复杂、施工难度大，而且每当隧道发生变形后，立即开裂、漏水，在隧道运营时不得不反复进行堵漏。20 世纪 50 年代末，在加拿大的迪亚斯岛隧道工程的设计与施工中，丹麦工程师利用水的压力开发了一种巧妙的水力压接法。此法工艺简单，基本上不用水下作业，而且又能适应比较大的沉陷变形和不漏水。

3）基础处理方法的发展

沉管隧道的基础处理，早期采用先铺法，在沉管沉放之前用刮砂法或刮石法将基槽底整平。此法费工费时，整平度也不高，难以适应隧道宽度的不断增加。于是出现了名为后填法的基础处理，即先将管段沉放好，再设法将管段与基槽之间的空隙填实。

## 3.3 车站

车站是客流的节点，车站是乘客出行的基地，旅客上、下车以及相关的作业都是在车站进行的，轨道交通车站也是列车到发、通过、折返、临时停车的地点。车站是轨道交通线路的电气设备、信号设备、控制设备等集中的场所，也是运营、管理人员工作的场所。

### 3.3.1 车站的分类与设置

#### 1. 车站的分类

城市轨道交通网中车站根据其所处位置、埋深、运营性质、结构横断面形式、站台形式、换乘方式等进行分类。

1)按车站与地面相对位置分类可分为地下车站、地面车站及地上车站(见图 3 - 26)。

(1)轨道交通车站——车站结构位于地面以下。

(2)地上车站——车站位于地面以上,它包括地面车站和高架车站。

2)按车站埋深、高架车站按车站与高架桥的结构是否合一而分类

按车站埋深可分为:

(1)浅埋车站——采用明挖法或盖挖法施工,轨顶至地表距离在 20 m 以内[见图 3 - 27(a)、(b)]。

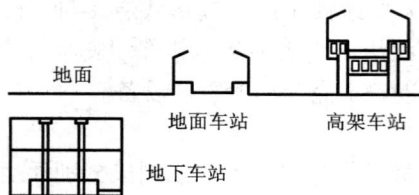

图 3 - 26　车站与地面相对位置

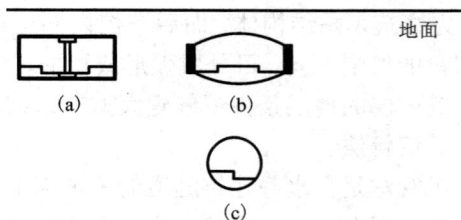

图 3 - 27　车站埋深示意图

(2)深埋车站——采用暗挖法施工,轨顶至地表距离在 20 m 以上[图 3 - 27(c)]。

按高架车站结构可以分为:

(1)站桥合一结构车站——高架车站的结构和站内轨道结构是做在一起的。

(2)站桥分离结构车站——站内轨道结构和线路高架桥的结构是连通的。

3)按车站运营性质分类

(1)中间站(即一般站)——中间站仅供乘客上、下车之用,功能单一,是城市轨道交通网中数量最多的车站。

(2)区域站(即折返站)——区域站是设在两种不同行车密度交界处的车站,设有折返线和设备。区域站兼有中间站的功能。

(3)换乘站——换乘站是位于两条及两条以上线路交叉点上的车站。它除了具有中间站的功能外,更主要的是它还可以从一条线上的车站通过换乘设施转换到另一条线路上的车站。

(4)枢纽站——枢纽站是由此站分出另一条线路的车站,该站可接、送两条线路上的乘客。

(5)联运站——联运站是指车站内设有两种不同性质的列车线路进行联运及客流换乘。联运站具有中间站及换乘站的双重功能。

(6)终点站——终点站是设在线路两端的车站,就列车上、下行而言,终点站也是起点站(或称始发站),终点站设有可供列车全部折返的折返线和设备,也可供列车临时停留检修。如线路远期延长后,则此终点站即变为中间站。

4)按车站结构形式分类

高架车站的结构基本上是以框架结构为主。地下车站结构横断面形式主要根据车站埋深、工程水文地质条件、施工方法、建筑艺术效果等因素确定。在选定结构横断面形式时,

应考虑到结构的合理性，经济性、施工技术和
设备条件。

　　（1）矩形断面——矩形断面是车站中常选
用的形式，一般用于浅埋车站。车站可设计成
单层、双层或多层，跨度可选用单跨、双跨、
三跨及多跨的形式。矩形断面车站结构如
图 3 - 28 所示。

　　（2）拱形断面——拱形断面多用于深埋车
站，有单拱和多跨连拱等形式。单拱断面由于
中部起拱，高度较高，两侧拱脚处相对较低，
中间无柱，因此建筑空间显得高大宽阔，如建
筑处理得当，常会得到理想的建筑艺术效果。
拱形断面车站结构如图 3 - 29 所示。

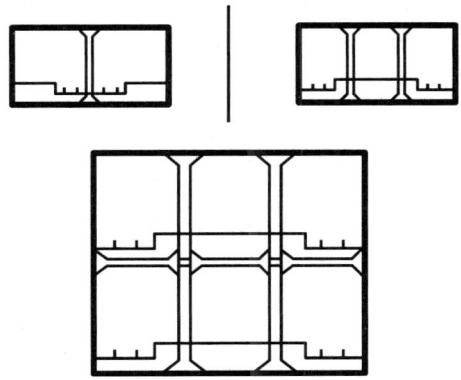

**图 3 - 28　矩形断面车站结构示意图**

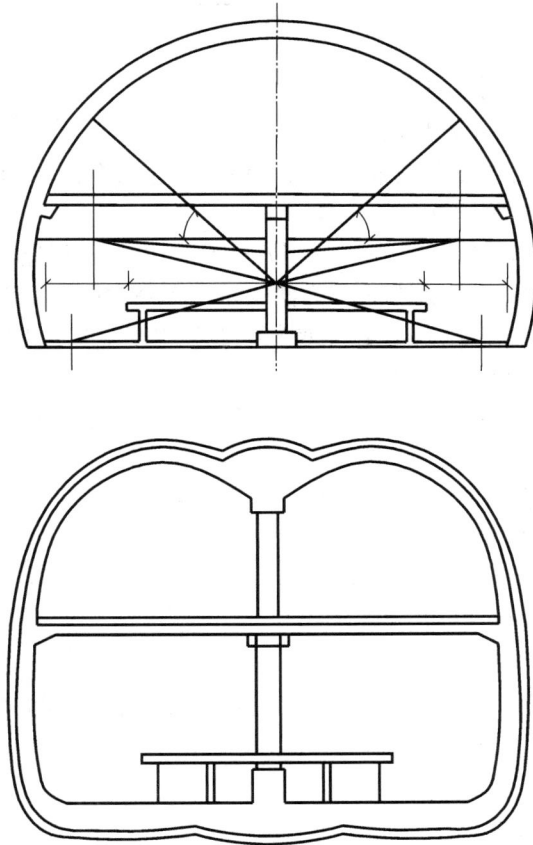

**图 3 - 29　拱形断面车站结构示意图**

（3）圆形断面——圆形断面用于深埋盾构法施工的车站（见图3-30）。

（4）其他类型断面——其他类型断面有马蹄形、椭圆形等。

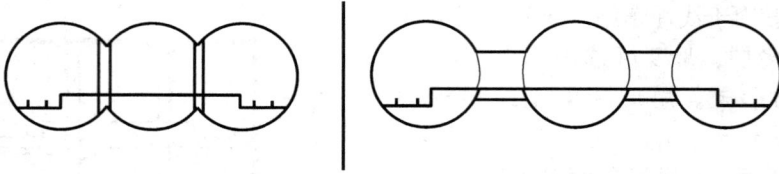

**图3-30　圆形断面车站结构示意图**

5）按车站站台形式分类

车站站台形式主要有以下3种（见图3-31）。

（1）岛式站台［见图3-31（a）］——站台位于上、下行行车线路之间，这种站台布置形式称为岛式站台。具有岛式站台的车站称为岛式站台车站（简称岛式车站）。岛式车站是常用的一种车站形式。岛式车站具有站台面积利用率

（a）岛式站台　　（b）侧式站台　　（c）岛、侧混合式站台

**图3-31　车站站台3种形式**

高、能灵活调剂客流、乘客中途改变乘车方向方便、车站管理集中、站台空间宽阔等优点，因此，一般常用于客流量较大的车站。

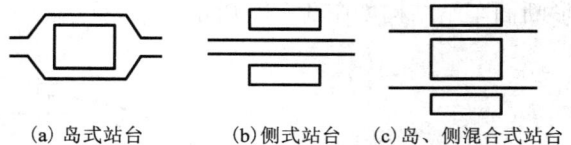

（2）侧式站台［见图3-31（b）］——站台位于上、下行行车线路的两侧，这种站台布置形式称为侧式站台。具有侧式站台的车站称为侧式站台车站（简称侧式车站），侧式车站也是常用的一种车站形式。侧式车站站台上下行乘客可避免相互干扰，正线和站线间不设喇叭口，造价低，改建容易，但是站台面积利用率低，不可调剂客流，中途改变乘车方向经地道或天桥，车站管理分散，站台空间不及岛式宽阔，因此，侧式站台多用于两个方向客流量较均匀（或流量不大）的车站及高架车站。

（3）岛、侧混合式站台［见图3-31（c）］——岛、侧混合式站台是将岛式站台及侧式站台同设在一个车站内，具有这种站台形式的车站称为岛、侧混合式站台车站（简称岛、侧混合式车站）。岛、侧混合式车站主要用于两侧站台换乘或列车折返。岛、侧混合式站台可布置成一岛一侧式或一岛两侧式。

**2. 车站的设置**

从使用功能角度讲，大型城市轨道交通系统的车站一般由4部分组成：

（1）车站大厅及广场。

（2）售票大厅，为乘客出售列车客票。

（3）站台，直接供乘客乘降车使用。

（4）旅客不经常到达的地方，如车站办公室、仓库、维修设施及铁路股道等。

从建筑空间位置角度讲，车站一般包括车站主体、出入口及通道、通风道及风亭（地下）和其他附属建筑物组成。

（1）车站主体是列车的停车点，它不仅要供乘客上车、下车、集散、候车，一般还要办理

运营业务和运营设备设置。

车站主体根据功能可分为两大部分：非付费区和付费区。非付费区的最小面积一般可以参照能容纳高峰小时 5 min 内聚集的客流量的水平来推算。

（2）出入口及通道是乘客进出入站厅的通道。

（3）通风道及风亭（地下）保证地下车站有一个良好的空气质量。

（4）车站用房包括运营管理用房、设备用房和辅助用房。车站用房应根据运营管理需要设置，在不同车站只配置必要房间，尽可能减少用房面积，以降低车站投资。

运营管理用房：包括站长室、行车值班室、业务室、广播室、会议室和公安保卫室等。

设备用房：包括通风与空调房、变电所、控制室等。

辅助用房：包括卫生间、茶水间等。

## 3.3.2　车站的规划与设计

### 1. 车站的规模

1）规模因素

轨道交通系统车站规模主要根据车站设计客流量（容量）确定。一般可以参照日均乘降客流量和高峰小时客流乘降量来综合确定。

2）分类

车站规模一般可以分为小型站、中型站、大型站和特大型站。

根据欧洲的经验，车站设计要考虑高峰中的高峰，例如，设计中一般要考虑 15 min 最大流量，它是按高峰小时流率的 30%计算（正常为 25%）。类似地，5 min 最大流率按 15 min 的40%计算。

轻轨车站规模分级：

小型站：5 万人次/日以下，高峰小时客流乘降量 0.5 万人次/h 以下。

中型站：5 万 ~20 万人次/日，高峰小时客流乘降量 0.5 万 ~2 万人次/h。

大型站：20 万 ~100 万人次/日，高峰小时客流乘降量 2 万 ~10 万人次/h。

特大型站：100 万人次/日以上，高峰小时客流乘降量 10 万人次/h 以上。

注：特大型站的日均乘降客流量为多条线路合计量。

3）分级

地铁车站规模主要根据车站远期预测客流及所处位置确定，一般可分为 3 级：

A 级：客流量大、地处大型客流集散点以及地理位置十分重要的车站。

B 级：客流量较大、地处市中心或较大的居住区的车站。

C 级：客流量较小、地处郊区的各站。

4）站间距

轻轨车站的站间距一般在 1 km 左右。在郊区站间距可以略大一些，在市中心区则可以更短一些。

### 2. 车站的设计

1）城市轨道交通车站的设计原则

（1）一致性原则。车站选址要与城市规划、城市交通规划及轨道交通路网规划的要求相一致，以满足远期规划的要求。

（2）适用性原则。车站选址要综合考虑该地区的地下管线，工程地质、水文地质条件，地面建筑物的拆迁及改造的可能性等情况，设计应能满足远期客流集散量和运营管理的需要，应具有良好的外部环境条件，最大限度地吸引乘客，要满足客流高峰时所需的各种面积及楼梯通道等宽度要求及设备用房和管理用房的要求。

（3）协调性原则。车站总体设计要注意与周围环境相协调，如与城市景观、地面建筑规划相协调。

（4）安全性原则。车站要有足够明亮的照明设备，足够宽的楼梯及疏散通道，具有指示牌及防灾设施等。

（5）便利性原则。车站站位应尽可能地靠近人口密集区和商业区，最大限度地方便乘客出行。

（6）识别性原则。车站设计应体现现代交通建筑的特点、简洁、明快、大方并易于识别，同时车站及车辆线路都要有明显的特征和标准。

（7）舒适性原则。车站的设计要以人为本，要有舒适的内部环境和现代的视觉观感，并解决好通风、温度和卫生等问题。

（8）经济性原则。车站的设计应尽可能地与物业开发相结合，使土地的利用最充分，并尽可能降低造价，节约投资。

2）城市轨道交通车站总平面布局设计的步骤

（1）分析影响因素及确定边界条件。影响车站站位和总平面布局的因素包括周围环境、建筑物拆迁和管线改移条件、施工方法、客流来源及方向以及综合开发的条件。

（2）确定车站平面布置原则。站厅层布置应分区明确，依据站内结构及设施配置情况对客流进行合理的组织，避免和减少进出站客流的交叉，合理布置管理，设备用房，满足各系统的工艺要求。

（3）根据功能要求构思总体方案。以换乘为主要功能的车站，主要考虑乘客的换乘条件，以尽可能减少换乘距离而进行设计，并留有足够的换乘能力；大型客流集散点的车站，要考虑突发性客流特点，留有足够的乘客集散空间，并创造快捷的进出站条件；有列车折返运行需要的车站，以列车在车站的运营能力为主，考虑车站配线设置以及由此带来的车站站位及平面布局的变化；有与建筑物开发结合要求的车站，应考虑结构的统一性，并尽量减少与其他客流的交叉干扰；还有一些有特殊功能需要的车站，包括远期需进一步延伸的起点站，与其他交通系统的联运站等。

（4）确定出入口，风亭数量和位置。《地铁设计规范》规定："车站出入口的数量，应根据客流需要和疏散要求设置，浅埋车站不宜少于 4 个出入口。"

（5）绘制车站总平面布置图。根据设计阶段的不同，图样内容深度也不同。

3）城市轨道交通地铁车站的选型

（1）岛式站台。岛式站台是国内最常用的一种车站形式，一般采用明挖法施工，必要时也可采用暗挖施工，它的位置深度一般不超过 20 m。

（2）侧式站台。侧式站台的轨道布置较为集中，有利于区间采用大的隧道或双圆隧道双线穿行，具有一定的经济性。

（3）矩形箱式车站。矩形箱式车站大都采用地下连续墙后大开挖的现浇钢筋混凝土结构，施工时对周边环境的影响较大，土方量也较大，容易影响地面交通。

（4）圆形或椭圆形的车站。这种车站一般在地质条件较好、地面不具备敞口明挖的地段采用，可采用盾构法施工，因而施工土方量较少，对周边环境的影响较小，但技术要求较高，施工难度相对较大。

（5）浅埋式车站。这种车站的施工土方量较小，技术难度不大，节约投资。

（6）深埋式车站。深埋式车站的基坑的技术难度增加，施工土方量增加，投资加大。

### 3.3.3　换乘站

#### 1. 概述

换乘站，城市轨道交通系统的专用词，指一个或多个铁路车站，供乘客在不同路线之间，在不离开车站付费区及不另行购买车票的情况下，进行跨线乘坐列车的行为。具体地说，就是乘客在某个车站下车，无须另行购票，即可由原本乘坐的路线，转换至另一条路线继续行程，而车费则按总乘坐里程计算。需离开车站付费区或另行购买车票，再乘坐其他路线列车的车站称为转乘站。在香港，换乘站与转乘站统称为转车站，台湾统称为转乘站，而北京及其他城市（上海除外）则统称为换乘站。部分城市的轨道交通，如东京、香港、上海等，有较为特殊的换乘方式，即乘客离开车站付费区但无须另行购票，里程仍连续计算的换乘方式，其中，东京为无条件出站换乘，无论乘客使用 IC 卡（pasmo）或单程票均可进行出站换乘；而香港、上海则是有条件出站换乘，只有 IC 卡（香港为八达通、上海为上海公共交通卡和联网城市的公交卡）在 30 min 内进入邻线闸机被视为连续乘车而不独立计算里程，单程票仍需另行购票。

#### 2. 换乘方式

换乘大致可分为同月台换乘、跨月台换乘、楼梯或电动扶梯换乘、大堂换乘、通道换乘等 5 种方式。其中同月台换乘及跨月台换乘都是较便捷的换乘方式，而通道换乘则被认为属于较不便捷的换乘方式。

1）同站台换乘

同站台换乘（见图 3-32）是最便捷的换乘方式。乘客下车后在同一站台等候另一条路线列车抵站，即可转车。如：上海轨道交通三号线与上海轨道交通四号线共线运行的宝山路站至虹桥路站及台北捷运古亭车站。

2）跨站台换乘

跨站台换乘与同站台换乘一样，都是较便捷的换乘方式。乘客下车后直接

图 3-32　车站同站台换乘示意图

步行到对面另一条路线的站台，中途无须转换楼层即可转车。如：台北捷运中正纪念堂站；香港铁路旺角站及金钟站；深圳地铁老街站、黄贝岭站；北京地铁郭公庄站；广州地铁嘉禾望岗站；杭州地铁 1 号线客运中心站以及未来武汉地铁洪山广场站和中南路站等。

3）垂直换乘

垂直换乘（见图 3-33）要求乘客下车后利用楼梯或电动扶梯，到达位于另一楼层的站台转车。如：上海轨道交通西藏南路站；台北捷运西门站、忠孝复兴站；广州地铁公园前站；深圳地铁会展中心站、世界之窗站、宝安中心站及沈阳地铁青年大街站。

4）站厅换乘

站厅换乘（见图 3 - 34）常见于设有侧式站台或设有多于两个站台的车站。乘客下车后一般需要利用楼梯或电动扶梯，经过位于另一楼层的车站站厅，再利用楼梯或电动扶梯到达另一条路线的站台。如：上海轨道交通莘庄站、人民广场站及世纪大道站；台北捷运台北车站；广州地铁体育西路站；香港铁路大围站（只限北行）。

图 3 - 33　车站垂直换乘示意图

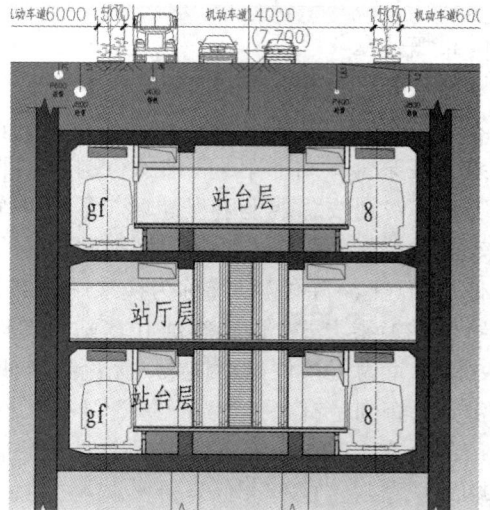

图 3 - 34　车站站厅换乘示意图

5）通道换乘

通道换乘（见图 3 - 35）常见于两月台间相距较远的车站。乘客下车后需经过专用通道，

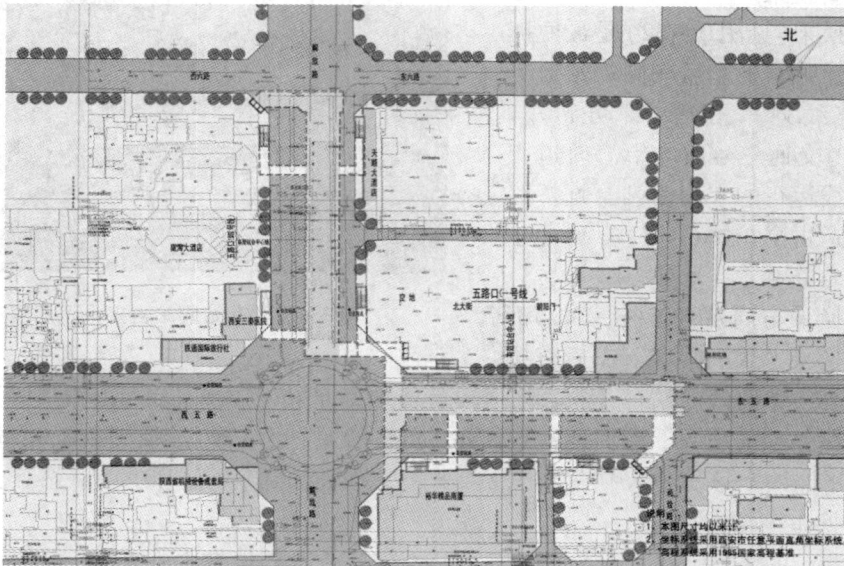

图 3 - 35　车站通道换乘示意图

步行一段距离，到达另一条路线的月台转车，通常都需要在中途转换楼层。如：香港铁路鲗鱼涌站及上海轨道交通上海南站、中山公园站。

（6）出站换乘

出站换乘常见于因某种原因无法在付费区换乘，而进行的有条件换乘，就是使用一张公交卡在转乘站之间两条或多条线出站后在规定时间内换乘，而使用单程票卡则无法换乘。如：上海轨道交通上海火车站站、虹口足球场站、陕西南路站、虹桥2号航站楼站；香港港铁尖沙咀站、尖东站。

### 3.3.4　轨道交通文化

城市轨道交通已不光是一种交通工具，在有些城市轨道交通已成为一种文化，而营造轨道交通文化也是城市发展必然的方向。

**1. 概述**

文化对于一个民族来说是精神之根，对于一个城市来说则是活力和灵魂。打造先进的城市文化品牌，对于提高城市知名度、增强城市核心竞争力、促进经济发展将起到积极的促进作用。在城市的发展建设中，城市文化沉淀成了一种精神，彰显着一个城市的魅力。随着1863年伦敦第一条地铁线路的开通，世界上已有39个国家和地区的135个城市建成了地铁，地铁和所在的城市紧密联系在一起，除了快捷、舒适之外，文化的内涵越来越丰富，不仅成为一个城市文化的缩影，而且经过提炼、加工，使城市文化的特点更加明晰，提升了城市文化的层次和品位。

**2. 轨道交通文化的作用**

1）地域文化的展示

轨道交通是一个城市的文化窗口，是城市意象的重要元素，甚至很多城市的轨道交通车站因其独特的建筑艺术成为城市独特风貌的象征。所有去过莫斯科的人，对莫斯科的轨道交通（见图3－36）都有极深刻的印象，它以其宏大的建筑风格和华美的风貌闻名世界，被公认为世界上最漂亮的轨道交通。正是基于建设轨道交通之初苏联领导要提升城市文化的想法，莫斯科的轨道交通经过建筑师和艺术家的精心设计，以不同的历史事件和人物为主题，用大理石和石英岩刻成浮雕，既展示了历史画卷，又显得富丽堂皇，成为世界上最完美的地下宫殿。

图3－36　莫斯科轨道交通车站图片

2)展示个性鲜明的主题文化

世界的许多城市的轨道交通都突出个性鲜明的主题文化。例如,我国上海的轨道交通也是以主题文化为特色的大型壁画,将一个钢筋水泥铸成的地下宫殿,装饰得温馨典雅,令来来往往的过客们,在匆忙进出时不禁都要举头瞥上一眼。

3)展示传统与时尚交融的文化

在国内外新建的轨道交通中,到处都能看到与时代同步的、鲜活的文化气息。在站台上、车厢内人们正在看的各种报纸杂志,在站台上一幅幅精美的国画、壁画,这些都向人们展示着浓郁的地铁文化气息。但大幅光鲜精美灯箱广告,各种名牌产品也一个不少。文化导引商业、激活市场的功能发挥得淋漓尽致。一方面地铁文化建设时把城市文化和人文精神纳入其中,另一方面充分体现了在现代的科技和文化上的追求。

**3. 发展轨道交通文化的重要性**

1)保护地域文化

全球化对地域文化产生了巨大的冲击,导致出现了文化趋同现象。因此,在全球一体化的今天,保护地域文化是刻不容缓的。轨道交通作为城市建筑,轨道交通车站作为一种交通工具,所承担的是再造城市形象的"地标"属性(见图 3 – 37)。

图 3 – 37　希腊雅典地铁文化设计

2)提高轨道交通车站空间的整体质量

建筑学科日益关注城市的设计,而轨道交通车站是轨道交通设计的点睛之笔,代表城市形象。车站空间即为城市空间的延伸,为城市设计的一部分。最终目的就是提高轨道交通车站的整体形象。

**4. 轨道交通文化和城市文化的关系**

1)轨道交通文化的基本走向和城市文化的发展方向是一致的

美国的城市历史并不悠久,由于移民的关系,城市文化和轨道交通文化体现了多元化。东京轨道交通的建设在借鉴了西方轨道交通建设的成功经验基础上,更多地体现了现代化大都市的面貌。

2)轨道交通文化建设一定是以城市文化为依据的,城市文化是轨道交通文化建设的依据

和灵魂核心

　　离开了城市文化，轨道交通文化就无从谈起。城市文化是人类进化到城市生活阶段的产物，轨道交通是城市发展的必然产物，轨道交通文化是伴随地铁的出现产生的文明。

　　3）轨道交通文化是城市文化的浓缩和提炼

　　在轨道交通文化建设中蕴含着浓郁的城市文化气息，是城市文明的长卷。例如，香港地铁是全世界公认设备完善、自动化程度高、管理较好的地铁。

# 3.4　车辆段

## 3.4.1　车辆段的概念与功能

### 1. 概述

　　车辆段是车辆停放、检查、整备、运用和修理的管理中心所在地。若运行线路较长，为了有利于运营和分担车辆的检查清洗工作量，可在线路的另一端设停车场，负责部分车辆的停放、运用、检查和整备工作。当技术合理、资金充足时也可以两条或两条以上线路共设一个车辆段。城市轨道交通除车辆保养基地以外，还有综合维修中心，材料总库和职工技术培训中心等基地，有条件时，尽量将它们与车辆段规划在一起。

　　车辆段是城市轨道交通系统中对车辆进行运用管理、停放及维修保养的场所。

　　一般地，一条线路可设一个车辆段；线路长度超过 20 km 时，可以考虑设一个车辆段、一个停车场。

　　车辆段主要承担的任务有列车的运用及定期检修作业。

　　车辆修程可根据车辆的质量及管理水平确定，目前国内各城市的地铁采用的修程基本上分 4 种，厂修、架修、定修、月修，但各城市所采用的检修周期不同。如北京地铁车辆达到 90 万千米进行厂修，而上海地铁车辆需达到 100 万千米进行厂修。

### 2. 功能

　　（1）列车在段内调车、停放、日常检查、一般故障处理和清扫洗刷。

　　（2）车辆的技术检查、月修、定修、架修和临修试车等作业。

　　（3）列车回段折返乘务司机换班。

　　（4）内设备和机具的维修及调车机车的日常维修工作。

　　（5）紧急救援抢修队和设备。

## 3.4.2　车辆段的组成

　　车辆段是对车辆进行运营管理、停放及维修养护的场所。车辆段主要分 3 大部分：停车库、检修库和办公生活设施等。

### 1. 停车库

　　停车库主要用于收车后停车作业和停放备用车辆；可进行简单维修保养作业；可进行车辆编组、清扫、整备；日常管理工作，涉及检车线、停车线、洗车线、列检线等线路。

### 2. 检修库

　　检修库专门用于车辆检修作业，配有检修设备，包括有列检库、月检库、定修库、架修库、大修库；涉及列检线、出入库线、试车线、镟轮线、检修线等线路。

### 3. 办公生活设施

办公生活设施主要包括信号楼和管理人员和司乘人员工作、休息的场所。

## 3.4.3　车辆段的规模与设置

车辆段一般可布置成贯通式或尽端式。

贯通式车辆段(见图 3 - 38)可以两端分别收发车，停车列检库一股道可以停 3 列车。

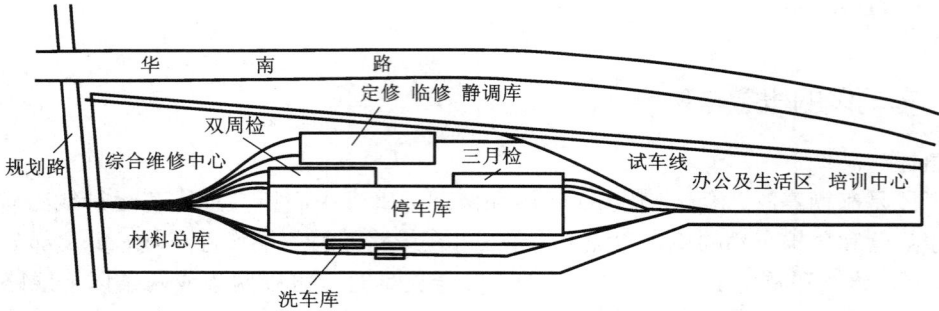

**图 3 - 38　贯通式车辆段布置图**

尽端式车辆段(见图 3 - 39)停车列检库一股道可以停 2 列车。

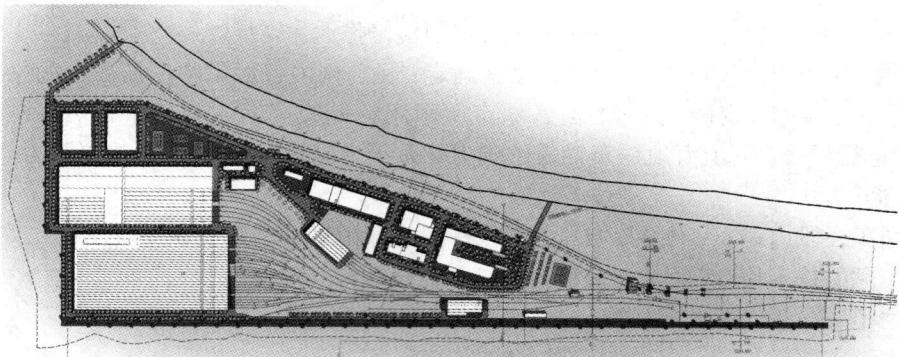

**图 3 - 39　尽端式车辆段布置图**

车辆段根据其布局还可分为多层式与平面式两种。多层式用地节省，但技术复杂，工程费用比较大。欧洲不少城市有采用这种方式的车辆段。我国北京的古城、八王坟和上海的新龙华均采用平面式。

车辆段内需要设置的设备有列车运用车间、运转值班室、信号楼等。为进行车辆作业，需要设置列车牵出线。车辆段的另一重要设备是列检库，列检库库线一般应按运行列车数的30%设置。

> **上海地铁：最深地铁换乘站周边"零沉降"**

上海在建最深的轨道交通换乘枢纽——汉中路枢纽首次成功实施地下水回灌技术，不仅节约了大量的自来水，更保证了周边高楼和地表"水位零降落，地面零沉降"。目前这一技术已通过市科委的技术鉴定，有望今后在上海更多的深基坑施工工地上得以推广。

在汉中路枢纽工地上，靠近一幢29层高的居民楼一侧，有一个引人注目的蓝色的金属密封容器。施工中抽取的地下水在经过这个直径约2.5 m、高约3.5 m的容器处理后，通过一定的加压地下水又被灌入地下，防止了施工中常见的"沉降漏斗"现象的发生，而距离正在施工的深基坑约6 m的这幢高层建筑以及周边的其他建筑，在施工过程中实现了零沉降。

近年来，虽然上海工业用地下水开采已大幅减少，但地铁、基坑施工过程中因过量抽取地下水导致地表出现沉降"漏斗"的情况并不鲜见，成为地面塌陷、房屋开裂的一大诱因，也让居住在工地附近的市民直呼"伤不起"。

据上海城建隧道股份轨交汉中路枢纽项目经理杜毅介绍，作为目前上海最深的地铁换乘车站，车站基坑深达33.1 m，并需要抽降地下58 m的第二层承压水，使水位降落14.6 m。车站周边高层建筑物林立，一旦出现地表沉降后果将不堪设想。对此，现场采用了"隔"、"降"、"灌"并举的基坑工程承压水危害综合治理技术体系，使得边上高层建筑周边地下水位降落为零，建筑沉降也控制在零沉降的水平。

思考与练习

1. 填空题

(1) 城市轨道交通不同线路间的换乘方式主要有(　　　)、站厅换乘、通道换乘、站外换乘和组合式换乘几种类型。

(2) 轨道的结构与性能要求：轨道是城市轨道交通运营设备的(　　　)，它直接承受列车载荷、并引导列车运行。

(3) 站位设于两路口之间：当两路口都是主路口且相距较近小于(　　　)m，横向公交线路及客流较多时，可将车站设于两路口之间，以兼顾两路口。

(4) 扣件的种类：按其结构不同可分为弹条式扣件、(　　　)和弹片式扣件。

(5) 城市轨道交通车站的组成：从使用的功能上讲，大型城市轨道交通系统的车站组成包括车站大厅及广场、(　　　)、运营管理场所、技术设备用房和管理用房。

2. 简答题

(1) 城市轨道地铁车站如何选型？

(2) 折返线的概念和分类。

(3) 钢轨的概念和分类。

(4) 城市轨道交通的构成。

(5) 车辆段的构成和功能。

# 模块四

# 城市轨道交通机电设施

## 【引　例】

轨道交通机电设施主要涵盖车辆、工程及养护机械、通信信号、牵引供电、安全保障、运营管理等各种机电装备。发展技术先进、安全可靠、经济适用、节能环保的轨道交通机电装备，是实现轨道交通安全、可靠、高效的人流运输功能的重要保障。

城市轨道交通机电装备大多属于高新技术密集、系统集成度高、附加值高的机电一体化装备，一般占整个轨道交通系统工程造价的 40% 左右。近年来，我国城市轨道交通建设规模已居世界首位，平均每年建设 270 km，极大地促进了轨道交通机电装备产业链的发展，对国民经济具有较强的带动作用。

1999 年，国务院发布《关于城市轨道交通设备国产化实施意见》，要求确保城市轨道交通车辆和机电设备平均国产化率不低于 70%。2006 年，国务院发布《关于加快振兴装备制造业的若干意见》，提出要掌握新型地铁车辆装备等核心技术。2010 年，轨道交通装备产业被国务院《关于加快培育和发展战略性新兴产业的决定》确定为高端装备制造业重点发展方向之一。我国已建立了较为完整的城市轨道交通机电装备研发、制造和服务体系，生产能力已居世界领先地位，北车、南车集团建立了辐射全国的 20 多个城轨车辆基地，众多厂家能为城市轨道交通车辆、供电、通信、信号、自动售检票、电扶梯、综合监控、环控通风、防灾报警、给排水、车辆段设备等系统批量提供配套产品。

我国在城市轨道交通机电装备研发能力、标准体系建设、产业配套和国际化能力等方面还相对薄弱，还未完全摆脱对国外核心技术和关键零部件的依赖，产品的安全性、可靠性和使用寿命等方面与发达国家相比仍存在一定差距。车辆牵引传动与控制技术、制动关键技术、A 型车总体设计及试验技术、城市轨道交通信号系统、自动售检票系统、屏蔽门设备关键部件、综合监控系统等仍然掌握在国外公司手中，直接影响设备综合国产化率徘徊在 70% 左右。

2012 年，工信部发布了《高端装备制造业"十二五"发展规划》，提出重点发展城市轨道车辆牵引系统、制动系统、转向架、运控系统，以及车辆车站机电设备、灭火系统、列车自动防护系统、列车自动驾驶系统，形成具有世界先进水平的城市轨道交通装备发展能力。

2017 年，国家发改委发布了《增强制造业核心竞争力三年行动计划（2018—2020 年）》，提出到"十三五"末，轨道交通装备等制造业重点领域突破一批重大关键技术实现产业化，形成一批具有国际影响力的领军企业。重点发展高速、智能、绿色装备、先进适用城市轨道交通装备、构建新型技术装备研发试验平台，研制先进可靠的轨道交通产品和轻量化、模块化、普系化产品，研发新一代高速、重载轨道交通装备，建设高速列车国家创新中心，建立世界领先的现代轨道交通产业体系。

到2025年，我国轨道交通装备制造业要形成完善的、具有持续创新能力的创新体系。未来十年我国发展重点是依托数字化、信息化技术平台，广泛应用新材料、新技术和新工艺，重点研制安全可靠、先进成熟、节能环保的绿色智能谱系化产品，拓展"制造＋服务"商业模式，开展全球化经营，建立世界领先的轨道交通装备产业创新体系。

## 4.1　车辆

城市轨道交通是采用轨道进行承重和导向的车辆运输系统。城市轨道交通车辆作为城市公共交通旅客载运工具，应具有先进性、可靠性和实用性，不仅要保证城市轨道交通安全、快捷、准点，还要满足容量大、舒适、美观、方便、节能等要求。

### 4.1.1　车辆类型与特点

**1. 城市轨道交通车辆的类型**

1）按车辆制式分类

按照走行部分与行驶轨道间匹配关系来分，主要有钢轮钢轨制式车辆、胶轮制式车辆、单轨制式车辆、导轨制式车辆、直线电机车辆和磁悬浮车辆等。

地铁和轻轨通常采用钢轮钢轨制式车辆，单轨（悬挂式、跨座式）车辆（见图4－1和图4－2）、直线电机车辆或低速磁悬浮车辆多用于地形限制及线路半径小、坡度大的轨道交通系统。

图4－1　悬挂式单轨车辆　　　　　　　图4－2　跨座式单轨车辆

2）按牵引动力配置分类

动车M（motor）：自身带有动力装置（牵引电机），具有牵引和载客双重功能，可分为带受电弓动车和不带受电弓动车。

拖车T（trailer）：拖车自身没有动力装置，运行需要动车牵引拖带，仅具有载客功能，可设置司机室，也可带受电弓。

车辆运营时，一般采用动拖组合、固定编组方式形成电动车组。

3）按车辆规格分类

根据《城市轨道交通工程项目建设标准》（建标 104—2008），车辆按不同技术制式分为 A、B、C、D、L 与单轨车等类型，其中 A、B 型车为地铁车，C 型车为铰接轻轨车，D 型车为低地板铰接轻轨车，L 为直线电机车辆。A 型车属于高运量（单向运能 4.5 万 ~7.5 万人次/h），B 型车属于大运量（单向运能 3 万 ~5 万人次/h），C 型车属于中运量（单向运能 1 万 ~3 万人次/h）。

上海、广州、深圳、南京地铁使用 A 型车，大多城市地铁采用 B 型车。北京地铁 1 号线由 B 型车改为 A 型车，提高了 75% 的运力。

4）按车辆材料分类

钢骨车：车底架、车体骨架等受力部分采用钢材，其他部位用木或合成材料制造。

新材料车：采用铝合金、钛合金等轻质合金材料，降低自重，提高承载能力和效率。

**2. 城市轨道交通车辆的特点**

1）载客能力强

为适应城市公共交通客流量大而集中，乘客上、下车频繁，高峰时超载等特点，城市轨道交通车辆内部座位设置少、车门多且开度大。A 型地铁车辆载客人数可超过 400 人/辆。

2）动力性能好

城市公共交通车辆要在地下隧道、高架和下面轨道运行，线路曲线半径小、坡度大，站距短，启动和制动频繁，车辆运行速度高，具有较高的加、减速度。

3）安全可靠性高

城市公共交通车辆技术含量高、设备先进、故障率低、稳定性强，对灾害和突发事件有较充分的预防和应急措施。

4）环境条件优越

采用先进的电力驱动控制，悬挂系统要求高，运行平稳、噪声低，通过照明、空调、座椅、扶手及信息系统设计，提高乘坐舒适性。

5）技术集成度高

车辆涉及机械、电气、通信、空调、声光等技术领域，与供电、接触网、信号、监控、屏蔽门、土建、线路及轨道等行业联系紧密。

## 4.1.2　车辆基本构造

不同类型的城市轨道交通车辆其结构基本相同，主要由车体、转向架、车钩缓冲装置、制动装置、受流装置、电气系统、内部设施 7 部分组成。

**1. 车体**

车体分为有司机室车体和无司机室车体两种，主要功能是装载乘客，承受和传递载荷，安装传动机构、电气设备和内部设施等。按结构分为壳体（底架、侧墙、端墙、顶棚）、车门、车窗、贯通道和内部装饰等。

为满足强度、刚度、耐腐蚀、轻量化的要求，城市轨道车辆车体材料由早期的碳素钢转向不锈钢和铝合金。铝合金车体采用整体承载方式设计，根据不同部位的受力情况，承载构件使用不同中空截面的铝合金挤压型材（见图 4 - 3）。

车门分为客室侧门、司机室侧门、司机室通道门和紧急疏散门。目前城市轨道交通客室侧门多采用双翼对开门，车门宽度在 1300 mm 以上。按照驱动方式，客室侧门分为电动门和气动门两种,目前城市轨道车辆车门均采用电动门。按照车门运动轨迹和装配方式,客室侧门可分为内藏嵌入式侧移门、外挂式移门、塞拉门和外摆式车门 4 种。紧急疏散门设在司机室前端,是列车上的一种逃生装置,有坡道式和踏梯式两种。车门采用电子控制技术,可根据乘客和驾驶员的不同要求,编制程序修改操作过程,具有自动监控、故障报警和记录等功能,并设有防夹装置。

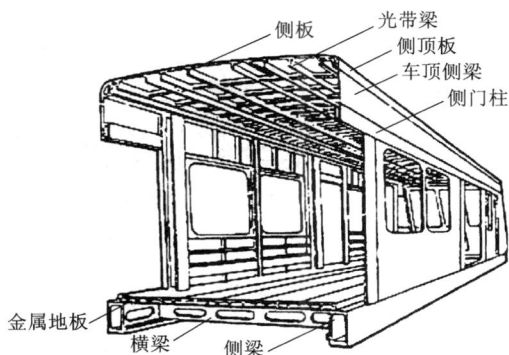

图 4-3　铝合金车体结构

为了调节车厢内客流密度和空气质量,城市轨道交通车辆常采用贯通式连接,贯通道主要由折篷、护墙板、过渡板和车顶板组成。

**2. 转向架**

转向架是车辆的一个独立部件,装设在车体与轨道之间,牵引、支撑和引导车辆沿轨道行驶,承受和传递车体及线路的各种载荷。转向架是车辆最重要的走行装置,是保障车辆运行品质、动力性能和行车安全的关键部件。

1)转向架的作用

相对于将轮对直接安装于车体下面的二轴车结构,采用转向架可有效增加车辆的载重、长度和容积。

支撑车体,使车体能可靠地坐落在转向架上,承受并传递从车体到轮对及轮轨到车体之间的各种载荷和作用力,并使轴重均匀分配。

转向架可相对车体自由回转,使较长的车辆能灵活地沿直线线路运行,并顺利通过小半径曲线段,减少运行阻力与噪声,提高运行速度。

便于安装弹簧减震装置,减小车辆的振动、冲击和动应力,提高车辆平稳性和安全性。

便于安装牵引电机、减速装置及制动装置,满足车辆运行要求。

2)转向架的组成

车辆的类型、运行条件及要求不同,所采用的转向架结构各异,类型较多,但它们的基本组成和主要功能是相同的。转向架分为动车转向架和拖车转向架。两者基本结构相同,都由构架、轮对轴箱装置、弹簧悬挂装置、制动装置和中央牵引装置等部分组成(见图 4-4)。

构架:转向架的骨架,用于安装各种零部件。构架要有足够高的强度和刚度,以承受和传递垂直力和水平力。构架整体通常为 H 形轻量化高强度钢板焊接结构,由左右侧梁、横梁及端梁组成。

轮对轴箱装置:轮对由一根车轴和两个相同的车轮,采用过盈配合安装。轮对直接向钢轨传递车辆重量以及轮轨之间的牵引力和制动力,要有足够的强度和一定的使用寿命及弹性。车轮踏面采用磨耗形踏面(磨耗后相对稳定的形状),可延长轮对使用寿命,减小轮轨接触应力,提高车辆运行的横向稳定性和抗脱轨安全性。轴承与轴箱的组合体称为轴箱装置,是联系构架和轮对的活动关节,使轮对的滚动转化为车体的直线运动,一般采用铝合金材料制成,其内安装有滚动轴承和密封圈。轴箱除了保证轮对自由回转外,还能相对于构架前后、左右活动,以适应线路条件。

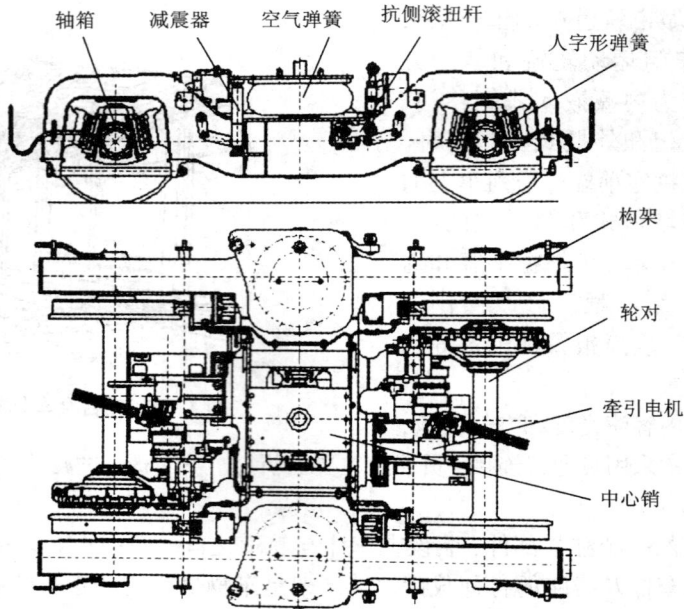

图 4－4 转向架示意图

弹簧悬挂装置：安装在轮对轴箱与构架之间（称为轴箱悬挂或一系悬挂）和构架与车体之间（称为中央悬挂或二系悬挂），能够缓和并减少车辆行驶时的振动和冲击，控制车体的侧滚振动，控制车体地板面与轨道的高度，以提高车辆运行的平稳性和舒适性。一系悬挂常采用螺旋弹簧、圆锥弹簧、人字层叠橡胶弹簧；二系悬挂大多采用空气弹簧。

基础制动装置：基础制动装置安装在构架侧梁上，每台转向架共有 4 个单元制动机。由制动缸传来的制动力，经杠杆系统放大后，传给制动闸片或闸瓦，通过制动盘或车轮踏面，对车轮实施制动。

中央牵引装置：设于转向架中部，是车体与转向架的连接部分，承载车体并传递载荷，并使车体与转向架之间能绕固定的旋转中心相对转动，以使车辆能顺利通过曲线。

牵引传动装置：仅安装在动车转向架上，主要由牵引电机、传动装置（联轴器、齿轮箱、齿轮箱悬挂装置）和动力轮对组成。牵引电机的扭矩，通过齿轮减速装置，转化为轮对或车轮的转矩，利用轮轨间黏着作用，驱动车辆运行。

**3. 车钩缓冲装置**

车钩是连接车辆编组成列，使之彼此保持一定距离，实现相邻车辆间纵向力传递的装置。缓冲装置是用来缓和列车运行中由于牵引力变化，或在启动、制动及调车连挂时，车辆相互碰撞引起的纵向冲击和振动。如果连接与缓冲作用由同一装置承担，该装置称之为牵引缓冲装置；如果它们分别由不同装置承担，则分别称之为牵引连挂装置和缓冲装置。

1）车钩

城市轨道交通车辆一般采用刚性密接式车钩，依靠两相邻车辆钩头上的凸锥和凹锥口互相插入实现连接，同时实现车辆间气路和电路的连接。按其结构可分为全自动车钩、半自动车钩和半永久车钩 3 种类型。

全自动车钩可以实现机械、气路和电路的完全自动连挂和解钩，或人工解钩，常用于列车端部(见图4-5)。

半自动车钩的机械和气路的连接结构及作用原理，与全自动车钩基本相同，但电路必须依靠人工连挂和解钩，以便于检修作业。常用于两编组单元之间的车辆连接。

半永久车钩的机械、气路和电路的连挂，都需要人工操作，一般只在架修以上作业时才进行分解。常用于同一单元内车辆之间的编组。

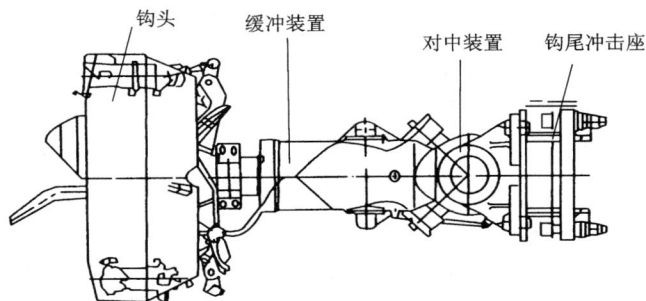

图4-5　全自动车钩示意图

2)缓冲装置

缓冲装置可分为可再生缓冲器和不可再生缓冲器两种类型。可再生缓冲器有双作用环弹簧缓冲器、橡胶缓冲器、液压缓冲器和气液缓冲器等，不可再生缓冲器有压溃管等。

双作用环弹簧缓冲器(见图4-6)。缓冲器受到压缩冲击或拉伸冲击时，V形接触面的内、外环弹簧均受压产生变形，内环压缩，外环扩张，使冲击能量转化为弹簧的势能和热能。

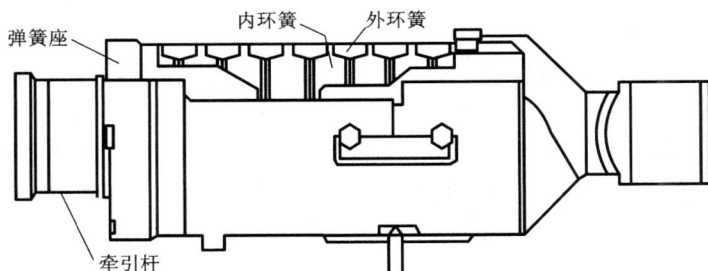

图4-6　双作用环弹簧缓冲器示意图

橡胶缓冲器利用橡胶弹簧块的弹性形变，来吸收冲击能量。液压缓冲器通过液压活塞系统吸收冲击能量，容量大，可以精确控制。气液缓冲器是在液压缓冲器基础上发展起来的，利用压缩气体作为复位弹簧，实现了无磨耗工作，提高了使用寿命。压溃管是通过机械变形来吸收冲击能量，当压溃管变形超过规定标准时必须更换。

**4.制动装置**

1)制动装置的特点

制动装置是使车辆减速、停车，保证列车安全运行必不可少的装置。城市轨道交通一般站间距离短，调速及制动频繁，制动距离短。为此，制动装置要有足够的制动能力，制动减速大，保证列车在轨道的距离内准确停车；制动操作灵活，作用灵敏可靠，列车各车辆制动调速或停车前后动作一致，应根据乘客量变化调整制动能力，以减少制动时的纵向冲击；具有紧急制动能力，在运行中发生列车分离或制动系统故障时，全列车能实施紧急制动。

2）制动方式

城市轨道交通制动装置一般分为制动控制系统和制动执行系统两大部分。前者产生制动原动力，并进行操作和控制；后者传送制动原动力并产生制动力。按动能转移方式，制动装置分为摩擦制动和动力制动。按制动原动力分为空气制动、电气制动，在地铁和轻轨车辆上最常用的摩擦制动装置为空气制动机。

摩擦制动是将列车动能通过摩擦变为热能，主要有闸瓦制动（或称踏面制动）、盘形制动和磁轨制动。闸瓦制动是最常见的一种制动方式，它是利用由铸铁或合成材料制成的闸瓦压紧车轮踏面，通过机械摩擦产生制动作用。盘形制动是利用合成材料制成的闸片，夹紧装于车轴上或车轮辐板上的制动盘，产生摩擦制动。一般来说，盘形制动比闸瓦制动的制动功率大得多。磁轨制动是在车体或转向架下部设有电磁铁，制动时将电磁铁放下，与钢轨吸合摩擦产生制动。但其对钢轨损伤较大，常作为高速列车紧急制动的一种补充制动手段。

动力制动是将牵引电机作为发电机运行，使列车动能转变为电能的一种制动方式，主要形式有电阻制动和再生制动。电阻制动时将发电机输出的电能消耗在电阻上，使之变为热能，靠外加风扇强迫通风而释放到大气中。再生制动是将发电机输出的电能，通过接触网反馈到电网中，节能优势明显。

城市轨道交通车辆一般综合采用再生制动、电阻制动和摩擦（闸瓦）制动3种制动方式。一般高速时实施动力制动，在动力制动不足时，需同时施行摩擦制动。当车辆速度降到一定程度（10 km/h）时，动力制动已不能满足制动要求，完全采用摩擦制动。

**5. 受流装置**

从接触网或导电轨（第三轨）将电流引入动车的装置称为受流装置。主要有5种形式：

（1）轨道式受流器：从底部导电轨受流，又称第三轨受流，多用于速度较高的隧道列车。根据受流器与接触轨的接触面位置不同，分为上接触式、下接触式和侧接触式。

（2）受电弓受流器：上部受流，弓可升可降，多用于速度较高的地铁车辆。

（3）杆形受流器：为两根平行杆，上部有两个受电轨，广泛用于城市无轨电车上。

（4）弓形受流器：上部受流，弓可升可降，接触有一根导线，下面与导轨构成电路回路，一般用于城市有轨电车。

（5）侧面受流器：在车顶的侧面受流，又称旁弓，多用于矿山电力机车上。

**6. 电气系统**

车辆电气系统包括车辆上的各种电气设备及其控制电路，主要有车辆电气牵引系统、辅助供电系统和列车控制系统。

1）车辆电气牵引系统

车辆电气牵引系统有直流牵引系统和交流牵引系统两种。

直流牵引系统采用直流电机作为牵引电机。按照牵引电源的性质，直流牵引系统可分为直—直流和交—直流两大类。

直—直流牵引系统是最早应用于轨道车辆的一种牵引形式，它使用的是直流电源和直流串励牵引电机。早期的直流牵引系统采用电阻调速方式，不仅能耗大，而且难以实现连续、平滑调速。随着电力电子技术的发展，在轨道车辆牵引中，已广泛采用了大功率可关断晶闸管（GTO）、绝缘栅双极型晶体管（IGBT）和斩波调压器，不仅节能，而且能对电动机电源进行连续、平滑调节，实现车辆平稳调速。交—直流牵引系统使用的交流电网电源，适用于大功率、长距离牵引。

交流牵引系统采用的变频调速的交流牵引电机。按供电电源的不同交流牵引系统可分为直—交、交—交和交—直—交传动形式。随着电力电子技术和交流变频调速技术的发展，20世纪70年代以后，很多国家的城市轨道车辆都开始采用交流牵引系统，采用微机控制的交流变压变频（VVVF）技术。交流牵引系统可以实现平稳可靠的无级调速，调速范围大、功率大、过载能力强、噪声小、可靠性高、维护方便、节能等显著优点，尤其是没有直流电机换向器，可靠性大大提高，被世界公认为现代最优越的牵引调速系统。

直线电机是将旋转电机沿半径方向展开成直线状，使车辆从依赖摩擦的接触驱动方式转变为"无轮驱动"的直线运动方式。直线电机牵引的轮轨交通车辆，将电机的定子部分安装在车辆转向架上，将动子（感应板）沿线路铺设在轨道中间。列车靠车轮支撑在轨道上，电流通过定子线圈时产生向前方向的磁场，通过与感应板的电磁反作用力，推动定子，带动转向架和列车向前运行。直线电机牵引车辆具备牵引效率高、运行噪声低、爬坡力强、转弯半径小、维护方便及可在积雪路面行驶等优点。同时，由于取消了复杂旋转传动装置，车体更为紧凑，采用直线电机地铁，隧道断面可减少40%左右。直线电机地铁已应用在加拿大温哥华、美国底特律、日本大阪及中国北京、广州等轨道交通中。

2）辅助供电系统

城市轨道交通车辆辅助供电系统主要包括辅助逆变器（DUB）和低压直流电源。

DUB是从电网获取直流电压（1500VDC或750VDC），经由逆变器变换输出380VAC及220VAC电源，给列车上的交流负载如空调、照明、蓄电池等辅助设备供电。DUB常见有两种形式：一种采用直接逆变方式（DC—AC），另一种采用先斩波（升/降压）后逆变方式（DC—DC—AC）。

低压直流电源包括DC/DC变流器和蓄电池两种，得到110VDC和24VDC电源，给列车控制、通信系统及应急负载供电。

3）列车控制系统

以列车运行自动控制为核心的城市轨道交通车辆控制系统，能够对列车主要设备的运行和故障状态，进行信息采集、记录和显示，是保障列车运行安全、提高运输效率、提供舒适服务的重要技术装备。

列车控制系统主要包括列车牵引控制单元、制动控制单元、空调控制单元、照明控制单元、车门控制单元、车钩监控单元等。

**7. 内部设施**

车辆内部设施可分为服务于乘客的车内附属装置和服务于车辆运行的设备装置。司机室内主要有司机台、司机座椅及司机室门。客室设有车门、车窗、座椅、扶手栏杆及消防设施（灭火器和安全锤等）。车辆灯光包括指示灯和照明灯两类，指示灯包括车辆运行状态指示灯和车门开闭状态指示灯，照明灯包括列车运行照明灯和客室照明灯。乘客信息系统主要分为列车广播系统、列车视频监视系统和乘客信息显示系统，是集乘客广播、视频播放、动态地图显示及视频监控的综合信息平台。

## 4.1.3 车辆技术参数

通过性能参数和主要尺寸两部分参数，从总体上对车辆性能及结构进行表征。

**1. 主要技术参数**

自重：车辆本身结构及设备组成的全部质量，即空车状态下(不载客)车辆的总质量。

载重：正常情况下车辆允许的最大装载质量。一般地铁车辆载重为 20~25 t。

最高运行速度：车辆设计时按照安全及结构强度等条件，所决定的车辆最高运行速度，并要求连续以该速度运行时车辆具有足够良好的运行性能。

每延米轨道载重：是车辆设计中与桥梁、线路强度密切相关的一个指标，同时又是能否充分利用站线长度、提高运输能力的一个指标，其数值是车辆总质量与车辆全长之比。

通过最小曲线半径：车辆在站场或厂、段内调车时所能安全通过的最小曲线半径。

轴列式：用数字或字母表示车轴排列布置方式，以说明车辆走行部结构特点。英文字母表示动轴数(B——两根动轴，C——三根动轴等)，数字表示从轴数。如 4 轴动车，设两台动力转向架，则轴配置记为 B – B；若是 6 轴单铰轻轨车，两端为动力转向架，中间为非动力铰接转向架，其轴配置记为 B – 2 – B。

轴重：列车质量与轴数之比。

制动形式：车辆获得制动力的方式，有摩擦制动、再生制动、电阻制动及磁轨制动等。

列车平稳指标：评定乘客舒适程度的主要依据，反映车辆振动对人体感受的影响，通常采用斯佩林(Sperling)平稳性指数 $W$，$W$ 值越大，车辆的平稳性越差，一般要求小于 2.7。其计算公式为：

$$W = 0.896 \sqrt[10]{\frac{a^3}{f} F(f)} \qquad (4-1)$$

式中：$a$ 为振动加速度，$cm/s^2$；$f$ 为振动频率，$Hz$；$F(f)$ 为与频率有关的修正函数，反映人体对不同方向和频率振动的敏感度。

启动平均加速度：在平直线路上，额定定员载荷条件下，列车启动过程中单位时间内速度的增加量，单位是 $m/s^2$。

制动平均加速度：在平直线路上，额定定员载荷条件下，列车制动过程中单位时间内速度的减少量，单位是 $m/s^2$。

冲击率：由于工况改变引起的列车各车辆所受到的纵向冲击，以加深对变化率来衡量。要求城市轨道车辆的纵向冲击率不得超过 $1m/s^3$。

转向架安全性指标：反映转向架运行平稳、稳定和过弯性能的指标，通常包括脱轨系数、倾覆系数、轮重减载率等。

**2. 车辆主要尺寸**

车辆长度：车辆处于自由状态，车钩呈锁闭状态时，两端钩舌内侧之间的距离。

车辆最大宽度：车体横断面上最宽部分的尺寸。

车辆最大高度：车辆顶部最高点与钢轨顶面之间的距离。通常还需说明与最高点相关的结构，如有无空调，受电弓的状态等。

车辆定距：同一车辆的两转向架回转中心之间的距离。

固定轴距：同一转向架的两车轴中心线之间的距离。

车钩高：车钩连接面中点至轨面的高度，取新造或修竣后空车的数值。列车中各车辆的车钩高基本一致，才能保证车辆正确连挂和列车运行平稳。各城市车钩高不尽相同。

地板面高度：车辆地板面与钢轨顶面之间的距离，取新造或修竣后空车的数值。

3 种车型的主要技术规格见表 4 – 1。

表 4 – 1　3 种车型主要技术指标

| 序号 | 项目名称 | | A 型车 4 轴车 | B 型车 4 轴车 | C 型车 4 轴车 | C 型车 6 轴车 | C 型车 8 轴车 |
|---|---|---|---|---|---|---|---|
| 1 | 车辆基本长度(m) | | 22 | 19 | 18.9 | 22.3 | 29.5 |
| 2 | 车辆基本宽度(m) | | 3 | 2.8 | 2.6 | | |
| 3 | 车辆高度 (m) | 受流器(m)(空调/无空调) | 3.8/3.6 | 3.8/3.6 | 3.7/3.25 | | |
| | | 受电弓(m)(落弓高度) | 3.8 | 3.8 | 3.7 | | |
| | | 受电弓工作高度(m) | 3.9 ~ 5.6 | | | | |
| 4 | 车内净高(m) | | 2.10 ~ 2.15 | | | | |
| 5 | 地板面高(m) | | 1.1 | | 0.95 | | |
| 6 | 车辆定距(m) | | 15.7 | 12.6 | 11 | 7.2 | |
| 7 | 固定轴距(m) | | 2.2 ~ 2.5 | 2.1 ~ 2.2 | 1.8 ~ 1.9 | | |
| 8 | 车轮直径(mm) | | Φ840 | | Φ760 | | |
| 9 | 每侧车门数(个) | | 5 | 4 | 4 | 4 | 5 |
| 10 | 车门宽度(m) | | ≥1.3 | | | | |
| 11 | 车门高度(m) | | ≥1.8 | | | | |
| 12 | 定员人数 (人) | 单司机室 | 295 | 230 | 200 | 240 | 315 |
| | | 无司机室 | 310 | 245 | 210 | 250 | 325 |
| 13 | 车辆轴重(t) | | ≤16 | ≤14 | ≤11 | | |
| 14 | 站立人员标准 (人/m²) | 定员 | 6 | | | | |
| | | 超员 | 9 | | | | |
| 15 | 最高运行速度(km/h) | | ≥80 | | ≥70 | | |
| 16 | 启动平均加速度(m/s²) | | ≥0.9 | | ≥0.85 | | |
| 17 | 常用制动减速度(m/s²) | | 1.0 | | 1.1 | | |
| 18 | 紧急制动减速度(m/s²) | | 1.2 | | 1.3 | | |
| 19 | 噪声 [dB(A)] | 司机室内 | ≤80 | | ≤70 | | |
| | | 客室内 | ≤83 | | ≤75 | | |
| | | 车外 | 80 ~ 85(站台) | | ≤82 | | |

### 4.1.4　车辆编组

#### 1. 车辆编组的原则

车辆编组是指按照预期的目的，将各独立的车辆连接起来，成为一个运行体。

车辆编组需考虑线路坡度、运营密度、站间距离、舒适度、安全可靠性、工程投资、客流大小等因素。城市轨道交通的规模取决于高峰时刻小时客运量，而小时客运量取决于编组列车的载客量及行车间隔。

确定车辆编组的主要原则：必须满足单向高峰小时断面客流量的需要。兼顾信号系统设备所能达到的行车间隔。充分超员载客量，既能满足高峰时的运输需要，又使平时车辆满载率提高，达到节能并降低运营成本的目的。考虑编组对初、近、远期客流变化的适应能力，随着设计年度逐步增加编组数量。对不同的车辆编组方案所需的运用列车数量进行经济比较，合理选择。

#### 2. 车辆编组方式

由于城市、线路以及时期不同而导致客流量差异，车辆编组并不完全一致。根据列车编组中动车与拖车的数量，可分为全动车编组和动拖混编两类方式。

全动车编组列车具有摘编方便、编组灵活、动力及制动性能好等优点，可以发挥再生制动或电阻制动的作用，有利于提高列车运行速度和效率，但投资相对较高。

动拖混编列车是以满足客运组织要求为前提，可以有效节省投资，降低运行和维修费用。目前，我国各城市的地铁编组方法都不尽相同，但大都采用动拖混编方式。列车编组数量 2～10 辆均有，6 辆编组常采用"四动两拖"或"三动加三拖"方式。

在编组方式中，M 表示动车，T 表示拖车，c 表示带有司机室，p 表示带有受电弓；"＋"代表全自动车钩，"－"代表半永久牵引杆，"＝"代表半自动车钩。车辆编组主要包括列车中动车与拖车的分布形式，以及车辆之间的连接方式。

如北京地铁 4 号线的列车编组为：＋Tc－Mp－M－T－Mp－Tc＋，由 3 个单元车组成；杭州地铁 1 号线、深圳地铁 3 号线等列车编组为：＋Tc－Mp－M＝M－Mp－Tc＋，由两个单元车组成，每一单元车为二动一拖；北京地铁八通线原来的 4 辆编组为：＋Mc－Tp＝T－Mc＋，共两个动力单元，每一单元车为一动一拖。

列车并非一定是偶数编组，主要取决于城市及其线路的近远期客流量大小。如苏州地铁 1 号线、2 号线，无锡地铁 1 号线均采用 5 辆编组，编组方式为：＋Tc－Mp－M－Mp－Tc＋。

随着城市的发展，在既有线路不能满足客运能力的需要时，亦存在扩编问题。如北京地铁八通线的"4 改 6"，上海地铁 1 号线的"6 改 8"。A 为动车，一端设有司机室；B 为动车，车顶装有受电弓；C 也为动车，车下装有一套空气压缩机。如上海地铁 1 号线 6 辆编组方式为：＋A－B－C＝C－B－A＋，而扩编的 8 辆编组方式为：＋A＝B－C＝B1－C1＝C－B＝A＋，是在原来的基础上增加一个 B－C 单元，并将各单元之间以半自动车钩进行连接。上述编组中的 A、B、C 是深圳、广州地铁编组采用的标称方式。

## 4.2　车站机电设备

城市轨道交通车站是机电设备集聚的场所，包括通风空调系统、火灾防护系统、给排水系统、导向系统、综合监控系统、自动售检票系统及维修养护设备等。车站机电设备是轨道交通安全运营维护的重要保障，也是实现乘客安全、便捷、舒适进出站与换乘的重要保障。

## 4.2.1　环境控制系统

### 1. 环境控制系统的功能

城市轨道交通环境控制系统又称为通风空调系统，主要是对车站内（特别是地铁地下车站）的温度、湿度、气流组织、空气流速、噪声及清洁度等进行人工调节，维持满足一定要求的空气环境，在火灾等紧急情况下保障乘客及工作人员的安全。在列车正常运行、列车阻塞和紧急情况3种运行模式下，环境控制系统的功能主要为：

（1）正常运行情况下，调节车站站厅、站台、隧道设备及管理用房空气环境，包括空气湿度、温度和空气质量，对新、回风中粉尘和有害物质及二氧化碳进行过滤和处理，为乘客创造一个往返于地面至地铁列车内舒适的过渡性环境。

（2）列车阻塞在区间隧道内时，确保隧道内空气流通，向阻塞区间提供一定的送排风量，保证列车空调的继续运行。

（3）列车在区间隧道或车站内发生火灾事故时，提供有效的排烟，并向乘客和消防人员提供必要的新风量，形成一定的迎面风速，诱导乘客安全撤离。

（4）对车站内各种设备管理用房按照工艺和功能要求，提供空调或通风换气，公共区排风系统兼容排烟。

### 2. 环境控制系统的分类

地下车站环境控制系统一般分为开式系统、闭式系统和屏蔽门系统。

（1）开式系统：应用机械通风或列车在隧道中高速行驶的活塞效应产生强迫气流阵风，使地铁内部与外界交换空气，利用外界空气冷却车站和隧道。一般设置活塞通风与机械通风的联合系统。该系统多用于当地最热月平均温度低于25℃，且运量较小的地铁系统。

（2）闭式系统：地铁内部基本上与外界大气隔断，车站内通过风机和空调系统提供所需最小量的新鲜空气，区间隧道的冷却则利用列车活塞效应携带部分车站空调冷风来实现。在冬季或车站外部空气温度低于空调送风温度时，则按开式系统运行。该系统需要冷却量大，环境控制机房面积及设备投入较大，多用于当地最热月平均温度高，且运量较大的地铁系统。

（3）屏蔽门系统：在车站站台与行车隧道间安装屏蔽门，车站安装空调系统，隧道采用机械通风、活塞通风或两者兼用。屏蔽门系统的车站空调冷负荷仅为闭式系统的22%～28%，而且减少了列车运行噪声对车站影响，提高了车站环境的安全与舒适性。

### 3. 环境控制系统的组成

1）空调通风系统

通风系统指空调通风系统，包括空调机、风机、风阀与风管路（风道）设备，可分为隧道通风系统、车站空调通风大系统、车站空调通风小系统。

隧道通风系统：分为区间隧道通风系统（兼排烟）和车站区间排热系统。区间隧道通风系统一般布置在车站两端，设置活塞风道和隧道风机、风阀、消声器。隧道风机可放置在活塞风道内，通常还设置射流风机等辅助通风设备。典型区间隧道通风系统（见图4-7），车站区间排热系统由排热风机、车轨上部及站台下部的排热风道组成，将停站时列车空调冷凝器和制动装置散发的热量直接排至地面。火灾时，开启屏蔽门，排热风机可进行排烟。地铁车站空调通风布置及断面气流如图4-8所示。

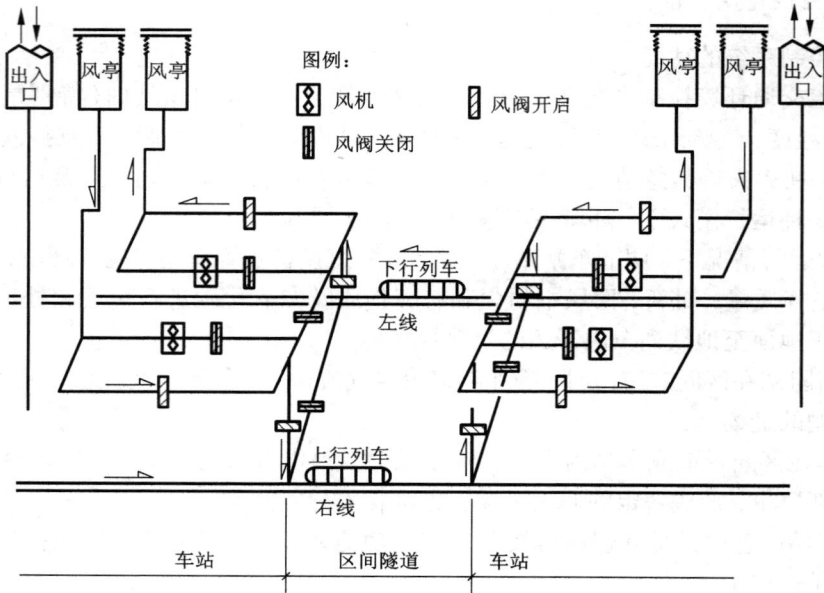

图4-7 典型区间隧道通风系统

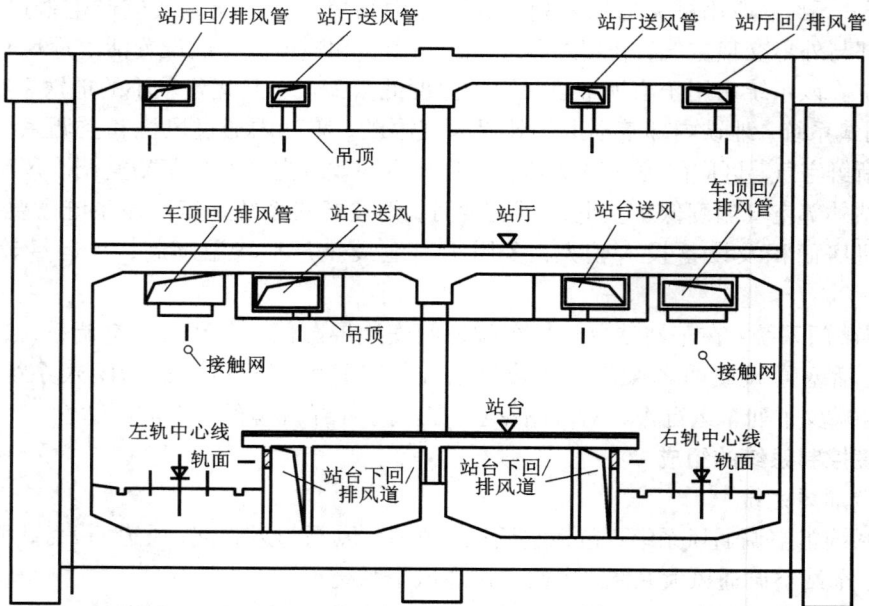

图4-8 地铁车站空调通风布置及断面气流

车站空调通风大系统：指车站站厅和站台公共区制冷空调及通风(兼排烟)系统，通常采用集中式全空气系统,由组合式空调机、回/排风机、新风机、排烟风机及各种风阀和防火阀等组成。

车站空调通风小系统:指车站管理及设备用房空调通风(兼排烟)系统,可采用局部集中式全空气系统、局部风机盘管系统或小型空调机等多种系统。

地铁环境控制系统的组成和布置方式,因车站本身建筑环境和设置条件不同而不同。某地铁车站屏蔽门空调系统如图 4-9 所示。

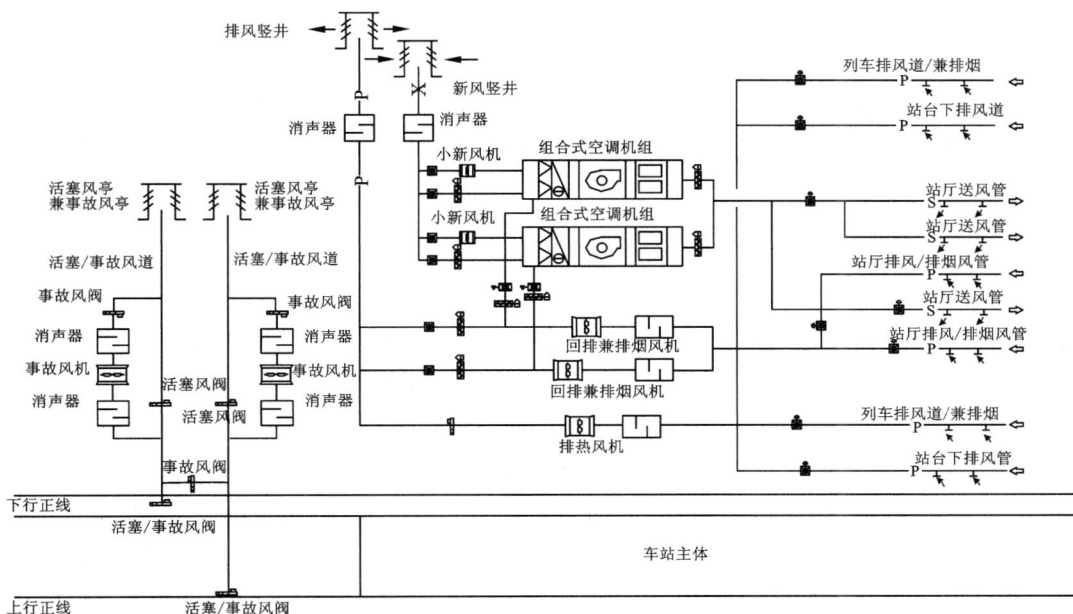

说明:1. 该系统图为左侧图,右侧与左侧对称布置
　　　2. 图面仅标示了主要设备,其余设备及阀件请参见图例

**图 4-9　地铁车站屏蔽门空调系统原理图**

2)车站空调水系统

车站空调水系统指各站为供给车站空调通风大、小系统所设置的制冷系统,由冷水机组、冷却塔、水泵、水阀及管路等组成。冷水机组集中设置在车站一端制冷机房内。

**3. 环境控制系统的工况**

1)车站空调通风大系统

空调运行:主要在夏季,站台、站厅的温、湿度大于设定值时,启动空调系统输送冷风。通过送、回风的温、湿度变化,调节新风与回风比例及空调冷水量。

全新风运行:主要在春秋季,当室外空气的焓低于站内空气的焓时,启动全新风风机将室外新风送入车站。

事故运行:当站厅层发生火灾时,关闭站台层送风系统及站厅层回/排风系统,启动全新风风机向站厅送风,由站台层回/排风系统将烟雾经风井直接排向地面。

2)车站空调通风小系统

为提高车站管理及设备用房的空调通风效果,一般采用分体式空调机组,同时设置机械送排风系统，提供新风和其他季节的通风换气。还要对车站降压变电所、环控机房、车站出入口等地方采用机械送排风措施。

3）区间隧道通风系统

正常运行：利用列车活塞效应，从车站一端风井引入新风，经过区间隧道由下一站风井排风。列车停靠站时，列车下部的制动发热量和顶部空调冷凝器发热量，由站台排热通风系统排放。

堵塞运行：当列车因故滞留在区间隧道时，为使列车空调器正常运转，关闭列车后方事故机房内的旁通风门，事故风机为区间隧道内送入新风，前方事故风机将区间隧道内的空气排至地面。

事故运行：当列车在区间隧道内发生火灾时，区间隧道一端的事故风机向火灾区间送风，另一端事故风机将烟雾经风井排至地面。乘客疏散方向必须与通风气流方向相反，使疏散区处于新风区。

## 4.2.2　安全防护系统

### 1. 灾害特点

城市轨道交通系统是一个独立、封闭的复杂系统，一旦发生灾害事故就会造成比较严重的后果。因此，城市轨道交通系统的安全防护具有尤其重要的意义。

城市轨道交通中可能发生灾害分为自然灾害和人为灾害两类。自然灾害主要有气象灾害（暴雨、洪涝、台风、冰雪、雷击等）、地震灾害及地质灾害（泥石流、滑坡等）。人为灾害主要有战争灾害、运营事故、交通事故、工程事故、火灾、泄毒、化学爆炸等。

从世界地铁 100 多年的经验教训看，地铁灾害中火灾发生频率最高，造成损失最大。由于隧道的相对封闭性，地铁一旦发生火灾，排烟困难，散热慢，氧含量急剧下降，火情探测和扑救困难，人员疏散困难，后果也会很严重。因此，城市轨道交通中安全防护系统大都以防火为主，设有火灾报警系统（FAS），配有相应的灭火装置。

### 2. 环境与设备监控系统

为了满足轨道交通的运营要求，在车站设置了保障正常运营的照明、通风空调、给排水、屏蔽门、自动扶梯等机电设备。同时，为满足在紧急状态的报警、乘客疏散、救灾等要求，在轨道交通车站还设置了火灾报警系统、水消防系统、气体灭火系统、防排烟系统、防烟设备等。为了实施这些系统和设备相互间的有序联动控制和监视，在轨道交通线上设置了环境与设备监控系统（BAS），形成一个强大的轨道交通运营安全保障系统。

环境与设备监控系统是对城市轨道交通建筑物内的环境与空气条件、通风、给排水、照明、乘客导向、自动扶梯及电梯、屏蔽门、防淹门等建筑设备和系统，进行集中监视、控制和管理的系统。BAS 具有 4 个方面的基本功能：

（1）机电设备监控。具有中央和车站二级监控功能。BAS 控制命令能分别从中央工作站、车站工作站和车站紧急控制盘，人工发布或由程序自动判定执行，并具有越级控制功能及各种控制手段。

（2）执行防灾及阻塞模式功能。接收 FAS 系统车站火灾信息，执行车站防烟、排烟模式；接收列车区间停车位置信号，根据列车火灾部位信息，执行隧道防排烟模式；接收列车区间阻塞信息，执行阻塞通风模式；监控车站逃生指示系统和应急照明系统；监视各排水泵房危险水位。

（3）环境监控与节能运行管理功能。通过对环境参数的检测，对能耗进行统计分析，控制通风、空调设备优化运行，通过地铁整体环境的舒适度，降低能源消耗。

（4）环境和设备管理功能。对车站环境等参数进行统计；对设备的运行状况进行统计，据此优化设备的运行，实施维护管理趋势预告，提高设备管理效率。

### 3. 火灾报警系统

FAS是城市轨道交通系统防火救灾工作的自动化管理系统，主要由探测器、控制器及信号线组成，可以实现火灾报警、灾情监视及消防设备的联动控制。

FAS系统设控制中心级和车站级两级监控管理方式。控制中心级进行集中监视和管理，负责监视全线防灾设备运行状态、接收报警信号、发布救灾指令等。车站级通过各种探测器、感温电缆、监视模块、手动报警器、破玻按钮、警铃、火灾报警控制器及全线网络设备，对车站、区间隧道、行车调度指挥中心、车辆基地、变电所等与运营有关的建筑和设施，实施全方位的实时监控，及时与指挥中心联络，并接收中心防灾指令，控制设备。

### 4. 事故通风与排烟系统

地下车站及区间隧道应设有完整的火灾事故通风和排烟系统，飞机、风阀等设备纳入BAS监控管理。火灾时由FAS下达预定救灾运行模式指令，BAS接受并优先执行。区间通风排烟应由相邻车站设备配合实现，并由控制中心实施监控。

### 5. 消防给水系统

消防给水系统包括消火栓给水系统和自动喷淋灭火系统。消防水源采用城市自来水，当自来水供水压力不能满足消防要求时，地下车站应设消防增压泵。

消火栓灭火系统主要设置在车站管理用房、站厅层、站台层、出入口、车站和区间风道内。自动喷淋灭火系统主要设置在车站的票务室、易燃库房、备品库及商业区。

根据国外经验，在车站公共区一般不设自动喷淋系统，以免地滑而影响疏散速度，但可考虑在车站公共区的两头一定范围内设置自动喷淋系统，因为这些区域往往是零售点、书报摊等易燃物集中所在地。

### 6. 防灾通信系统

防灾通信系统主要包括调度电话系统、广播系统、闭路电视监视系统、无线通信系统、列车无线电话系统及公务电话系统。

### 7. 安全门系统

设置安全门后，车站与轨道空间处于隔断状态，只有列车停靠站台时，安全门与列车门同时开启，提高了乘车的安全性及运营可靠性。安全门可大大降低事故发生时乘客因客流拥挤或因其他原因导致跌落轨道的危险。

### 8. 疏散预备照明

在站厅层、站台层、自动扶梯、楼梯进出口、换乘通道及通道转弯处、交叉口以及应急出口等处，需设置乘客疏散标志。

在站厅层、站台层、自动扶梯、风道、电梯及楼梯口、控制室、设备用房和配电房等地，需设置备用照明灯。

### 9. 其他安全防护措施

1）建筑防火措施

　　城市轨道交通控制中心、车站值班室或控制室、变电所、配电室、通信及信号机房、通风和空调机房、消防泵房、防火剂钢瓶室等重要设备用房，应采用耐火极限不低于 3 h 的隔墙和耐火极限不低于 2 h 的楼板与其他部位隔开。

　　车站的站台、站厅、出入口楼梯、疏散通道、封闭楼梯间等乘客集散部位，车站控制室、变电所、配电室、通信及信号机房等重要设备用房，其墙、地面及顶面的装修应采用非可燃材料。不得在车站建筑中使用燃烧后会产生有毒和刺激性气体及大量烟雾的材料。

　　车站应采用防火分隔物划分防火分区，每一个防火分区安全出入口不应少于两个，并应有一个出口直通安全区域。此外，防火墙、防火门、疏散通道等重要设施需符合相关要求。

　　2）供电设备防火措施

　　各级供电设备应有完善的保护电路及必要的报警信号，根据不同电气设备设置相应的保护装置，如过电流保护、短时短路保护、漏电保护、防雷接地装置等。

　　电力电缆应选用阻燃电缆，火灾时仍需运行的设备应选用耐火电线电缆。电缆敷设须有防护措施，必要时应进行防火分隔和隔离处理。

　　3）应急预案

　　应根据实际运营情况，制订重大灾害事故及反恐应急预案，建立应急救援组织，配备救援器材设备。

## 4.2.3　屏蔽门与门禁系统

### 1.屏蔽门系统

1）类型和作用

　　屏蔽门系统是 20 世纪 80 年代出现的，应用在城市轨道交通中的一种安全装置。它设置于地铁站台边缘，将列车与地铁站台候车区域隔离开来，在列车到达和出发时可自动开启和关闭，为乘客营造了一个安全、舒适的候车环境。同时，它是环境控制系统气流组织的一个不可缺的物理屏障，也是事故工况气流导向的重要组成部分。

　　屏蔽门主要有全封闭和半封闭两种类型：

　　（1）全封闭式屏蔽门。它是一道自上而下的玻璃隔离墙和活动门，沿着车站站台边缘和两端头设置，能把站台候车区与列车进站停靠区完全隔离。其主要功能是增加安全性、节约能耗以及降低噪音等。

　　（2）半封闭式屏蔽门。它是一道上不封顶的玻璃隔离墙和活动门或不锈钢篦笆门。与全封闭式相比，造价低，结构简单，高度低，空气可以通过屏蔽门上部流通。它主要是起一种隔离的作用，提高站台候车乘客的安全，同时起到一定的降噪作用。

　　2）组成

　　屏蔽门系统是由门体结构、门机系统、电源系统和控制系统组成。

　　门体结构包括钢架、顶盒、门体、下部支撑结构。门体玻璃为钢化安全玻璃或钢化夹层玻璃，门体外露材料一般采用铝合金或不锈钢。门体种类包括固定门、活动门、应急门、端门。

　　固定门：用于隔断站台和轨道，有整体式和拼装式两种。

　　活动门：为正常运营时乘客上、下车的通道，与列车客室门和司机室门一一对应，开门方式采用中分双开式。

应急门：是紧急情况下故障列车进站后，列车门与活动门不对应时，乘客进出站台的疏散通道。应急门由固定门兼作，设置手动解锁装置，站台侧由工作人员用钥匙开启，轨道侧由乘客手动开启。

端门：设置在站台两端屏蔽门与站台设备房外墙之间，用于车站工作人员在站台和轨道之间进出，同时兼作紧急情况下疏散客车的要求。

门机系统设在站台侧，由电机、传动装置、减速器和锁紧装置组成。其功能是满足正常、非正常及应急情况下开、关、锁定活动门。

电源系统包括门机驱动电源和控制电源两种，分别为活动门驱动和屏蔽门控制系统提供电源。屏蔽门应配有不间断电源(UPS)和蓄电池，作为事故停电时的备用电源。

控制系统主要是与信号系统进行信息交换，对屏蔽门系统开门、关门进行控制，保证与列车车门动作同步。控制系统包括中央控制盘(PSC)、就地控制盘(PSL)、门控单元(DCU)和就地控制盒(LCB)、控制局域网、软件、安全继电器回路、监视报警装置及通信设备等。

3）控制模式

屏蔽门系统分为系统级控制、站台级控制、就地级控制3种正常控制模式和火灾控制模式。控制优先级从高到低依次为：就地级控制模式、火灾控制模式、站台级控制模式、系统级控制模式。

正常运行时，采用系统级控制模式，信号系统为屏蔽门系统提供开门、关门信号，屏蔽门系统在司机室操作，执行信号系统命令模式。信号系统发生故障时，采用站台级控制模式，执行站台操作盘发出的命令模式。控制系统故障时，采用就地级控制模式，站务人员可在站台侧用钥匙或乘客在轨道侧手动开门。

在火灾控制模式下，站务人员在车站控制室操作消防联动盘，操作屏蔽门紧急控制开关，配合打开活动门，疏散乘客并配合环境控制系统排烟。

屏蔽门还具有障碍物探测功能和故障信息采集与报警功能。在屏蔽门关闭过程中，通过机械探测和观点探测方式，探测障碍物，以免夹伤乘客。PSC及DCU可以对门机故障、电源故障和网络通信故障信号，进行采集和报警，并与车站机电设备监控系统或主控系统之间设有通信接口，传递屏蔽门系统运行状态和故障诊断信息。

**2. 门禁系统**

门禁系统由设置在控制中心的中央级门禁管理系统，设置在车站、停车场、车辆段、控制中心大楼的车站级门禁管理层、现场设备层及通信网络组成。主变电所门禁设备以总线方式接入相邻车站管理级。中央管理级与车站管理级通过TCP/IP以太网通道连接，车站管理级与现场设备间通过现场总线环网方式连接。

门禁系统主要功能有智能网络功能、系统模块化功能、多种卡格式支持功能及状态报警监控、闭路电视监控系统联动、考勤等功能。当发生火灾时，系统会自动接收消防信号，打开所有门禁，便于疏散人员离开。当门禁报警时，在轨道交通设备管理区通道处门禁设备联动控制通信专业设置的电视监测设备，自动调出报警区域图像信息并存储。

## 4.2.4　售检票系统

### 1. 自动售检票系统结构

自动售检票系统(automatic fare collection，简称AFC)是城市轨道交通系统中的运营核心子系统，是基于计算机、通信、网络、自动控制等技术，使用智能 IC 卡作为支付工具，实现轨道交通售票、检票、计费、收费、统计、清分、管理等全过程的自动化系统。

自 1967 年世界第一套 AFC 系统在巴黎地铁成功启用以来，其技术与设备已相当成熟，成为城市轨道交通运行中普遍应用的现代化联网收费系统。AFC 系统的应用，在提高运行效率、增加经济效益、加强安全管理、提供运营信息等方面，发挥了重要作用。

AFC 系统结构分为车票、车站终端设备、车站计算机系统、线路中央计算机系统、清分中心 5 个层次（见图 4-10），是按照全封闭运行方式，根据各层次设备和子系统的功能、管理职能和所处的位置进行划分的。

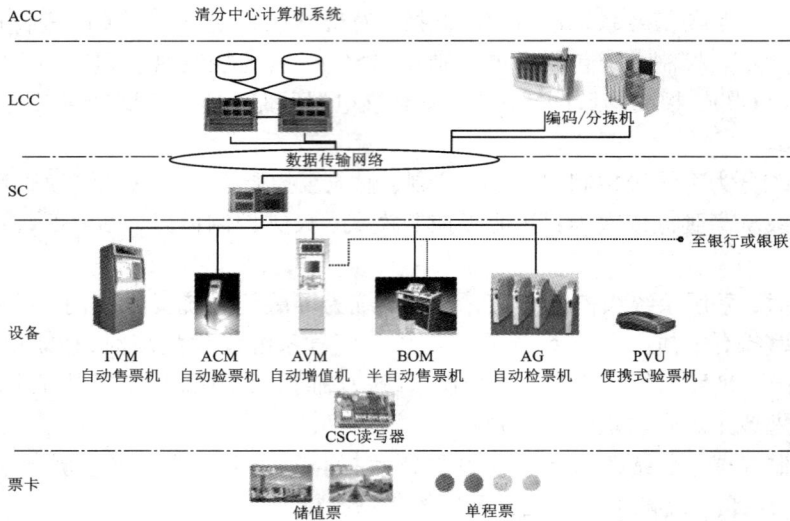

**图 4-10 轨道交通自动售检票系统结构**

各层次必须实现如下功能和要求：

1）车票

车票是乘客乘车的有效凭证、车费支付媒介，是信息交换与计费媒介。车票也是乘客乘车信息的移动载体，记载了乘客完整行程的时间、费用、乘车区间等信息，与车站售检票终端设备共同完成自动售票检票功能。

城市轨道交通常用的车票有单程票、公共交通卡、手机钱包、储值票、纪念票、赠票、员工票、测试票等。

我国将非接触式 IC 卡列为城市轨道交通的车票介质，车票可以封装成卡片、筹码或其他形式。非接触式 IC 卡将射频接口电路和感应天线集成到 IC 卡芯片中，通过无线方式传输能量和数据，信息储存量大，数据读取、修改、储存方便。

2）车站终端设备 ST（station terminal）

AFC 系统的服务功能主要是通过设置在车站现场的自动售检票设备来进行完成的，车站终端设备是安装在各车站的站厅，直接为乘客提供售检票服务的设备。按应用分类，车站终端设备主要包括自动售票机 TVM（ticket vending machine）、半自动售票机 BOM（booking office machine）、自动增值机 AVM(automatic vending machine)、自动检票机 AG(automatic gate)、便携式验票机 PCA(portable card analyzer)等。

车站终端设备接受中央控制系统和车站控制系统的管理,按照写参数设置的方式上传票款交易数据、设备状态数据,接收运营参数和控制指令。根据需要在正常运营模式和降级运营模式下工作。

3)车站计算机系统 SC(station computer)

SC 系统安装在各车站的车控室内,由车站监控计算机、车站网络计算机、监视器、紧急控制系统、网络系统及不间断稳压电源所组成。

SC 系统负责对本车站内部的所有设备进行实时监控,并可对车站 AFC 系统运营、票务、收益以及维修等功能进行集中管理。

SC 系统能够收集、处理车站内各类数据,并上传到线路中央计算机;接收线路中央计算机下传的各类系统参数,并下载到各车站设备;可接收线路中央计算机下达系统各类命令,并下传到各车站设备;同时,可根据系统运作时间表,自行向车站设备下达控制命令,并将该操作记录上传到线路中央计算机。

4)线路中央计算机系统 LCC(line central computer system)

LCC 系统设备安装在线路控制中心内,是 AFC 系统的管理控制中心。其主要功能是采集本线路 AFC 系统产生的交易数据、设备状态数据和其他运营数据,监视全线路的运行状态,并将此数据传送给城市轨道交通清分系统,以及与其进行对账,根据需要向车站或终端设备下达运营参数和设备控制指令。

在实际应用中,LCC 系统主要由结算系统、线路运营管理系统、数据交换系统、报表管理系统、网络管理系统、网络设备及各部门操作工作站(包括票务管理、财务管理、计划管理、审核管理等终端工作站)、打印机等组成。

5)清分中心 ACC(FAC central clearing)

ACC 作为城市轨道交通线网 AFC 系统最上层的管理中心,它代表所有城市轨道交通线路负责向其他部门和单位进行票务事宜的联系和协调工作。ACC 主要由中央清算系统、制票系统、密钥系统、运营管理系统、数据交换系统、报表管理系统、不间断电源系统、网络管理系统、系统维护与开发系统、测试系统等组成。

ACC 实现轨道交通内部各线路之间的账务清分,以及轨道交通与城市公共交通"一卡通"之间的清分、车票管理、票务管理、账务管理、换乘清分规则的制订和发布、各类基础业务数据的管理、与各线路的账务结算、路网运营情况监控(客流情况、车票调配、运营模式等)、系统实时监控(清分系统主要计算机设备、网络设备的运行情况)以及向外部系统提供客流在不同时间断面、路网区域的数据信息等。

**2. 车站终端设备**

1)自动售票机

TVM 主要用于乘客自助式购买轨道交通单程票及对轨道交通储值票进行充值操作,同时通过车站局域网与车站计算机连接,接收有关参数及控制命令,上传有关的交易、现金、钱箱更换、票箱更换及设备状态等数据。

TVM 功能主要有通信功能、显示功能、收费功能、购票功能、票务和财务审计记录功能、钱箱和票箱管理功能、自诊断功能及安全功能等。

TVM 主要组成包括主控单元(工业计算机)、硬币处理单元、纸币处理单元、纸币找零单元、票卡处理单元、乘客显示器、运行状态显示器、车票读写器及天线、维护终端、打印机、电源模块(含 UPS)及其他辅助单元。

TVM 设备可以根据运营要求进行模式设定,包括有找零/无找零模式、只收硬币模式、只收纸币模式、维修模式、暂停服务模式、关闭服务模式等。

2)半自动售/补票机(BOM/EFO)

半自动售/补票机用于现场工作人员辅助完成车票发售/赋值、车票加值、验票、退款、车票交易查询机检验,解决票务纠纷等。

半自动售/补票机通常由工业计算机、操作显示器、乘客显示器、票卡发送装置、读写器与天线、打印机、键盘、鼠标、电源模块及支持软件等组成。具备通信、显示、车票充值、车票发售、车票分析、票务处理、票据打印、统计、自诊断及安全等功能。

3)自动检票机

AGM 包括进闸机、出闸机、双向闸机,自动检票机设在公共区付费区和非付费区的分隔带上。自动检票机满足乘客右手持票快速通过闸机,同时通过车站局域网与车站计算机连接,接收有关参数及控制命令,同时上传有关的交易、班次及设备状态等数据。在时段客流方向明显的车站,如果站厅面积狭窄,可根据实际情况设置可调的双向闸机。

AGM 按照功能可分为进站检票机、出站检票机和双向检票机三种,按照通道宽度可分为普通检票机(500 mm)和宽通道检票机(900 mm)两种,按照通道阻挡装置可分为三杆检票机、门式检票机两种。

AGM 主要由主控单元(工业计算机)、乘客显示器、方向指示器、警示灯及蜂鸣器、读写器及天线、通道阻挡装置、乘客通行传感器、检票机控制单元、票卡传送/回收装置、维修键盘/移动维护终端接口、电源模块、机身和支持软件等组成。

AGM 工作状态由联网运行状态、单机独立运行状态、关闭状态、故障状态和维护状态(测试模式)。除正常模式外,AGM 在降级运营模式下有日期忽略、进/出站忽略、超程忽略、时间忽略、列车故障、紧急放行等工作模式。

## 4.2.5　电梯与自动扶梯系统

电梯与自动扶梯是城市轨道交通站台、站厅、地面间运送客流的主要设备,对于及时疏散客流起着至关重要的作用。此外,车站内还设置残疾人液压梯、楼梯升降机等。

### 1.电梯

电梯是垂直运行的交通工具,是轨道交通车站无障碍设施的重要部分,主要为残疾人及其他行动不便的乘客服务,兼作设备更换维修时运输设备零部件,也提高了车站的疏散能力。

由于地铁车站很难在电梯井道顶部设置机房,以往多选用液压电梯。液压电梯故障率高,维修量大,而且在车站内必须设置机房,不利于车站减小规模。近年来,客货两用无机房曳引电梯在轨道交通中得到广泛应用。

电梯主要由曳引、导向、轿厢、门系统、重量平衡系统、电力拖动系统、电气控制系统和安全保护系统组成。

曳引系统的功能是输出与传递动力,主要由曳引钢丝绳、导向轮、反绳轮组成。

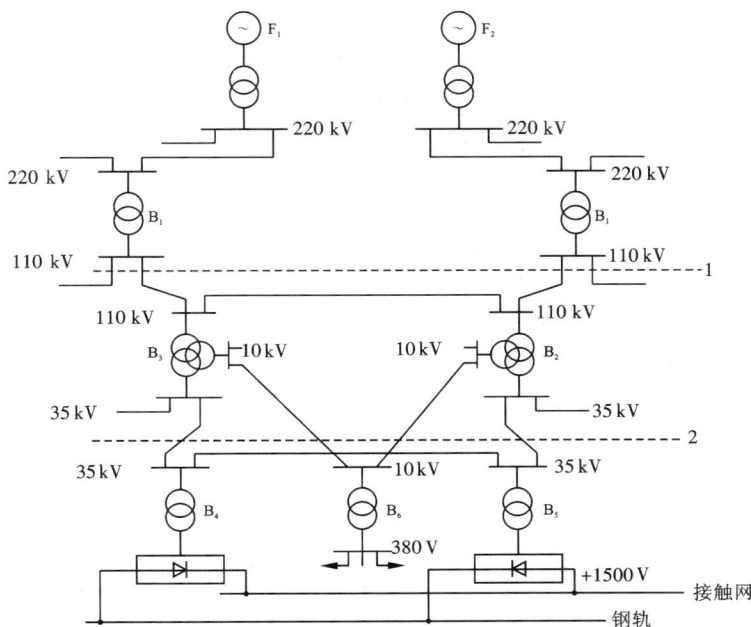

**图 4-11 城市轨道交通供电系统示意图**

$F_1$、$F_2$—城市电网发电厂 $B_1$、$B_2$、$B_3$—城市电网区域变电所 $B_4$、$B_5$—牵引变电所 $B_6$—降压变电所

交通牵引供电系统和动力照明配电系统供电。主变电所一般沿轨道线路靠近车站的位置建设。

（2）中压供电网络。纵向把主变电所和牵引变电所、降压变电所连接起来，横向把全线的各个牵引变电所、降压变电所连接起来，一般采用环网供电方式。中压供电网络根据功能可分为牵引网络（专为牵引变电所供电）和供配电网络（专为降压变电所供电）。

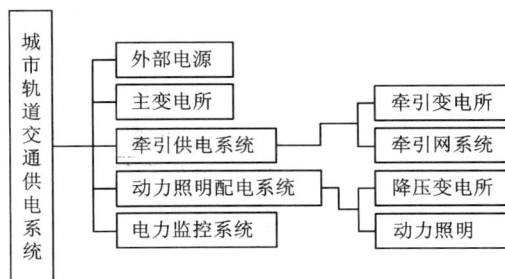

**图 4-12 城市轨道交通供电系统的组成**

（3）牵引供电系统。专为轨道交通车辆供电，包括牵引变电所和沿线敷设的牵引网。牵引网由馈电线、接触网、轨道回路及回流线组成。

（4）动力照明供配电系统。专为轨道车辆以外的动力照明负荷供电，由降压变电所和动力照明低压配电系统组成。

（5）电力监控与数字采集系统。SCADA 是在控制中心对轨道交通供电系统的主变电所、牵引变电所和降压变电所供电设备的运行状态进行集中管理和调度、实时控制和数据采集的系统。SCADA 系统由 3 部分组成：控制中心的主站监控系统（调度端），各变电所的子站监控系统（执行端）以及通信网络。SCADA 系统具有遥控、遥信、遥测、遥调功能，其主要作用是对供电系统安全运行状态进行在线监控，对供电系统运行实现经济调度，对供电系统运行进行安全分析和事故处理。

**3. 变电所**

1）主变电所

主变电所主接线（见图 4 – 13），每座主变电所从城市电网引入两路独立的 110 kVAC 电源，当一路电源故障时，另一路电源能承担重新调度后供电分区内全部重要用电负荷。

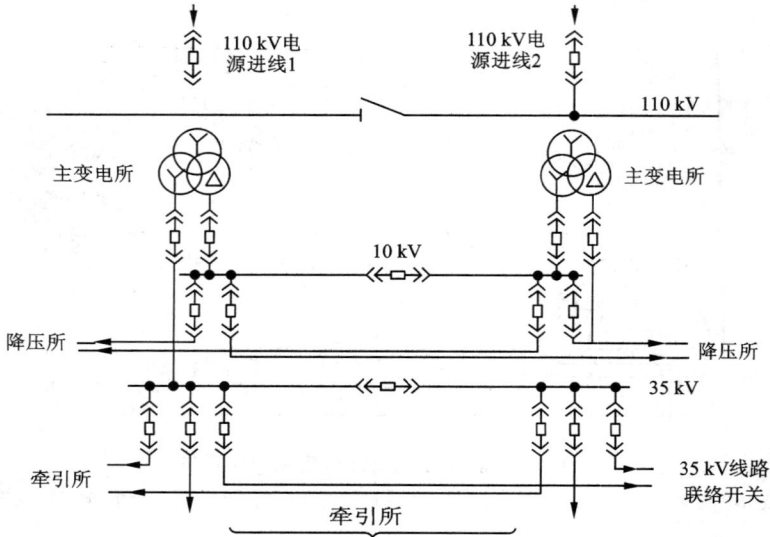

**图 4 – 13　主变电所主接线**

为保证供电可靠性，集中供电方式中通常需设置两座及以上主变电所。主变电所位置应尽量靠近城市轨道交通线路，靠近车站，为减少占地面积，主变电所应设计为室内式，设两台主变压器和两台自用变压器。

2）牵引变电所

牵引变电所的主接线（见图 4 – 14），由城市电网区域变电所或主变电所获取中压电源，经降压与整流变换为轨道车辆牵引用的 1500 VDC 或 750 VDC 电源。

为保证轨道交通牵引供电的可靠性，牵引变电所均由两个独立电源供电。牵引变电所一般设置在沿线车站

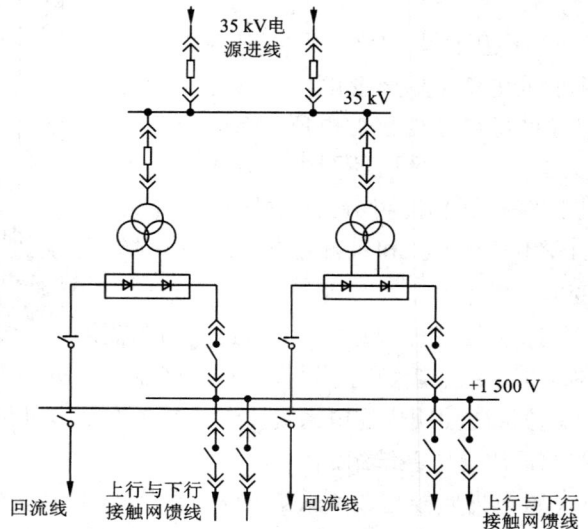

**图 4 – 14　牵引变电所的主接线**

及车辆段附近，间隔一般为 2 ~ 4 km，也可与降压变电所合建。牵引变电所有两种形式：户内式变电所和户外箱式变电所，前者适宜地下线路，后者适宜地面线路。牵引变电所一般设

两套牵引整流机组并列运行，其容量按远期运量设计，沿线任意牵引变电所故障时，由两侧相邻的牵引变电所承担供电。

2）降压变电所

降压变电所是将来自城市电网区域变电所或主变电所获取的 35 kVAC 或 10 kVAC 电源电源，降压为 380 VAC 或 220 VAC，为车站、区间、车辆段、控制中心等动力及照明交流用电负荷供电。为保证供电可靠性，降压变电所应有两路中压电源。

每个城市轨道交通车站都应设置降压变电所。对于大型车站，因负荷较大，也可于站台两端均设降压变电所，一端为主所，另一端为辅助变电所。降压变电所在有牵引变电所的车站一般与其合建成混合变电所，在没有牵引变电所的车站则单独建设。如为地面车站，则与地面站务用房合建。

此外，地下车站在站台两端各设一组碱性或免维护酸性蓄电池组作为应急照明电源，其容量应满足变电所双路失电时，供给车站、区间 220 VDC 应急照明，时间不少于 60 min。如中压电源可靠，应急电源也可以采用交流电源，除本站变电所的两路低压电源外，并从两侧相邻变电所分别引入一路低压电源。

## 4.3.2　牵引供电系统

### 1. 杂散电流

牵引供电系统（见图 4 – 15），电能从牵引变电所经馈电线、接触网输送给轨道车辆，再从车辆经轨道回路、回流线流回牵引变电所。

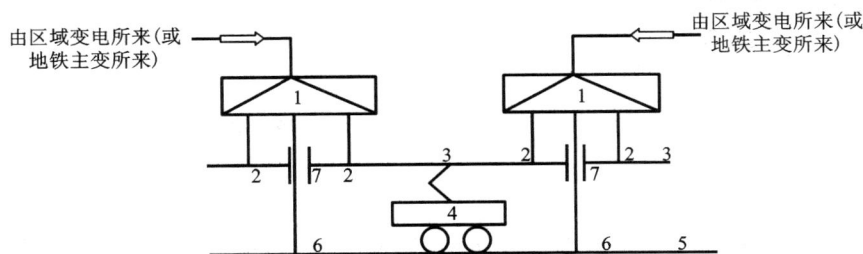

**图 4 – 15　城市轨道交通牵引供电系统**

1—牵引变电所；2—接触网；3—受电器；4—轨道车辆；5—轨道；6—回流线；7—电分段

牵引供电运行中，都存在着杂散电流。杂散电流又称迷流，是指直流牵引供电系统中，少量从回流走行轨中泄露到地中，不能沿正常回路回流的牵引电流（见图 4 – 16）。杂散电流是城市轨道交通直流牵引供电系统产生的电磁污染源之一，其危害主要有 3 个方面：一是会造成走行轨、地下金属管线和结构钢筋的电腐蚀；二是杂散电流流入电气接地装置，将引起过高的接地电位，导致某些设备无法正常工作；三是较大的杂散电流可能

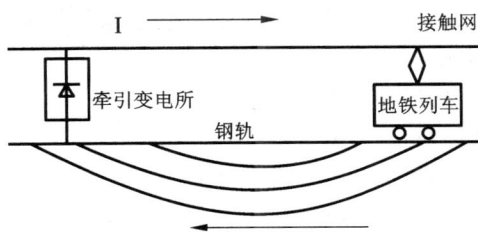

**图 4 – 16　直流牵引走行轨对地泄露电流**

引起牵引变电所的框架保护动作,引起整个变电所的断路器跳闸,影响轨道交通正常运营。

### 2. 牵引网供电方式

牵引网供电方式直接决定着车辆牵引供电的可靠性、效率及杂散电流的大小。牵引网供电方式有单边供电、双边供电和大双边供电 3 种方式。

1)单边供电

单边供电指馈电区只从一侧牵引变电所取得电源,只是在特定条件下(如车场线、停车线、检修线、试车线及线路终端牵引变电所故障解列等)一种可能采取的临时供电方式。单边供电走行轨对地泄漏电流如图 4 - 17 所示。

2)双边供电

双边供电指任何一个馈电区同时从两侧牵引变电所取得两路电源。双边供电是城市轨道车辆最基本的牵引供电方式,是正线设计、正常运行和牵引变电所故障运行的首选方式。双边供电走行轨对地泄漏电流如图 4 - 18 所示。

双边供电时,牵引网的平均电压损失、功率损失、杂散电流和列车受流器上的电压损失都是单边供电的 1/3 ~ 1/4;列车最大平均电压损失、列车启动时最大电压损失是单边供电的 1/4。

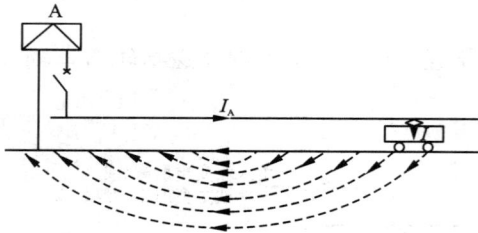

图 4 - 17　单边供电走行轨对地泄漏电流　　　　图 4 - 18　双边供电走行轨对地泄漏电流

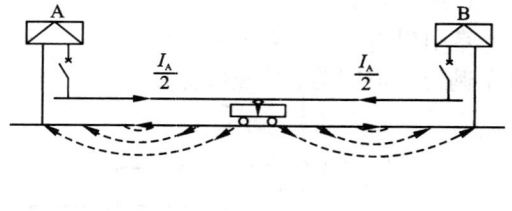

3)大双边供电

在牵引供电中,任何一座牵引变电所故障解列时,应采取技术措施,实行大双边供电。即当系统中任何相隔两座的牵引变电所故障解列时,靠其相邻牵引变电所的过负荷能力,保证列车正常运行,而不影响最大客流的输送能力。

实现大双边供电有两种方式:利用解列的牵引变电所的直流母线连接电分段构成大双边供电(见图 4 - 19);利用纵向电动隔离开关连接电分段构成大双边供电,并使整个牵引变电所退出运行(见图 4 - 20)。

### 2. 牵引直流侧供电方式

1)双母线系统

双母线系统如图 4 - 21 所示。直流母线设工作母线和备用母线,在两条母线之间设置了备用开关,它可以代替 4 路馈线开关中的任何一路;在同一馈电区电分段处设置一台纵向电动隔离开关,当牵引所故障解列或退出运行时,可以通过它实现大双边供电。

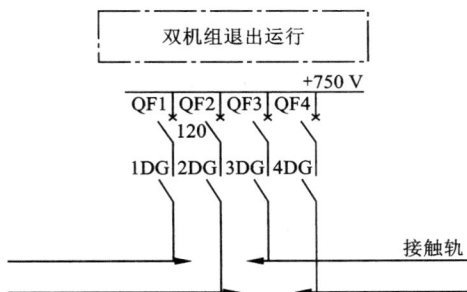

图 4 - 19　利用直流母线构成大双边供电

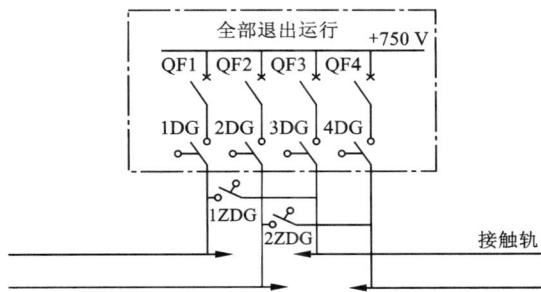

图 4 - 20　利用纵向电动隔离开关构成大双边供电

双母线系统电动隔离开关多，实现操作连锁较复杂，使用备用开关实现双边供电时转换关系复杂且环节多，故这种方案在很多城市已不再采用。

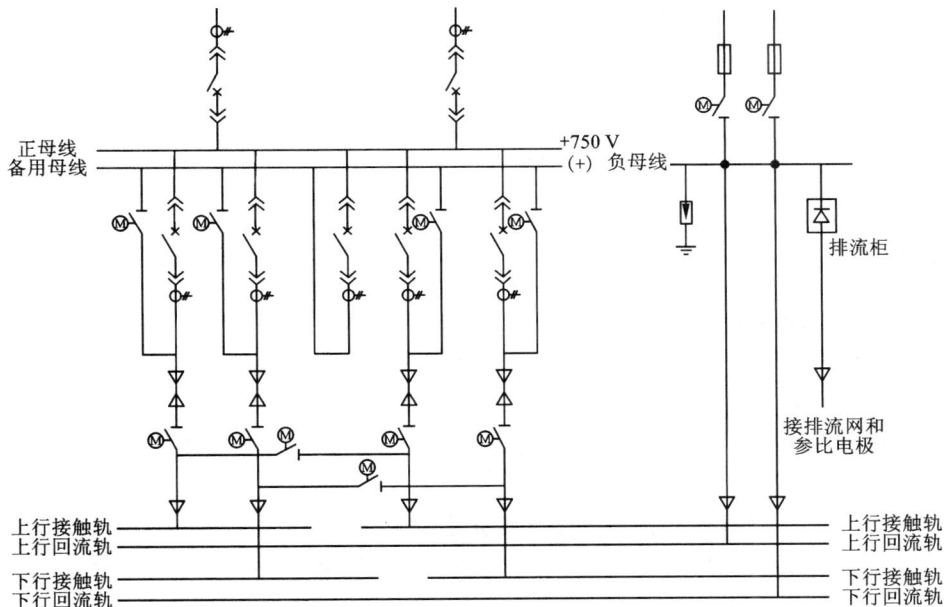

图 4 - 21　牵引直流侧双母线系统主接线

3）单母线系统

单母线系统是目前国内使用较多的一种接线方式（见图 4 - 22）。单母线系统接线简单、投资省，比双母线方案节省 1 条备用母线、1 台备用开关和 4 台电动隔离开关；操作简单灵活、连锁条件少，在同一馈电区电分段处设置 1 台纵向电动隔离开关，既可以代替整座变电所，也可以代替任何一种馈线开关，当牵引所故障解列或退出运行时，可以通过它实现大双边供电。

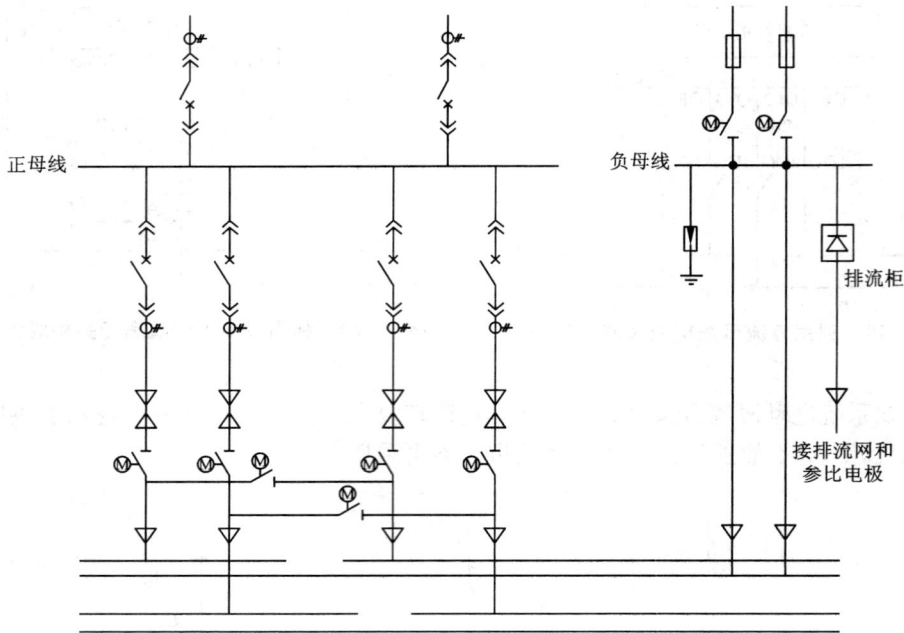

图 4 – 22　牵引直流侧单母线系统主接线

### 4.3.3　接触网

接触网是牵引网中最主要的组成部分，车上的受电器通过与它可靠的直接滑动接触，不断取得电能，保证列车的正常运行。接触网按其结构可分为接触轨式和架空式两种。接触轨式是沿走行轨道一侧平行铺设第三轨，车辆通过受流器与其滑动接触而取得电能。架空式是架设在走行轨道上部的接触导线、承力索系统，车辆从上部伸出的受电弓与接触导线滑动接触取得电能。

接触轨结构简单，使用寿命长，安装、维护费用和工作量低，受天气的影响小，能够较好地适应小尺寸隧道，而且对城市景观影响小。从世界范围来看，超过 70% 采用接触轨馈电。

#### 1. 接触轨

根据接触轨与电动车辆受流器（集电靴）的接触面位置不同，接触轨分为上接触式、下接触式和侧接触式 3 种形式。

1）上接触式接触轨

接触轨的接触面朝上固定安装在支持绝缘子上，安装于走行轨的一侧，车辆受流器从接触轨上顶面受电，接触轨的上方和一侧有防护罩保护，对人员接近和冰雪侵扰有一定防护作用（见图 4 – 23）。其优点是结构稳定可靠、维护方便、造价低；缺点是安全防护性能较差、接触面上易积累尘屑、加速接触轨和受流器的磨损、潮湿环境会增加短路故障发生概率。北京地铁采用 750VDC 上接触式低碳钢接触轨。

2）下接触式接触轨

接触轨的接触面朝下固定安装在特殊的防护罩内侧，防护罩集防护和支持功能为一体，安装在走行轨的一侧,车辆受流器从接触轨的下底面受电(见图4-24)。其优点是接触轨的安装高度及水平方向均可作适当调整、安全性和遮挡雨雪、避免尘屑的条件较好;缺点是比上接触式接触轨的运营维护工作量大。武汉轻轨采用750VDC下接触式钢铝复合接触轨。

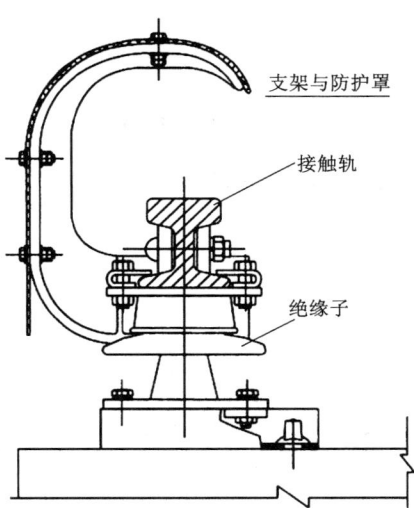

图4-23　上接触式接触轨

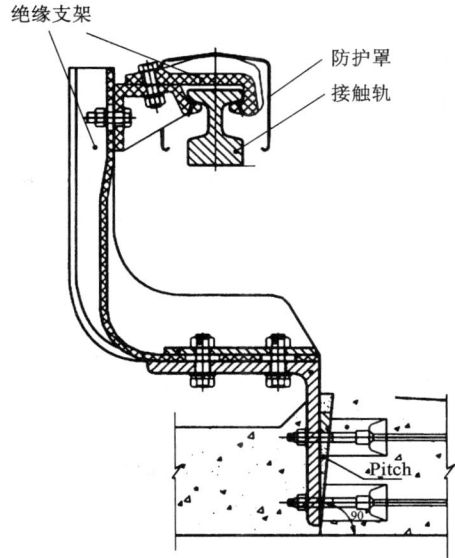

图4-24　下接触式接触轨

3)侧接触式接触轨

侧接触式接触轨类似于上接触式接触轨,都是安装在瓷绝缘子的上部,主要区别是接触轨外形不同,对着车辆受流器的侧立面较为平直(见图4-25)。其主要优缺点也与上部受流方式基本相同。此外,其接触轨的终端弯头向侧面外弯,不占上、下部空间,离积雪较远,容易处理与车体的距离关系;它所受到的受流器侧向压力较为稳定,不会因为受流器脱轨而对接触轨和支架产生过大的侧向推力,运行安全可靠。侧接触式接触轨主要在德国、英国等少数国家采用。重庆单轨交通线路采用的侧面受流刚性接触网与侧接触式接触轨不是同一概念,这种侧面受流刚性接触网形式自日本引进。

**2. 架空接触网**

根据接触悬挂结构不同,架空接触网分为刚性悬挂和柔性悬挂两种形式。

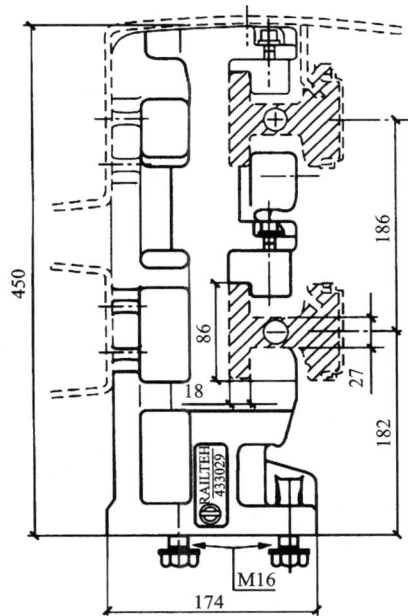

图4-25　侧接触式接触轨

1）刚性悬挂接触网

刚性悬挂是以金属条（铜条）代替软质导线的新型悬挂方式（见图4-26），具有接触面积大的优点。同时，由于刚性悬挂使用集电弓，没有使用集电靴的接触轨容易脱落，可以达到较高的运行速度。

刚性架空接触网不需要辅助馈线，具有结构稳定可靠、维护简单、事故影响范围小

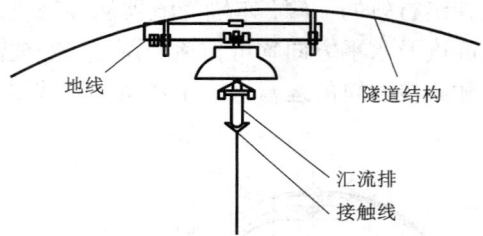

图4-26 刚性悬挂接触网

等优点，但由于其作业面较高，运营维护仍须配备专用的维护检修车辆。广州地铁2号线、3号线在隧道内采用刚性悬挂接触网。

2）柔性悬挂接触网

柔性架空接触网适合列车高速运行，主要有两种悬挂形式：全补偿简单链形悬挂和简单弹性悬挂。

全补偿简单链形悬挂，接触线悬挂在承力索上，承力索悬挂于支柱的支持装置上，承力索和接触线皆设有补偿装置（见图4-27）。简单弹性悬挂，接触线直接固定在支柱支持装置上，利用弹性腕臂对接触线进行补充（见图4-28）。

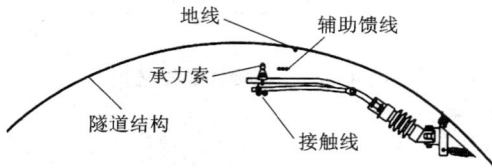

图4-27 全补偿简单链形悬接触网

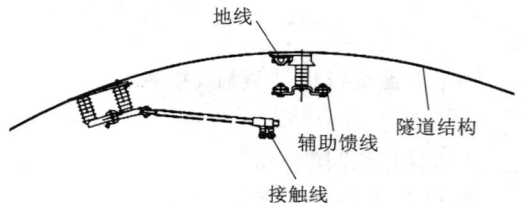

图4-28 简单弹性悬挂接触网

柔性架空接触网结构复杂、零部件多、接触线磨耗快、换线周期短，在地面或高架桥上会对城市景观造成一定影响。广州地铁1号线采用架空全补偿链形悬挂接触网，上海、香港地铁采用的是简单悬挂。

拓展阅读

➤ **跨座式单轨交通**

跨座式单轨交通是一种轨道为一条带形梁体，车辆跨座于其上行驶的交通系统。世界上第一条跨座式单轨线诞生于1888年，由法国人设计，用蒸汽机车牵引。第二次世界大战以后，跨座式单轨技术逐渐完善和成熟起来。1952年，德国人在科隆附近的菲林根成功建造了一条单轨线。后来美国、日本和意大利等许多国家都修建了这种形式的单轨，其中日本建成的线路最多。1961年，日本引进了单轨交通技术，并利用1964年东京奥运会的契机，建设了羽田机场到滨松町间的单轨线路。从此，单轨交通由观光旅游交通工具，成为城市公共客运交通的一种新的交通方式，单轨交通也作为城市公共交通系统得以不断完善。目前世界上普

遍使用的德国 ALWEG 型跨座式单轨系统，采用跨座式、混凝土轨道和橡胶充气轮胎相结合的建造方式。跨座单轨系统实例如图 4-29 所示。

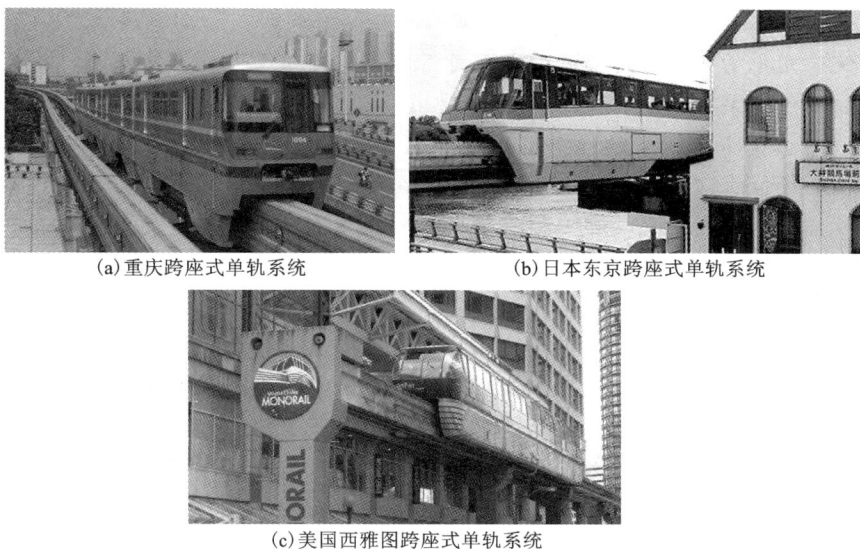

(a)重庆跨座式单轨系统　　　　　　(b)日本东京跨座式单轨系统

(c)美国西雅图跨座式单轨系统

**图 4-29　跨座单轨系统实例**

2004 年 6 月，重庆成功开通了中国第一条跨座式单轨交通线——重庆轨道交通 2 号线，全长 19.15 km。2011 年 9 月，重庆开通了世界上最长的跨座式单轨交通线——重庆轨道交通 3 号线，全长 55.5 km。北京将于 2015 年建成首条高架跨座式单轨交通线路，全长约 25 km。

跨座式单轨交通系统，采用工字形混凝土轨道梁，顶面为走形面，上侧面为导向面，下侧面为稳定面，中间为供电轨。轨道梁既是运营车辆的载体，又是运营车辆的行走轨道，具有与铁路及其他类型轨道交通截然不同的独特特点。

### 1. 施工简单，造价低

单轨交通轨道为模块结构，标准轨道梁便于工厂预制，现场拼接，既保证了精度又便于施工，从而可以缩短工期。

不同制式和铺设方式的城市轨道交通造价相差很大，地铁全地下线每千米综合造价 6 亿~8 亿元，高架线为 4 亿~5.5 亿元，轻轨或跨座式单轨为 2.8 亿~3.2 亿元，现代有轨电车为 1 亿~3 亿元。单轨的轨道构造简单，所以易于施工且工期短，与其他高架的交通系统相比，可以大幅降低建设费用和维护保养费用。

### 2. 有效利用城市空间

单轨交通在规划和选线上的适应性，是其他城市轨道交通无法比拟的。单轨交通是一种全线高架的轨道交通系统，运行在既有道路上方，只需在城市街道中心采用单柱式支墩，很少占用地面道路，能有效利用道路中央隔离带，适于建筑物密度大的狭窄街区。对现有路面交通影响小。单轨空间轨道梁宽度小，使拆迁面积大为减少，大大节省建设费用。

跨座式单轨列车使用橡胶轮胎和特殊转向架，对于陡坡、急弯适应性强，对地形无严格要求。列车具有较强爬坡能力（最大坡度可达 100%），能通过较小弯道（曲线半径最小可达 30 m）。它可以很好地适应城市多变的地形、地貌和复杂地理环境，可避开既有建筑，避免不必要的拆迁。

### 3. 环境效应优越

单轨系统采用电力牵引，列车运行中无排气污染，有利于保护城市环境。采用橡胶轮胎和空气弹簧转向架，噪声低，振动小，据在日本小仓线实测，当列车时速 60 km 时，距轨道中心线 10 m、离地面高 1.2 m 处的噪声值为 74 dB(A)。由于单轨交通采用的轨道结构窄、梁柱细、对城市日照和景观影响小，与其他高架轨道交通和高架道路相比，其遮挡日光照射的影响要小得多，在市区不会造成遮阳和压抑感。列车走行平稳，乘车舒适，乘客在车上视野宽广，眺望条件好，能起到游览观光的作用。

### 4. 运行安全

在轨道梁上行驶的城市单轨车辆转向架上装有走行轮、导向轮和稳定轮。在列车运行过程中，走行轮始终与轨道梁顶面接触，轮胎的弹性主要缓冲车辆竖向振动，导向轮和稳定轮则起到缓冲车辆横向载荷的作用，充分保证了系统的运营安全。

单轨车辆的最高运行速度为 80 km/h，具有运行速度快、加减速性能好的优点，可满足乘客在出行时节省乘车时间的要求。由于系统的运行采用全封闭模式，与其他交通形式不相互干扰，单轨列车的运行稳定、安全、正点。

单轨的速度及载客量通常不及其他轨道交通系统。不过，大型跨座式单轨通过加编组、缩短间隔等方式，提高客流量。

目前重庆已经在两江新区建成我国第一个、也是最大的跨座式单轨交通产业基地，与日立、庞巴迪并列，位居全球单轨交通车辆制造企业前三甲，并因此成为世界城市轨道交通车辆十大制造商之一，为今后进一步推广跨座式单轨交通奠定了坚实的基础。

━━━━━━━━━━━━━━━ 思考与练习 ━━━━━━━━━━━━━━━

1. 简述城市轨道交通车辆组成及其作用。
2. 城市轨道交通车辆性能参数主要有哪些？
3. 城市轨道交通车辆制动方式有哪些？几种方式如何配合？
4. 简述地铁环境控制系统的组成与运行工况。
5. 城市轨道交通地下工程火灾事故有何特点？如何防护？
6. 说明地铁屏蔽门系统的类型及其作用。
7. 自动售检票系统结构如何？每层结构间有什么联系？
8. 轨道交通供电系统中有哪几种变电所？其作用是什么？
9. 说明牵引供电系统的组成及作用。

# 模块五

# 城市轨道交通通信与信号设施

## 【引　例】

高速铁路列车高速行驶，运行环境复杂，通信保障要求高，确保列车与铁路调控中心随时保持联系至关重要。因此对于覆盖受限的隧道环境，需要专门引入无线系统将无线信号延展到隧道中去，以保证列车行驶全程都能顺利实现通信联系，同时对无线通信覆盖系统的设计、施工以及产品的配置都具有极高的挑战性。

GSM-R(GSM for railways)系统是专门为铁路通信设计的专用移动通信系统，专用于铁路的日常运营管理，是非常有效的铁路调度指挥通信工具。GSM-R 系统隧道引入意味着铁路工作人员、工程技术人员和紧急救援人员可以全线无阻碍地随时保持语音联系，并实时交换文本信息和基本移动数据。

在中国铁路的频段为上行 885 ~889 MHz，下行方向为 930 ~934 MHz。GSM-R 系统包括网络子系统(NSS)、基站子系统(BSS)、运行和业务支撑子系统(OSS/BSS)和终端设备等 4 个部分。其中，网络子系统包括移动交换子系统(SSS)、移动智能网(IN)子系统和通用分组无线业务(GPRS)子系统。GSM-R 系统采用主从同步方式，TMSC、MSC、HLR、SCP 等设备应就近从 BITS 设备中获取定时信号，MSC 至 BSS 间的 G 数字链路应兼作同步链路使用，BSS 从 MSC 获取同步时钟信号，也可从就近的 BITS 设备或 SDH 设备提取同步时钟信号。GSM-R 传输系统指的是为 GSM-R 系统各子系统之间的连接提供通道的数字传输系统，包括 GSM-R 系统为提供基本服务所必需的传输配套单元，如传输光、电缆和传输设备，但不包括直放站远端机和近端机之间的连接通道，也不包括天馈线等连接。

具体的实际应用：厦深高铁、广深港高铁、青藏线、大秦线、胶济线、武广线、郑西线、新丰镇编组站、石太线、合宁线、合武线、京津城际线、京沪高铁等。

## 5.1　通信系统

为了保证列车运行的安全和实现快速、高效、准时的优质服务，实现运输集中统一指挥，行车调度自动化和列车运行自动化，城市轨道交通必须建立功能完善的、可靠的、易扩充的、独立的、内部专用通信系统。城市轨道交通通信系统是直接为城市轨道交通运营管理服务，保证列车及乘客安全、快速、高效运行的一种不可缺少的智能自动化综合业务数字通信系统，是指挥列车运行、组织运输生产及进行公务联络的重要手段。

### 5.1.1　通信系统构成

城市轨道交通通信系统包括传输系统、公务电话系统、专用电话系统、闭路电视监控系统、广播系统、乘客导乘信息系统、时钟系统、办公自动化系统、无线集群通信系统、消防无线系统、公安无线系统、集中监控系统、公众移动通信接入系统和通信电源系统。具体来说，它们共同为城市轨道交通系统的列车运行调度指挥、无线通信、公务通信、旅客信息广播、系统运行状况监视等提供支持，典型的城市轨道交通通信系统如图 5 – 1 所示。

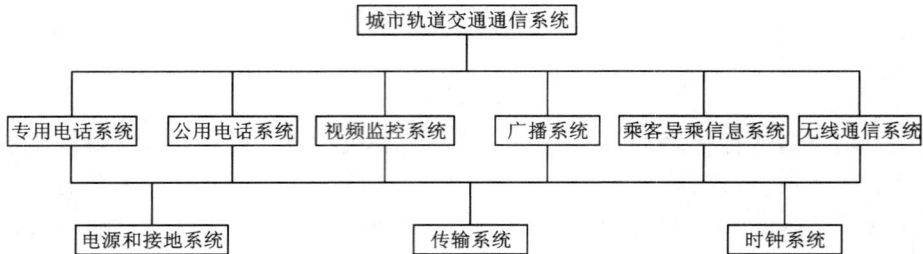

**图 5 – 1　典型城市轨道交通信息系统**

### 5.1.2　无线通信系统

#### 1. 无线集群系统

城市轨道交通的无线集群通信系统为控制中心调度员、停车场调度员、车站值班人员等固定用户与列车司机、抢险、维护、防灾、公安等处于移动状态的工作人员之间提供语音及数据通信手段。无线集群系统在保证行车安全及处理紧急突发事故方面有着不可替代的作用，因此系统必须满足运行安全、应急抢险的需要，并具有与固定电话及公网系统互联互通的能力。

无线集群通信的应用始于1970 年，是一种智能化的无线频率管理技术。通常情况下，它专门用于生产和运行管理；紧急情况下，用于处理突发事件，是当今最有效的调度指挥通信工具之一。集群系统的本质是允许大量用户共享少量通信通道的虚拟专网技术。其工作方式与移动电话系统相似，由交换控制中心根据需要，自动为用户指定无线通道。其不同点在于集群通信以呼叫为主，用户之间有严格的上下级关系，用户根据不同优先级占用无线通道，呼叫接续快速，且以单工、半双工通信为主要通信方式。集群通信已从模拟方式发展到数字方式、从单基站发展到多基站、从独立专网发展到虚拟专网，尤其是在世界范围内推出数字集群通信后，其性能日趋完善。

1）运行线路上的调度无线通信系统

系统由位于调度中心的控制设备（包括控制台、PC 计算机、录音设备等和基地台），以及列车上设置的列车台、维修人员使用的携带台，加上有线传输网络和自动电话或专用电话组成。如有隧道，还需设置隧道基地台或隧道中继器，以及沿隧道铺设的泄漏同轴电缆。

2）车辆段无线通信系统

为满足值班员（车辆段）、司机（列车台）、流动人口（携带台）三者之间的通话，设有车辆段无线通信系统。该系统由位于车辆段值班室的控制设备和基地台,列车上设置的列车台以及流动人口使用的携带台 3 部分组成。

### 2.公众移动通信接入系统

城市轨道交通作为公众出行的交通工具,有必要为乘客提供公众移动通信业务的接入服务。公用移动通信网即公众网电信运营商的 GSM、CDMA、移动电视等移动网络。对城市轨道交通的地面和高架部分,车站与列车中的乘客可利用公众移动通信网的地面覆盖进行通信。而在地下部分,公众移动通信网的地面电磁波不可能直接覆盖地下空间,必须通过地下的覆盖系统实现移动用户的系统接入。

城市轨道地下部分的公众移动通信网覆盖系统主要包括信号源和分布式反馈系统两大部分。

#### 1)信号源

城市轨道交通地下部分的公众移动通信网的射频信号源,一般是指移动通信系统的基站。基站的一侧通过基站控制器连接移动通信核心网,另一侧通过射频电缆连接天线或通过光纤直放站连接远端的天线。一个基站可以有一个或多个扇区(小区),每个扇区包括一组载频。地下部分的基站(信号源)可以建在地下车站的外部,亦可以建在地下车站的内部。

城市轨道交通站内建立机房的情况下,可以直接在城市轨道交通地下站内设置基站。基站设置原则可以按需对车站沿线进行话务量测算后进行规划,话务量大的区段可采取多载频多扇区进行规划,话务量小的区段则可采用单基站或单基站加直放站方式覆盖多个轨道区间。有些车站没有预留公共移动通信机房,这时可以采取在车站入口附近设立机房放置基站,并通过光纤直放站引信号进入地下。

#### 2)反馈系统

早期公众移动通信系统分别由各大电信运营商独立搭建天馈平台,造成布局混乱、投资费用大、建设及维护难度大等问题。城市轨道交通不可能允许每个电信运营商都在城市轨道交通地下敷设其相应的引入系统与反馈系统。多网络整合将成为必然,多个电信运营商共用一个多系统接入平台(POI)是一种目前最通用的整合方法。POI 系统具有模块化设计,扩容性好,满足不同系统或频段的个性需求;系统具有整体监控功能,维护方便;信号合路损耗小;功率容量大;三阶互调性能好;可以预留端口,方便升级等特点。

基于 POI 的反馈系统包括多系统接入平台、泄漏电缆、全向吸顶天线。为使射频信号的场强分布均匀、完成以上各部件的射频连接,还配置了定向耦合器、功分器以及各种规格的射频馈线电缆和馈线接头。

## 5.1.3　有线通信系统

城市轨道交通中属于有线通信的主要系统包括传输系统、电话系统、闭路电视监控系统、广播系统、乘客导乘信息系统等。

### 1.传输系统

城市轨道交通线路中的各个站点,分散布置于城市中的各个区域,每个站点(包括车站、停车场、控制中心等)均不是一个独立的信息及业务孤岛,各站点与控制中心之间以及各个站点之间需要通信系统为其搭建一个统一的信息沟通平台,实现相互之间信息交互需求。另外,不同线路之间的信息交换,也必须借助传输系统来实现信息传递与交换。

传输网是城市轨道交通的基础。传输网应具有高可靠性和丰富的业务接口。其底层一般采用 SDH 或 OTN 光纤自愈环路，能提供各种接口任务：电话（窄带音频）、广播（宽带音频）、票务（中、低速数据）、视频（高速数据）等。城市轨道交通传输网分为城市轨道专用传输网、城市轨道交通办公自动化传输网和公众移动通信接入传输网，这是 3 个完全隔离的网络。

### 2. 公务电话系统

城市轨道交通的公务电话相当于企业内部电话系统，普遍采用通用的程控数字交换机组网，并通过中继线路接入当地市话网。一般情况下，中心交换机安装在控制中心和停车场，而在各个车站配置车站交换机或中心交换机的远端模块。中心交换机与车站交换机之间通过城市轨道交通专用传输网进行点对点的连接。

### 3. 专用电话系统

专用电话系统包括调度、站内、站间和区间电话子系统。

城市轨道交通调度电话子系统主要包括调度总机、调度台和调度分机三部分，并通过专用传输系统或通信电缆相连接。在控制中心安装有调度机或交换/调度机作为调度总机，为调度人员提供专用直达通信服务。一般在城市轨道交通中设有行车调度、电力调度、环控调度等调度台。调度台具有选呼、组呼、群呼、会议等特定功能。调度分机安装在控制中心、停车场以及各车站。

站内的公务电话交换机具有热线功能，在提供公务电话业务的同时，亦可提供站内、站间和区间（轨旁）电话业务。站内电话由车站公务电话交换机、站内值班台（主机）和电话分机组成。站间电话可为车站值班员与相邻车站的车站值班员提供直达通信服务。区间电话通过站内电话子系统连接邻站的站内值班台或接入公务电话网，为隧道内的维修人员提供通信服务。

### 4. 闭路电视监控系统

闭路电视监控系统（CCTV）为控制中心调度管理人员、车站值班员、列车司机及站台监视亭值班员等对车站的站厅、站台、出入口等主要区域提供监视服务。通过闭路电视监控系统，网络运营监控中心（COCC）能监视全网所有线路各车站的情况；线路控制中心（OCC）的调度员能实时监视全线各车站的情况；车站的值班员能监控本车站情况；列车司机能在驾驶室监视乘客上、下车的情况，防止列车开动时夹人夹物。闭路电视监控系统具备长时录像及存储功能，在城市轨道安全防护方面起到极其重要的作用。

### 5. 广播系统

广播系统主要为乘客及工作人员提供语言信息播报服务。广播具有自动广播和人工广播两种模式。系统为线路控制中心调度员、车站值班员、停车场值班员提供对相应区域的广播。

### 6. 乘客导乘信息系统

乘客导乘信息系统（PIS）是一套服务于城市轨道交通的文字信息发布系统，主要作用是为乘客提供各类车务及站务信息，同时它还与移动电视网连接提供各类公共信息。乘客导乘信息系统为网络运营监控中心、线路控制中心及车站提供了分级的信息发布功能，正常情况下信息发布主要由车站执行，紧急情况下则由线路控制中心及网络运营监控中心发布紧急信息。

# 5.2 信号系统

城市轨道交通信号系统(见图5-2)是实现行车指挥、列车运行监控和管理所需技术措施及配套装备的集合体。信号系统作为行车指挥和列车运行的控制设备,在保证行车安全、提高通过能力,节能及改善运输人员的劳动条件等方面起着至关重要的作用,在城市轨道交通中采用先进信号设备能起到事半功倍的效果。现代化的城市轨道交通要求城市轨道交通信号设备的现代化。

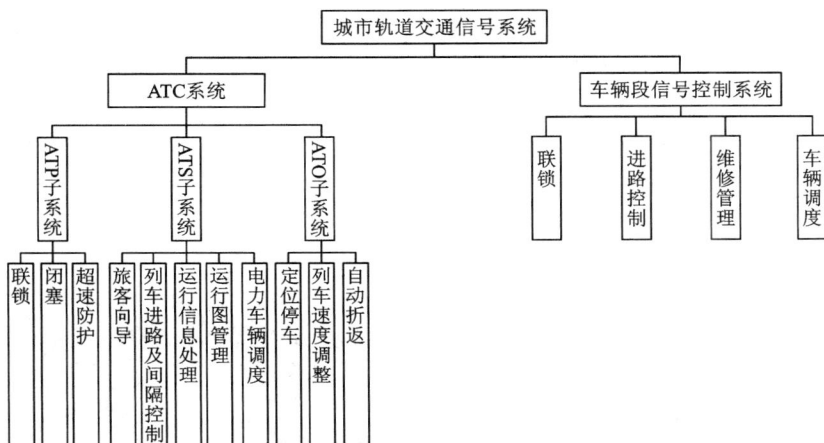

**图5-2 城市轨道交通信号系统**

## 5.2.1 信号基础设备

### 1.信号机

城市轨道交通地面多采用透镜式色灯信号机和LED信号机,其在结构上与铁路信号机基本相同,但在设置要求和显示意义方面及显示距离方面与传统铁路有一定的区别,城市轨道交通的自动化程度比较高,一般采用地面信号显示与车载信号系统相结合、以车载信号系统为主的运用方式,列车的运行速度不取决于地面信号机的显示,地面信号只起到辅助作用。除了车辆段和有道岔的正线车站外,其他地方一般不设置地面信号机。

城市轨道交通信号机有进出站信号机、道岔防护信号机、通过信号机、进出段信号机、调车信号机等。在采用了列车ATP系统的区段,可不设通过信号机;在采用列车ATC系统的情况下,车站可不设进出站信号机。

城市轨道交通采用右侧行车制,不论在正线还是车辆段,地面信号机一般应设置于列车运行方向的右侧,特殊情况下,可设置在左侧或其他位置。

### 2.转辙设备

道岔的转换和锁闭设备,是直接关系行车安全的关键设备。由转辙机转换和锁闭道岔,易于集中操纵,实现自动化。转辙机是重要的信号基础设备(见图5-3),它对于保证行车安全,提高运输效率,改善行车人员的劳动强度起着重要的作用。

城市轨道交通的正线上一般采用 9 号道岔,车辆段(停车场)一般采用 7 号道岔,通常一组道岔由一台转辙机牵引,也可采用一组道岔由两台转辙机牵引。城市轨道交通道岔锁闭装置可采用外锁闭装置,也可以采用内锁闭装置。

图 5 - 3　转辙机

### 3. 轨道电路

利用铁路线路的钢轨做导体,用以检查有无列车、传递列车占用信息以及其他信号信息的电路,称之为轨道电路。轨道电路由钢轨线路、钢轨绝缘、电源、限流设备、接收设备组成。城市轨道交通轨道电路不仅用于检测列车是否占用,更重要的是传输 ATP 信息。所以除车辆段内可采用 50 Hz 相敏轨道电路外,需采用音频轨道电路。

### 4. 计轴设备

计轴设备是正线信号系统重要的设备之一,具有轨道区段空闲检查、列车完整性检查等功能,采用基于无线通信的列车自动控制系统(CBTC)的城轨线路,当无线传输设备发生故障,可用计轴器检查列车的位置,构成"降级"信号。图 5 - 4 所示为计轴传感器实例。

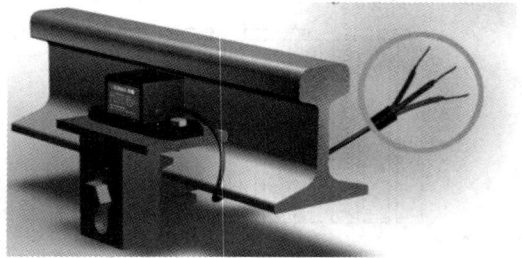

图 5 - 4　轨道计轴传感器

### 5. 信号显示制式

信号显示制式是指表达信号显示意义的基本体系,信号显示制式一般分为进路式与速度式。速度式又可分为速差式与连续速度式。

#### 1)进路式

进路式信号是指示列车进入不同进路为原则的信号显示制式,表达的是进路意义。进路式信号存在显示复杂、适应性差、显示意义不确切等缺点,随着列车速度的不断提高,目前世界多数国家已不采用。

#### 2)速差式

速差式信号指每一种信号显示均能表示不同行车速度的信号显示制式,表达的是速度意义。速差式信号采用简单统一的显示方式,指示列车通过本信号机的运行速度,或能指示列车通过次架信号机的速度,是目前地面信号主要采用的信号显示制式。

速差式信号制式对应的是固定闭塞方式,我国城市轨道交通采用的基于轨道电路的列车控制系统,属于速差式信号制式。

#### 3)连续速度式

连续速度式信号制式采用目标距离控制模式,速度不分级,采用连续的一次速度控制曲线,城市轨道交通基于准移动闭塞和移动闭塞的列车控制系统都属于速度式信号系统。

### 5.2.2　区间闭塞

车站与车站之间的线路为区间,为确保列车在区间安全有序的运行,城市轨道交通建立了闭塞制度。区间闭塞方式分为人工闭塞、半自动闭塞、自动闭塞以及移动闭塞。

#### 1. 人工闭塞

通过发车站和接车站之间的电话联系,在证实区间空闲的前提下,由调度员向发车站值班员下达签发路票指令,发车站值班员填写路票,并交与司机,列车司机根据路票指令,允许该列车占用区间,运行至接车站;列车到达接车站后,司机将路票交还给接车站值班员,区间闭塞解除。这种闭塞方式在交界凭证和检查区间空闲状态都是有人工完成的,因此称为人工闭塞,也称为电话闭塞。

#### 2. 半自动闭塞

使用闭塞设备,人工办理两个车站之间的闭塞手续,列车凭出站信号机的允许信号显示,作为发车凭证;列车进入出站信号机内方后,出站信号机自动关闭,这种闭塞制度称为半自动闭塞(见图5-5)。在半自动闭塞的情况下,发车站要发车,发车站必须与接车站配合,办理好闭塞手续,才能开放出站信号机;列车进入出站信号机内方的轨道区段,出站信号机因该轨道电路分路而自动关闭出站信号,使区间实现闭塞;也就是列车在区间运行过程中,两站处于闭塞状态,不允许其他列车进入该区间。当列车到达接车站后,由接车站值班员确认列车整列到达,才能向发车站发送闭塞复原信息,使区间闭塞解除。这种方法,既要值班员办理手续、开放出站信号,又依靠列车占用轨道电路,自动关闭信号,而解除闭塞又要值班员参与,因此,将这种闭塞制度称为半自动闭塞。

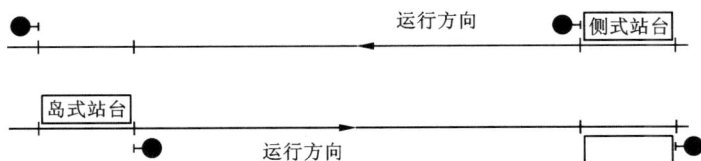

**图5-5　半自动闭塞示意图**

#### 3. 自动闭塞

将站间区间划分为若干个闭塞分区,在每个闭塞分区入口处设置相应的通过信号机予以防护。通过信号机的显示,根据列车运行而自动变换,这样一种闭塞制度就是自动闭塞。在自动闭塞制度下,根据前方列车的位置,通过轨道电路,自动地控制通过信号机的显示,并向列车发送运行"指令";而且可以允许多列列车在区间运行。自动闭塞原理示意图(见图5-6),这种闭塞方式不仅可以确保行车安全,也能提高行车效率。

站间区间的各个闭塞分区的轨道电路发送端所发送的信息,需要通过钢轨传送至轨道电路的接收端,从而控制通过信号机的显示。当列车进入该闭塞分区后,轨道电路发送端的信息通过钢轨的感应,传送至车上,控制车载信号的显示。

在自动闭塞的制度下,站间区间允许有多次列车运行,而且整个区间都设有轨道电路,从而可以检测列车的完整性。城市轨道交通的列车运行自动控制(ATC)系统,也是基于自动

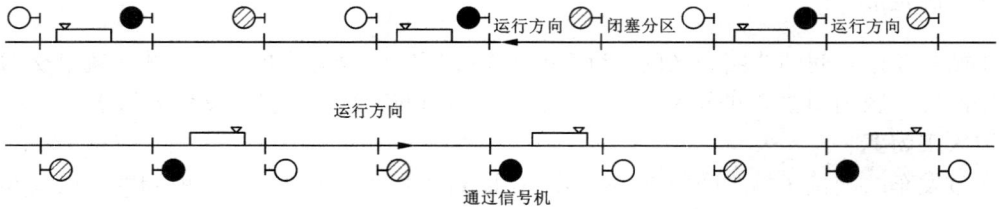

图 5 - 6　自动闭塞示意图

闭塞控制原理的基础之上，城市轨道交通区间也划分成不同长度的闭塞分区，但区间内不设地面信号机，地面信息直接传送至车上，而且向列车传送的信息量要比自动闭塞的信息量多，这就是列车运行自动防护子系统(ATP)。

**4. 移动闭塞**

自动调整列车运行间隔的闭塞系统就是移动闭塞。移动闭塞情况下，不再需要将区间划分成固定的若干闭塞分区，两列列车之间自动调整安全的运行间隔距离，也就是说先行列车与后续列车之间的安全间隔距离。间隔距离是根据列车运行条件而自动调整，从闭塞概念而言，闭塞分区划分是虚拟的。移动闭塞在城市轨道交通中越来越得到广泛应用。

## 5.2.3　车站连锁

连锁设备是城市轨道交通的重要信号设备，用于控制车站或车辆段的信号设备实现连锁关系的系统，功能包括建立进路、控制道岔的转换、信号机的开放以及进路解锁等环节，从而保证行车安全。连锁设备分为正线车站连锁设备和车辆段连锁设备。连锁设备早期采用继电集中连锁，现在多采用计算机连锁。

**1. 继电集中连锁**

在电气集中连锁设备中实现连锁的元件是继电器，因此也称继电集中连锁设备。早期的城市轨道交通，如北京、上海、广州地铁的车辆段曾采用 6502 继电集中连锁。6502 继电集中连锁设备可分为室内设备、室外设备两大部分，室内设备有控制台、电源屏、继电器组合及组合架、人工解锁按钮盘、分线盘，室外设备主要有信号机、动力转辙机和轨道电路(见图 5 - 7)。

根据城市轨道交通行车作业的需要，在原 6502 电路的基础上，设计了与 ATP 子系统的接口电路，增加了自动信号、自动进路、区间封锁、区间限速、站台紧急关闭、扣车等功能。

北京地铁 1 号线改造信号工程的连锁正线车站采用 9101 型整架式连锁设备。该电路可以实现中心控制及车站控制，并在其中一方控制时，另一方不能实施进路控制。电路可以实现用于 ATC 列车的正常的自动闭塞运行方式，也是提供非运营时间内的非 ATC 列车运行的自动站间闭塞，其具有在站控条件下，实现车站值班员的自动进路、自动折返进路以及全自动折返进路控制的功能。

**2. 计算机连锁**

计算机连锁是通过计算机技术、控制技术和通信技术实现车站连锁控制功能的实时控制系统。计算机连锁由室内设备和室外设备构成，室内设备由人机交互层、连锁控制层和 I/O

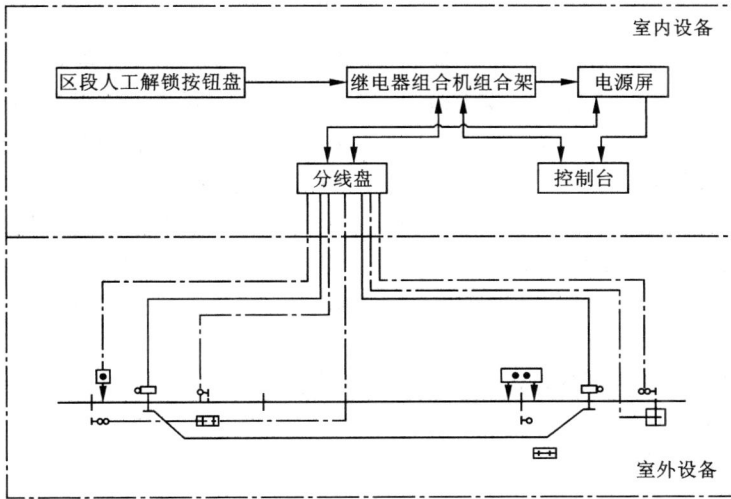

**图 5 - 7　继电集中连锁设备的组成**

接口层设备所构成；室外设备主要是信号机、转辙机和轨道电路等（见图5－8）。用于我国城市轨道交通计算机连锁的系统与 ATP 系统、ATS 系统结合，系统配置可根据不同的运营要求实现集中控制、区域控制或车站控制方式。其对计算机连锁有特殊的要求，如列车运行的三级控制、多列车进路、追踪进路、折返进路、连锁监控区、保护区段以及侧面防护等。

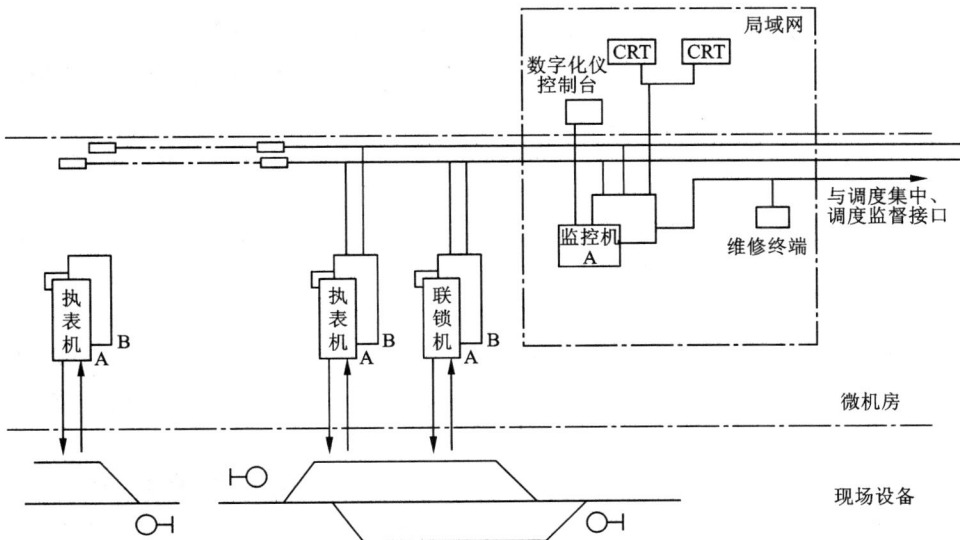

**图 5 - 8　计算机连锁系统结构**

### 5.2.4　列车运行控制

列车运行进路采用三级控制，即控制中心控制、远程控制终端控制和车站工作站控制。

控制中心控制为全自动的列车监控模式，在该模式下，列车进路设置命令由自动进路设定系统发出，其信息来源于时刻表和列车运行自动调整系统。控制中心列车调度员也可以人工干预，对列车进行调整，操作非安全相关命令、排列和取消进路。

在控制中心设备故障或控制中心与下级设备的通信线路故障时，自动转入远程控制终端控制模式。此时，由司机在车上输入目的地码，通过列车上的车次号发送系统发出的带有列车去向的车次号信息，远程控制终端自动产生进路控制命令，连锁系统根据来自远程控制终端传递的进路号排列进路。

在站级控制模式下，列车运行的进路在车站工作站控制：

1）多列车进路

城市轨道交通运行间隔小，车流密度大，在一条进路中可能出现多列车在运行。对于多列车进路，当第一列列车离开进路始端信号机后方的监控区后，可以排列第二条相同终端的进路。第二条进路排出，第一列列车通过后进路中的轨道区段直到第二列列车通过后才解锁。

2）追踪进路

追踪进路为连锁系统本身的一种自动排列进路功能。列车接近信号机，占用其前方第一接近区段时，列车运行所要通过的进路自动排出。

3）折返进路

列车需折返时通过列车自动选路、追踪进路或人工排列的进路，从指定的折返线出发。

4）连锁监控区段

在装备准移动闭塞的城市轨道交通中，开放信号机前连锁设备不需要检查全部区段，只要检查部分区段，这些被检查的区段称为连锁监控区段。只要监控区段空闲，进路防护信号机便可正常开放。

5）保护区段

为了保证列车运行的安全，避免列车由于某种原因不能在信号机前方停住而导致事故的发生，充分考虑了列车的制动距离及线路等因素，在停车点后方设置了保护区段，即终端信号机后方的一至两个区段为保护区段。

6）侧面防护

城市轨道交通的道岔控制全部采用单动，不设双动道岔，所有的渡线道岔均按单动处理，也不设带动道岔。这些都是靠采取侧面防护来防止列车的侧面冲击。侧面防护是指为了避免其他列车从侧面进入进路，与列车侧面发生冲突。

用于我国城市轨道交通的计算机连锁系统主要有国产的 TYJL－Ⅱ型计算机连锁、DS6－11 型计算机连锁、VPI 型计算机连锁和 iLOCK 型计算机连锁。从国外引进的 SICAS 计算机连锁和 MICROLOCK Ⅱ 计算机连锁，前四种主要用于车辆段，后两种主要用于正线。

## 5.3　列车运行自动控制系统

城市轨道交通的信号系统是保证列车运行安全和提高通过能力的重要设施。列车自动控制(ATC)系统是城市轨道交通信号系统的最重要组成部分,它实现行车指挥和列车运行自动化,能最大限度地保证行车安全,提高运输效率,减轻运营人员的劳动强度,提高城市轨道交通的通行能力。ATC 系统结构如图 5 - 9 所示。

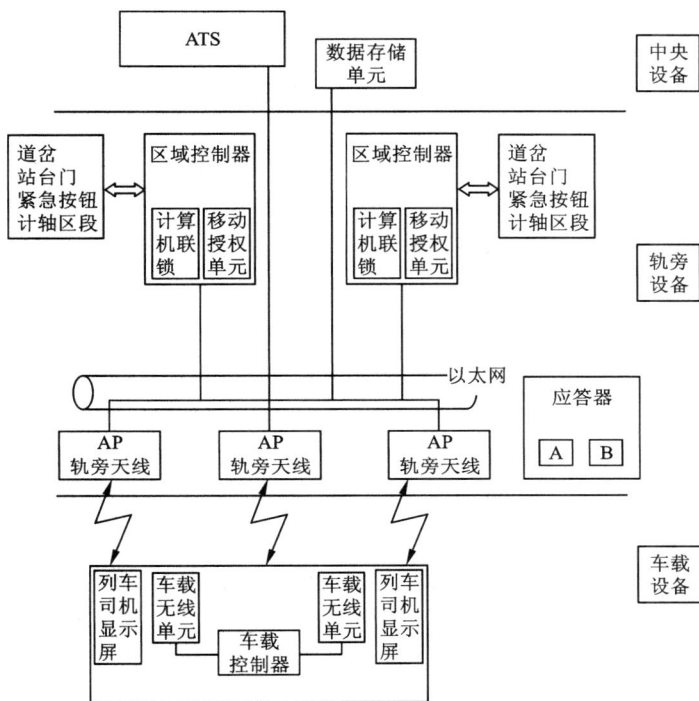

图 5 - 9　ATC 系统结构示意图

## 5.3.1　系统组成与功能

ATC 系统包括 3 个子系统:列车自动监控(ATS)系统、列车自动防护(ATP)系统、列车自动运行(ATO)系统,简称 3A 系统。ATC 是在保证行车安全、提高运营效率的情况下,实现列车的自动控制。

**1. 列车自动监控(ATS)系统**

ATS 系统主要是实现对列车运行及所控制的道岔、信号机等设备运行状态的监督和控制,给行车调度人员显示出全线列车的运行状态,监督和记录运行图的执行情况,在列车因故偏离运行图时及时做出调整,辅助行车调度人员完成对全线列车运行的管理。

ATS 系统主要由控制中心设备、车站设备及车载设备 3 部分组成(见图 5 - 10)。它的主要功能包括:列车运行情况的集中监视和跟踪;时刻表自动生成、显示、修改和优化处理;自动排列进路,按行车计划自动控制道旁信号设备;及时搜集和记录列车运行信息,绘制列车运行图,并将列车信息及线路情况等在控制中心的模拟盘上显示出来,同时实时显示整个ATC 系统的状况,及时给出告警显示和记录,进行统计、汇编仿真和诊断。

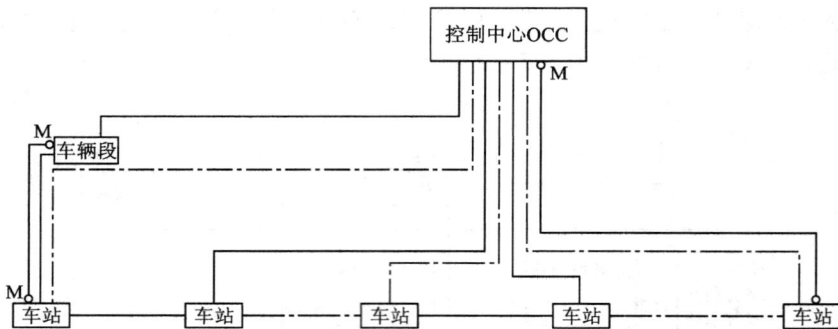

图 5 - 10　ATS 系统的组成

**2. 列车自动防护( ATP) 系统**

ATP 系统是保证行车安全、防止列车进入前方列车占用区段和防止超速运行的设备。ATP 负责列车运行的防护，是列车安全运行的关键设备，它由轨旁设备和车载设备所组成。ATP 系统具有以下主要功能：检测列车位置、停车点防护、超速防护、列车间隔控制(移动闭塞时)、临时限速、测速测距、车门控制、记录司机操作。

**3. 列车自动运行( ATO) 系统**

ATO 系统主要实现"地对车控制"，即利用地面信息实现对列车出站的出发控制、站间运行控制以及制动控制。它由地上设备和车上设备所组成，地上设有提供列车地点信息的 ATO 地上设备，车上设有 ATO 接收器、ATO 逻辑装置及车上设备等。ATO 系统的功能分为基本控制功能和服务功能，基本控制功能是自动驾驶、自动折返、车门自动打开这 3 个功能；服务功能包括列车位置、允许速度巡航/惰行、PTI 支持功能等支持功能。

## 5.3.2　控制原理

**1. 列车自动防护( ATP) 系统工作原理**

1) 列车检测

采用轨道电路等作为列车检测设备。当轨道电路区段空闲时，发送轨道电路检测码，此时轨道电路的功能为检测是否空闲，检测结果送往连锁装置。

(1) 列车自动限速。ATP 轨旁单元从连锁和轨道空闲检测系统获得驾驶令，形成计划数据后传输至 ATP 车载设备。驾驶指令主要包括目标坐标(目标速度和目标距离)、最大允许线路速度和线路坡度。ATP 车载设备通过此数据计算现有位置的列车允许速度。驾驶列车所需的数据经由司机控制室显示器指示给司机。实际的列车速度和驶过的距离由测速装置连续进行测量。ATP 车载设备将列车实际速度与列车允许速度进行比较。当列车速度超过列车允许速度时，ATP 的车载设备就发出制动命令，发出报警后控制列车进行常用全制动或实施紧急制动，使列车自动制动；当列车速度降至 ATP 所指示的速度以下时，自动缓解，而运行操作仍由司机完成。ATP 系统不仅可用来保证列车之间的运行安全，还用于受曲线等线路条件、通过道岔、慢行区间等限制而需要限速的区段。因此限速等级是根据后续列车和先行列车之间的距离、线路条件等决定的。ATP 系统可对列车运行速度进行分级或连续监督。

（2）车门开关。当列车在站台停稳且停车点的误差在允许范围以内时，车载对位天线和地面对位天线才能很好地感应耦合并进行车门开关操作。这需要地面和车载 ATC 设备以及车辆门控电路共同配合。地面 ATP 设备还将列车停准、停稳信息送至控制中心作为列车到站的依据。车门关闭后，车载 ATP 设备才具备安全发车条件。

（3）制动模式。列车制动控制模式分为分级制动模式和一级制动模式。

①分级制动。分级制动是以闭塞分区为单元，根据与前行列车的运行距离来调整列车速度，各闭塞分区采用不同的低频频率调制，指示不同的速度等级，在此基础上确定限速值。分级制动模式又分为阶梯形和曲线形。

阶梯形分级制动模式俗称大台阶型。它将一个列车全制动距离划分为 3～4 个闭塞分区，每一闭塞分区根据与前行列车距离确定限速值。当列车速度高于检查值时，列车自动制动，其为滞后监督方式，即在闭塞分区出口才监督是否超速，所以为确保安全，必须设有保护区段。固定闭塞制式的 ATC 系统通常采用阶梯形分级制动模式。

阶梯形分级速度控制方法虽然构成较为简单，但有较多缺点，不能满足高密度行车需要，可改为速度—距离模式曲线控制方式。

模式曲线是根据该闭塞分区提供的允许速度值以及列车参数和线路参数由车载计算机算出来的（或将各种制动模式曲线储存调用）。

准移动闭塞制式的 ATC 系统通常采用曲线分级制动模式。

②一级制动。一级制动是按目标距离制动。根据距前行列车的距离或距运行前方停车站的距离，由控制中心根据目标距离、列车参数和线路参数计算出列车制动模式曲线，或由车载计算机予以计算，按制动模式曲线控制列车运行。信息传输有数字编码轨道电路传输和无线传输两种方式。无论何种方式，传输的信息必须包括线路允许速度、目标速度、目标距离。一级制动方式最能合理地控制列车运行速度，是列车自动控制技术的发展方向。移动闭塞制式的 ATC 系统通常采用一级制动模式。

（4）测速与测距。

①测速。列车运行速度的测量非常重要，列车实际运行速度是速度控制的依据。该速度值的准确和精度直接影响调速效果。

测速有车载设备自测和系统测量两种方法：车载设备自测有测速发电机、路程脉冲发生器、光电式传感器和霍而式脉冲转速传感器等方法；系统测速有卫星测速和雷达测速等方法。

早期采用测速发电机测速。测速发电机安装在车轮轴头上，它发出的电压与车速成正比，该电压经处理后发生模拟量和数字量两个输出，分别用来驱动速度表和进入车上主机用于速度比较。测速发电机简单，但在低速范围内精度较差，可靠性也不高。

路程脉冲发生器的核心部件是一个 16 极的凸轮，随着车轮的转动，发生一系列脉冲，车速越快脉冲越多，只要在一定时间内记录下脉冲的数目，即能换算成列车的实际速度。

光电式传感器随着车轮的转动，光线不断地通过和被阻挡，使它产生电脉冲，记录脉冲数目来测量车速。

霍尔式脉冲转速传感器在车轮转动时产生频率正比于车轮转速的信号，以此来进行测速。需采用两路测速，以对机车车轮空转、蠕滑、抱死等引起误差进行修正。转速传感器无法精确补偿车轮打滑和滑行，可用一台多普勒雷达装置，向 ATP/ATO 系统输入第三个车速信息。这个信息与转速传感器输入的车速相比较，以检验车速测量系统的可靠性。

②测距。如何测量距停车点的精确距离是列车运行超速防护系统的重要任务。测距是通过测速与轮径完成的。必须不断地对轮径进行修正。

（5）设置速度限制。ATP系统通过设置区域限速或闭塞分区限速来设置速度限制。

①区域速度限制。区域速度限制是针对轨道电路内的预定区域的。区域限速可由ATP轨旁设备设置，也可在需要时由控制中心控制。一旦设置了限速，集中站的ATP轨旁设备就将产生到速度限制区的新的目标距离和实际的目标限制速度，并传送给接近限速区域的列车。

②闭塞分区限速。闭塞分区限速是对单独的轨道电路设置最大的线路和目标速度。通过ATP轨旁设备选择最大速度，作为轨道电路的最大速度。

（6）紧急制动和常用制动。紧急制动是将压缩空气全部排入大气，使副风缸内压缩空气很快推动活塞，施行制动，使列车很快停下来。紧急制动时，列车冲击大，中途不能缓解，充气时间长，不能使列车安全平稳地运行。

常用制动是直接控制列车主管压力使列车制动与缓解，不影响原有列车制动系统的功能。它缩短了制动空走时间，大大减小了制动时的纵向冲击加速度，使列车运行更安全、舒适。在常用制动失效后，可施行紧急制动。

**2. 列车自动运行(ATO)系统工作原理**

ATO系统不能脱离ATP系统与ATS系统单独工作，必须从这两个系统得到本系统工作的基础信息。3个系统共同构成ATC系统。

1）列车自动运行

ATO系统接收来自ATP系统的信息，包括ATP系统的速度命令、列车实际速度和列车走行距离，接收位置识别和定位系统的信息，接收来自ATS系统及连锁系统的巡航控制命令、扣车命令、下一站通过命令及运行方向及目的地等信息。根据这些信息，ATO系统通过牵引/制动曲线控制列车，使其维持在一个参考速度上运行。

ATO系统利用闭环反馈技术实现调速，即将列车实际速度与参考速度之差为偏差控制量，通过牵引/制动曲线对列车实施一定的牵引力或控制力，使偏差控制量为0。ATO系统可将列车实际运行速度调到参考速度±2 km/h以内。

ATO系统执行的自动驾驶过程是一个闭环反馈控制过程。测速单元通过ATP设备向ATO设备发送列车的实际位置信息。反馈环路的基准输入是从ATP数据和运营控制数据中得出的。ATO向牵引和制动控制提供数据输出。

2）车站程序停车

线路上的车站都有预先确定停站时间间隔。控制中心ATS设备监督列车时刻表，计算需要的停站时间，以保证列车正点到达下一站。由集中站ATS设备通过ATO环线传送给ATO车载设备。控制中心能通过集中站ATS设备缩短或延长停站时间。在控制中心要求下，列车可跳过某车站，这一命令由控制中心通过集中站ATS设备传给列车。

车站定位控制。设置站台屏蔽门，以方便乘客上、下车。车门的开度和屏蔽门的开度要配合良好，为此，ATO系统的定点停车精度应为±0.25 m。

3）车站定点停车

车站定点停车是靠一组地面标志线圈(或者环线)提供至停车点的距离信息，标志350 m

和 150 m 标志线圈成对布置，具有方向性。无源标志线圈具有固定的谐振频率，列车经过时与车载标志线圈产生谐振，有源标志线圈能发送特定的频率信号。

当列车正向运行经过 350 m 标志线圈时，启动定点停车程序，列车按定点停车曲线运行。定点停车曲线是建立在一个固定减速频率基础上的（制动率为全常用制动的 75%），其速度正比于至停车点距离的平方根。150 m、25 m 标志线圈的作用制动曲线对实际车速进行校正。当列车通过 8 m 标志线圈时，收到一个频率信号，即转入停车模式，减速率进一步降低。当车载定位天线与地面定位天线对齐时，又收到一个频率信号，立即实施全常用制动将车停住。若列车停准（误差为 ±0.25 m 内），地面定位天线会收到车载定位天线发送的停稳信号，然后才进行开关车门和屏蔽门的操作。

4）车门和屏蔽门控制

在通常的运行中，当列车停在车站预定的停车区域以内，列车从 ATP 轨旁设备收到车门开启命令，并且确定其速度为零后，ATO 自动打开车门，不用司机操作。

有了车门开启命令后，使 ATP 轨旁设备改发打开屏蔽门信号，当站台定位接收器收到此信号，打开与列车车门相对的屏蔽门。

列车停站时间结束（或人工终止），地面停站控制单元启动 ATP 轨旁设备，停发开门信号，由司机关闭车门，同时关闭屏蔽门。

车站在检查了屏蔽门已关闭好后，才允许 ATP 子系统向列车发送运行速度命令信息，列车受到速度命令，同时检查了车门已关闭后，可按车载 ATP 收到的速度命令出发。

5）列车识别系统（PTI）

ATO 系统的一项重要功能是将列车数据从车上传输到控制中心，这由列车识别定位系统完成，车上的 PTI 天线负责发送列车特征数据电码，钢轨间的回来环线（在区间内每隔一定距离设一个接收环线，停车证正线设一个接收环线）用于接收车载天线发送的数据，并将其由光缆或电缆传至控制中心。

由 PTI 系统传送的列车数据包括车次号、终点站名称、乘务员号、车门状态和列车状态。PTI 系统不另设车载设备，而集中在 ATO 系统内，但有独立的软、硬件，负责 PTI 编码、调制及发送。

### 5.3.3　发展趋势

为了提高城市轨道交通的载客能力，一方面可以增加每列车的车辆数目及车辆的空间容量，另一方面就是缩短行车间隔，后者为发展更先进的列车运行控制系统提出了需求。与此同时，微计算机技术的飞速发展也为发展列车速度自动控制提供了良好的硬件和软件环境。自 20 世纪 70 年代以来，世界上一些著名的信号公司，如法国的阿尔斯通（ALSTOM）、德国的西门子（SIEMENS）、英国的西屋（Westing House）、瑞士的安达（ADTranz）、美国的联合信号国际公司（US&S）等相继推出了基于数字轨道电路的准移动闭塞 ATC 系统，使城市轨道交通的通过能力大大提高，运行的安全性和可控性也得到改善。现在，基于准移动闭塞的 ATC 系统已在世界各国得到广泛应用。目前，作为准移动闭塞 ATC 系统基础的数字轨道电路正朝着双向信息传输和更高的传输速率、更多的信息量方向发展。相对于以固定闭塞分区为单位的固定闭塞，移动闭塞前后车间距是以距离连续描述的。移动自动闭塞中轨道占用不再是以分区为单位，而是以列车车长为单位的。与固定自动闭塞及准移动自动闭塞相比，移动自动闭塞系统有如下的优点：

（1）实现车—地之间双向、实时、高速度、大容量的信息传输。

（2）列车定位精度高。

（3）列车的控制的实时性更强。

（4）不受牵引回流的干扰。

（5）摆脱线路状况不良造成的影响。

（6）轨旁设备简单、数量少，系统可靠性高。

（7）缩短列车追踪间隔，提高通过能力。

（8）方便行车指挥，易于列车运行调整。

（9）能适应不同性能列车高速运行。

（10）有利于缓解因土建工程规模不足造成的折返能力下降。

根据移动闭塞技术的发展及城市轨道交通系统的要求，移动闭塞将是城市轨道交通和铁路信号控制系统发展的主要方向。20世纪90年代以来，随着计算机、通信技术特别是移动通信的快速发展，基于通信的列车控制系统受到了日益广泛的重视。ALCATEL、ALSTOM、HARMON公司近年来都开发出了基于通信的实现移动闭塞的城市轨道交通信号系统。

CBTC系统（见图5-11）是独立于轨道电路，采用高精度的列车定位和连续、高速、双向的数据通信，通过车载和地面安全设备实现对列车的控制，是一种采用先进的通信和计算机技术，连续控制、监测列车运行的移动闭塞方式。

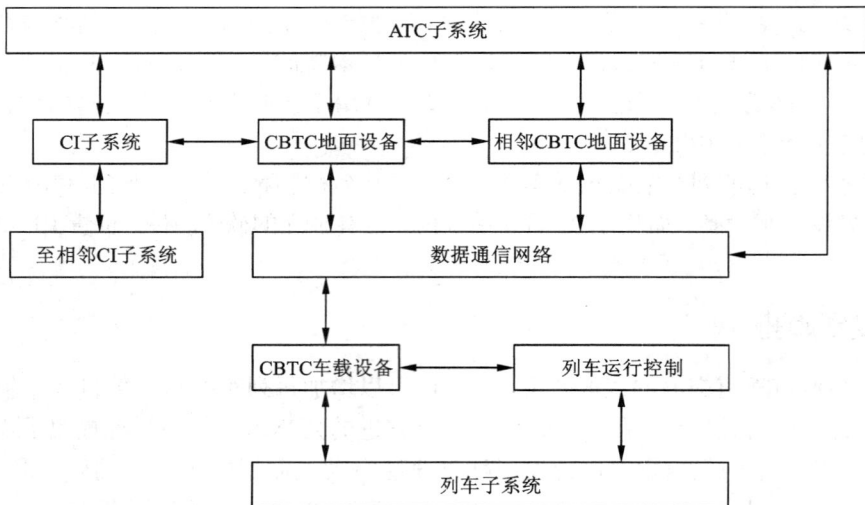

**图5-11 典型的基于通信的列车控制（CBTC）系统结构框图**

移动自动闭塞一般由列车自动防护系统车载设备通过精确测定行车前部位置，实时传送到地面控制中心，再由地面控制中心根据车长确定列车尾部的精确位置，在此基础上附加一定的安全距离确定出后车追踪运行的目标点。在此目标点计算出后行列车的运行控制命令，将其通过通信系统实时发送给后行列车，由车载设备实时控制列车，以确保列车运行安全。因此，列车的精确定位和高可靠大容量双向的实时通信是实现移动自动闭塞关键技术。

基于通信技术的列车控制系统摆脱了用轨道电路判别列车对闭塞分区占用与否，突破了固定(或准移动)闭塞的局限性。其较以往系统具有更大的优越性，具体体现如下：

(1)实现了列车与轨旁设备的实时双向通信，且信息量大。

(2)可减少轨旁设备，便于安装维修，有利于紧急状态下利用线路作为人员疏散的通道，有利于降低系统全寿命周期内的运营成本。

(3)确立"信号通过通信"的新理念，使列车与地面(轨旁)紧密结合、整体处理，改变以往车—地相互隔离、以车为主的状态。这意味着车—地通信采用统一标准协议后，就有可能实现不同线路间不同类型列车的联通联运。对于信号系统而言，联通联运主要是指系统的地面设备可以与另一系统的地面设备互联、系统车载设备可以与另一系统的地面设备协同工作、同一列车首尾的不同厂家的车载设备可以在同一线路上实施列车运行控制。

目前移动闭塞主要有基于感应环线通信的 CBTC 系统和基于无线通信的 CBTC 系统，后者将在我国城市轨道交通中得到广泛的应用。

---

**拓展阅读**

### ➤ 轨道交通视频监控现状及标准化发展趋势

随着国内信息技术的迅猛发展，在保证安全运营的前提下，轨道交通信号与通信技术相结合的信息技术，也逐步向 IP 化宽带化的系统进行演进，这种 IP 化演进的趋势将使未来的轨道交通应用系统能够更加有效地进行数据集中、数据整合及挖掘，从而使未来不同系统间的数据共享及数据调用，甚至于使实现企业资源规划(ERP)及决策支持变得很容易，有助于增强轨道交通企业的运营能力。

1.轨道交通视频监控现状

国内城市轨道交通建设在过去 10 年内已经全面从一线城市往二线城市普及，不仅北上广深的城市轨道交通运营里程超过了 1500 km，所有的东部省会城市都已建成了地铁，更有几十个东部地级市和西部省会城市规划和在建城市轨道线路，预计到 2020 年，将新建成 70余条轨道线路，届时全国的轨道交通总线路超过 100 条，运营里程超过 10000 km。

城市轨道交通中的视频监控系统是运营和治安的重要保障系统，近年来呈现出新的特点。

系统呈现高清数字化的趋势。从国内第一条地铁运营至今，视频监控技术走过了 3 个发展周期：从模拟联网，发展到基于 DVR 的数字联网，以及今日的全数字联网。很多城市的轨道交通更是直接就从数字高清起步，数字化的优势体现在整体的系统高干扰性、联网便利性、接口的开放性，高清的优势则体现在更多的细节和信息为可视化管理提供了极大的可能性和想象空间。更重要的是，IP 摄像机和网络存储设备的价格下降之快，也很大程度上消除了业主的顾虑。

视频监控系统按业务分为运营和治安两个主要垂直系统，也就是 CCTV 要满足地铁运营的需要和公安对于地铁车站、地铁车厢的治安环境的保障需要。对于这种业务的垂直划分，不同的城市有不同的做法，主要是统一建设、分开使用的建设模式和分别建设、资源共享两种模式。

视频监控和轨道交通综合管理系统的融合。和早期模拟系统不同的是，基于数字网络技术的视频监控系统，可以和其他计算机软件业务平台基于通信协议做数据的交换和业务的整合，因此，在某些城市的轨道交通系统中，CCTV 的系统是作为综合监控系统（ISCS）的一个组成模块而存在的，CCTV 向 ISCS 的其他系统如 SCADA、环控、屏蔽门、消防、安防等提供基础的视频资源，而不设立独立的监控终端。可以预计的是，随着智能技术的发展，各个业务系统对于视频的使用会更加普遍，这种系统级的融合会更加常见。

城市轨道交通的 CCTV 系统将纳入到社会面的监控体系中。目前，视频监控技术不仅成为平安城市、智慧城市的一个基本需求，城市轨道体系也是城市的生命线，因此，轨道交通一定会成为城市视频监控体系的一个重要组成部分，这就给我们提出了一个技术问题：轨道交通的 CCTV 体系，将来是否能够适应纳入社会监控体系的要求。

城市轨道交通的体系建设要求。从第一代城轨运营至今，技术体系在不断演化，管理体制也在发生很大的变革，现在，城市级的轨道运营中心、交通管理中心、应急指挥中心要求把不同的轨道线路作为一个整体进行管理，这就要求不同的轨道线路不管建设年限如何，要考虑对整体系统的融合性，而不至于造成一线一制，烟囱式地进行系统整合。

2. 城市轨道交通视频监控的标准化选择问题

视频监控联网标准化趋势数字化视频监控不断发展历程，也是相应的标准不断推出和完善的历程，但是和广播电视系统相比，数字化监控系统虽然同样也关注音视频压缩、传输的标准，并且两者还共享一些技术成果，但是对于视频监控来说，大规模的联网要求提出来的对联网控制协议的标准还是近年才出现的事情。以下从 3 个方面简要说明，视频监控联网控制所涉及的标准化工作。

1）视音频编解码标准

视音频编解码标准是所有视频信息最基本的"描述语言"，没有统一的语言，就需要层层翻译，对各种语言的长期维护，尤其是早期非规范的语言，是非常困难而难以持续的。从轨道交通发展至今在视音频编解码标准上，历经了 MPEGII、MPEGIV、H. 264 几个阶段，不仅如此，由于对传输和封装标准缺乏早期规范，经常发生线路之间不能互编互解的局面，管理各线的运营中心必须堆砌很多设备，才能接入各条线路，给系统运维带来很大困扰。

H. 264 已经推出近 10 年，是目前应用最广泛、最先进的视频编码技术（2013 年 3 月 H. 265 正式颁布，但对于大规模商用来说，估计还要 3 ~5 年的时间），在同样的图像质量前提下，其码流不及 MPEG – 4 一半，可以大量节省存储空间及带宽占用，这点对于有大量视频传输及存储需求的网络化视频监控系统是至关重要的。

H. 264 标准从编码器处理和质量方面规定 baseline、main 和 High 等多个 profile，同时在 H. 264 具体算法中包含了众多的可选项。因此，根据轨道交通对视频质量的要求以及兼容性实施角度，可以灵活选择规定具体的 profile 和 level 等级，以及对编码和解码过程中的具体参数规定，满足不同场景下的不同需求，例如，可以选择高压缩比的 HighProfile 码流进行录像存储，保证对细节的捕获，而选择低延时的 ConstrainedBaseline 满足低延时的实时浏览要求。

由于 H. 264 发展已经比较成熟，相比较 SVAC、AVS 等标准得到了更多的厂商支持，因此，在国际、国内得到了众多标准化联盟组织的选择，具有强大的生命力。而且从目前的实践来看，H. 264 的实现趋于规范，不同厂商的互操作有比较好的保证。

综合以上因素，我们认为轨道交通应该选择 H. 264 作为视频编码的基础编码框架，并在此基础上，完善信令、传输、文件封装的相关标准。

2) 系统控制协议

随着安防行业不断向网络化发展的趋势，对于不同厂商的 IP 安防设备缺乏一个互相通信的标准。2008 年 9 月，由海康威视、AXIS、BOSCH、SONY 等公司联合发起成立了 ONVIF 的研究小组，逐渐形成了大批主要厂商参与的国际性标准化组织，并已推出 ONVIF2.2 版规范。此外还有 Cisco、Honeywell 等 60 余家厂商发起的 PSIA 组织。

ONVIF 标准为网络视频设备之间的信息交换定义通用协议，包括装置搜寻、实时视频、音频、元数据和控制信息等。网络视频产品可以提供多种可能性，使终端用户、集成商、顾问和生产厂商能够更灵活和开放地进行功能扩展，而且利用面向服务的接口技术，降低系统管理成本，获得高性价比、更灵活的解决方案、市场扩张的机会以及更低的风险。

ONVIF 目前已经得到了主流视频设备厂商的普遍支持，越来越成为前端设备、存储设备、后端设备的事实接口标准，同时，基于厂商自有技术的 SDK 接入方式，将越来越受到用户的抵触。

但是，ONVIF 的缺点也比较明显，由于 ONVIF 更关注的是设备之间的接口和管理，不太关注系统之间的管理和接口，对于国内的多层级系统管理、权限分配、录像调用等功能没有很好的解决方案。

国内视频监控标准的发展状况国内视频监控系统的标准化相对滞后，尤其对数字视频监控的联网控制，缺乏全国性的标准。

从发展历程上来看，首先是地方性的标准制订，并从关注视频图像质量、关键点位的覆盖、强制功能的规定，逐渐发展到规定整体结构、关注系统级联网标准。

---

**思考与练习**

1. 简述 ATC 系统的功能和组成。
2. 简述 ATP 系统的功能和组成。
3. 简述 ATS 系统的功能和组成。
4. 简述 ATO 系统的功能和组成。
5. 城市轨道交通的通信系统是由哪几部分组成？
6. 固定闭塞和移动闭塞的区别是什么？

# 模块六

# 城市轨道交通运营管理

## 【引　例】

城市轨道运营管理师是培养掌握城市轨道交通运营管理的基础理论知识和技能，能从事城市轨道交通运营的组织与管理的高级技术应用型专门人才。从事的主要工作包括城市轨道交通运营的组织与管理技能。全国轨道交通资质认证项目的目的是培养市场需要、社会认可、与国际接轨，适应轨道交通运营与管理需求的专门人才，由中国轨道交通联合会组织考试认证。

中国轨道交通联合会（National Federation of Metro Transportation，NFMT）是由全国各轨道交通相关企事业单位、院校及个人自愿组成的全国性、联合性的非营利的社会组织。中国轨道交通联合会的重要职能之一就是开展行业技能鉴定。城市轨道运营管理师资质认证项目由中国轨道交通联合会和全国城市轨道交通专业评审委员会具体负责实施和管理，鉴定中心是受中国轨道交通联合会及政府委托，进行资质认证的组织实施和管理机构，同时也是中国轨道交通联合会职能部门当中唯一具有颁发资质证书的机构。

城市轨道运营管理师的职业概况是掌握城市轨道交通概论、车站设备、城市轨道交通车辆、地铁供电、轨道交通运营管理、轨道交通行车组织、轨道交通客运组织、轨道交通通信信号、消防环控、安全管理、地铁项目管理、车辆、供电、车站实习、运营管理实习、自动售检票系统（AFC）认识实习、运营调度实习等。就业领域是城市轨道交通运营的组织与管理部门。

城市轨道运营管理师的资质认证级别包括：高级客运员、高级调度员、助理城市轨道运营管理师、城市轨道运营管理师、高级城市轨道运营管理师。

## 6.1　运营管理内容框架

### 6.1.1　运营管理的范畴与定位

城市轨道交通的运营管理是综合利用相关设施为旅客提供优质服务的保证。城市轨道交通运营企业不但要提供良好的乘车环境，而且要有配套完善的基础设施和保障机制。为了保证城市轨道交通高效运转、优质服务和安全运营，不仅需要优质高效的硬件设备，还要有与系统规模相适应的运营管理人才。

城市轨道交通是一个庞大而复杂的技术系统，其专业涵盖了土建、机械、电机电器、自动控制、运输组织等技术范畴。从运营功能来看，城市轨道交通大体可分为 3 大系统。

（1）列车运行系统：线路、车辆、牵引供电、通信信号、控制中心等。

（2）客运服务系统：车站、自动售检票、导向标志、消防环控、火灾报警、给排水等。

（3）检修保障系统：为保障城市轨道交通设备性能良好，应具备的检修手段及检修能力等。

## 6.1.2　运营管理的核心内容

城市轨道交通运营管理的目的是为规范和引导城市轨道交通运营的各项工作，使城市轨道交通运营得以安全、高效、科学地运作实施。城市轨道交通运营管理的内容包括行车管理、站务管理、票务管理、车站设备管理等 4 个部分。

### 1.行车管理

行车管理按生产、组织、管理流程，可以分为运输计划的编制（客流计划和全日行车计划）、车辆配备计划、列车牵引计划、列车运行图的铺画、列车交路计划、运输能力计算、列车运行和行车调度指挥等内容。

### 2.站务管理

城市轨道交通的站务管理指密切关注车站乘客动态，发现危及行车和乘客安全的情况，及时与有关人员联系，进行处理，站台工作人员还需要与乘务人员密切配合。站务管理是全线行车指挥和车站行车组织的必要支持和补充，共同确保列车运行安全和乘务安全。

### 3.票务管理

票务管理主要包括票制、票价的确定和自动检票系统及其运用、管理。由车站组织检票工作，负责设备的养护维修和运用管理，并根据客流情况对售票系统的设置进行调整。由运营公司票务管理部门对全线的运量、运营指标进行统计和进行财务、经济的核算与评价。

### 4.车站设备管理

一个完整的城市轨道交通系统的设备运营管理包括车站服务实施系统、通信及信号系统、收费系统、供电系统、环境控制系统、通风及排烟系统、防灾系统、给排水及消防系统、自动扶梯及电梯运载系统等设施、设备的操作运用和养护维修管理。作为设备的运用，一般可分为正常状态下的日常运用，非正常情况下（故障运行）的运用及紧急情况时的运用。

# 6.2　运营计划

## 6.2.1　客流计划

### 1.客流计划的定义及其相关概念

客流指城市轨道交通运营线路上旅客在固定方向上的数量之和，因为类似于水流，所以称之为客流。客流既有数量也有方向，与矢量有着许多相似之处。

客流计划：运营部门需要了解未来一定时期内客流的情况，因此需要对客流作出相应的规划，这个规划就是我们常提到的客流计划。

断面客流量：在城市轨道交通两站之间、平均每单位时间内运载的乘客人数。

最大客流量：每个断面客流量各异，那么在所有断面中客流量最大的就是最大客流量。

　　高峰小时最大断面客流量：运营时间可以被分成若干个小时，而客流量最大的小时被称作高峰小时，在高峰小时内所有断面中客流最大的那个断面的客流量被称为高峰小时最大断面客流量。

**2. 客流计划的主要内容**

　　客流计划是对未来客流情况的一种规划，它是编制运输计划的基础。对未投入运营的城市轨道交通来说，客流计划的编制需要非常复杂的预测才能够得出误差较小的客流量。在已运营一段时间的线路上，客流计划的编制需要每天详细的运营数据作为参考得出未来的客流量。客流计划的主要内容为各站到发客流量、各站分方向的发送人数、全日分时段断面客流分布和全日高峰小时断面客流分布。

　　为满足广大市民的出行需求以及经济有效、有条不紊地使用运营设备和组织安排运输任务，编制客流计划十分必要。

　　1）沿线各站到发客流量

　　沿线各站到发客流量可以通过统计各站的到发客流量，整理成 OD 矩阵的形式表现出来，并且为其他客流计划的内容奠定了数据基础。表 6 - 1 是一个 5 站间的轨道交通线路 OD 矩阵，右下角为全线客流总量。

表 6 - 1　某轨道线路 5 站间的 OD 表(人)

| 始发/到达 | A | B | C | D | E | 合计 |
|---|---|---|---|---|---|---|
| A | — | 3260 | 2200 | 1980 | 1950 | 9390 |
| B | 2100 | — | 2190 | 2330 | 6530 | 13150 |
| C | 5800 | 4900 | — | 3220 | 4600 | 18520 |
| D | 5420 | 4100 | 3200 | — | 4390 | 17110 |
| E | 1200 | 4320 | 7860 | 3420 | — | 16800 |
| 合计 | 14520 | 16580 | 15450 | 10950 | 17470 | 74970 |

　　2）各站分方向上、下车人数

　　根据表 6 - 1 可以统计各站上、下车人数。计算方法十分简单，每列之和为下车人数，每行之和为上车人数。方向的确定还要看当地的运营部门的具体规定。

　　3）全日、高峰小时、低峰小时断面客流量

　　断面客流量的计算

$$P_{i+1} = P_i - P_x + P_s \qquad (6-1)$$

式中：$P_{i+1}$ 为第 $i+1$ 个断面客流量；$P_i$ 为第 $i$ 个断面客流量；$P_x$ 为在车站下车的人数；$P_s$ 为在车站上车人数。

　　如表 6 - 2 所示，要计算 A—B 区间下行方向断面客流，根据公式 6 - 1，需知道 A—B 之前的区间的断面客流量在 A 站上车、下车的人数。

　　下行：0 - 0 + 9390 = 9390。断面客流也可用图 6 - 1 表示。

4）全日分时段最大断面客流

城市轨道交通的各站间客流 OD 表示计算全日分时段最大断面客流量的基础数据。根据表 6 - 1 中的数据先做出各站分方向的发送人数，根据表 6 - 2，做出各断面的客流分布，从中搜索出客流量最大的断面即可。

表 6 - 2　各区间断面客流量

| 下行 | 区间 | 上行 |
| --- | --- | --- |
| 9390 | A - B | 14520 |
| 17180 | B - C | 25740 |
| 20610 | C - D | 26100 |
| 17470 | D - E | 16800 |

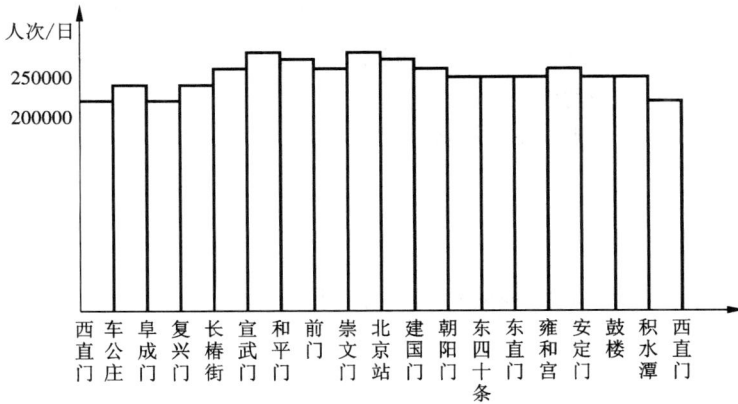

图 6 - 1　北京地铁 2 号线模拟断面客流分布图

## 6.2.2　行车计划

全日行车计划是在每天运营期间每个小时运行的列车对数计划。它的编制以客流计划为数据基础，为编制车辆配备、运用与检修计划和日常调整计划做铺垫。

**1. 全日行车计划编制资料**

1）营业时间

城市轨道交通系统营业时间的安排主要考虑了两个因素：一是考虑乘客的出行特征，方便旅客进行各种日常活动；二是考虑各项设备需要维护，必须留出适当的时间进行检修。

2）全日分时段最大断面客流量

营业时间的确定应该考虑两个因素：第一，满足乘客日常生活的需求；第二，考虑运营设备的维护保养。

3）列车定员数

列车定员数是列车编组辆数和车辆定员数的乘积。列车编组辆数的确定以高峰小时最大断面客流量作为基本依据。

在客流量非常大时，为了解决乘客拥堵的问题除了可以采用提高行车密度外，还可以加挂车辆提高列车定员数。然而在车流密度已经很大时，为了适应客流的增加，通常应用后者。

不同的车型有着不同的体积和内饰布置，这些都是决定列车定员的因素。因此购置什么样的车型也成为决定列车定员的一个必不可少的因素。

4）线路断面满载率

线路断面满载率是指在单位时间中某个指定断面上列车搭载乘客的效率。在日常工作中，大多数表示高峰小时或客流量最大断面的线路断面满载率。计算公式如下：

$$\beta = \frac{P_{max}}{C_{max}} \qquad (6-2)$$

式中：$\beta$ 为线路断面满载率；$P_{max}$ 为单向最大断面客流量，人；$C_{max}$ 为高峰小时线路输送能力，人。

线路断面满载率不仅体现了最大客流量断面的载客效率，还体现了列车给乘客带来舒适的程度。在实际工作中不仅要考虑乘客是否满意，还要考虑到城市轨道交通运营的成本，为了经济有效地进行运输组织，可以采用在高峰小时适量地进行超载运输。

**2. 全日行车计划的编制程序**

1）计算营业时间内每小时应开列车数

计算公式如下：

$$n_i = \frac{P_{max}}{P_{列} \beta} \qquad (6-3)$$

式中：$n_i$ 为全日分时开行列车数，列或对；$P_{列}$ 为列车定员数，人。

2）计算行车间隔时间

计算公式如下：

$$t_{间隔} = \frac{3600}{n_i} \qquad (6-4)$$

式中：$t_{间隔}$ 为行车间隔时间，s。

**3. 确定全日行车计划**

通过上面所述的公式可以求出每个小时开行列车的对数，以及每辆列车的发车间隔，此时还应该再根据具体情况进行调整，避免客流的堆积。

如果一味地考虑运营成本，把发车间隔规定得太长，会使乘客焦躁不安，不太希望乘坐地铁，这样会造成客流量的损失。因此在高峰小时，行车间隔一般不大于 7 min；在其余的时间发车间隔最好不大于 10 min。

**4. 全日行车计划的实例**

以西安地铁 2 号线的全日行车计划的编制为实例，以下是编制的过程。

1）计算全日分时段最大断面客流量

计算全日分时段最大断面客流量应先根据每个时段的站间 OD 客流表计算出每个断面的全日分时段客流分布，再通过比较每个时段中的所有断面的客流量，确定出每个时段的单向最大客流量作为全日分时段最大断面客流量，如表 6-3 所示。

表 6 - 3　西安地铁 2 号线全日分时段最大断面客流量

| 时段 | 最大断面客流量 | 时段 | 最大断面客流量 |
|---|---|---|---|
| 6:30—7:30 | 9282 | 15:30—16:30 | 25766 |
| 7:30—8:30 | 48639 | 16:30—17:30 | 23054 |
| 8:30—9:30 | 34354 | 17:30—18:30 | 40231 |
| 9:30—10:30 | 30738 | 18:30—19:30 | 31190 |
| 10:30—11:30 | 28930 | 19:30—20:30 | 24410 |
| 11:30—12:30 | 25766 | 20:30—21:30 | 15369 |
| 12:30—13:30 | 16002 | 21:30—22:30 | 11753 |
| 13:30—14:30 | 17629 | 22:30—23:30 | 8137 |
| 14:30—15:30 | 21697 | | |

2）营业时间、列车定员、线路满载率的确定

根据详细的调查，西安地铁 2 号线的营业时间为 6:30—23:30，共 17 h。列车为 6 辆编组，车辆定员为 244 人。根据公式 6 - 2 计算出早晚高峰线路满载率为 1.1，其他运营时间为 0.9。

3）全日行车计划的确定

根据全日分时段最大断面客流量、列车定员数与线路满载率，通过公式 6 - 3 计算分时开行列车数，通过公式 6 - 4 计算出分时段行车间隔。同时还要注意调整非高峰时间过长的行车间隔，增加开行列车数，保持一定的服务水平。西安地铁 2 号线的全日行车计划如表 6 - 4 所示。

表 6 - 4　西安地铁 2 号线全日行车计划

| 时段 | 开行列车数 | 行车间隔 |
|---|---|---|
| 6:30—7:30 | 7 | 8 min 34 s |
| 7:30—8:30 | 30 | 2 min |
| 8:30—9:30 | 26 | 2 min 18 s |
| 9:30—10:30 | 23 | 2 min 37 s |
| 10:30—11:30 | 22 | 2 min 44 s |
| 11:30—12:30 | 20 | 3 min |
| 12:30—13:30 | 12 | 5 min |
| 13:30—14:30 | 13 | 4 min 37 s |
| 14:30—15:30 | 16 | 3 min 45 s |
| 15:30—16:30 | 20 | 3 min |
| 16:30—17:30 | 17 | 3 min 32 s |
| 17:30—18:30 | 25 | 2 min 24 s |
| 18:30—19:30 | 24 | 2 min 30 s |
| 19:30—20:30 | 19 | 3 min 9 s |
| 20:30—21:30 | 12 | 5 min |
| 21:30—22:30 | 9 | 6 min 40 s |
| 22:30—23:30 | 6 | 10 min |

### 6.2.3 车辆配备、运用与检修计划

车辆配备、运用与检修计划指为完成全线全日行车计划所需要的车辆保有数量计划。车辆保有数计划包括运用车数、在修车辆数和备用车辆数 3 部分。本节还把列车交路计划也纳入到该节一起讨论。

**1.车辆运用**

城市轨道交通的技术非常复杂，属于系统工程的范畴，涉及的领域非常多。若合理有效地组织这么一个庞大的架联动机，必须掌握好车辆运用的组织方法。

列车运转流程包括列车出车、列车正线运行、列车回库收车及列车场内检修及整备作业。它们必须按照车辆运用部门发出的命令同意配合来完成各项任务。

1）列车出车

列车出车工作流程分为制订发车计划、出乘作业及发车作业 3 部分，从制订发车计划开始到列车发车结束。其中制订发车计划可分为编制下达发车计划和检修交车确认计划两个环节。出乘作业可细分为驾驶员出勤、出车前检查、列车出库 3 个环节。出车工作流程如图 6 – 2 所示。

2）列车正线运行

列车正线运行主要由乘务员来完成。主要工作内容包括正线运行中的信息交流、正线交接班作业。

（1）正线运行中信息流转换。

正线列车或其他行车设备发生故障时，驾驶员应及时报告行车调度员故障车次、故障时间、故障现象及处理结果。

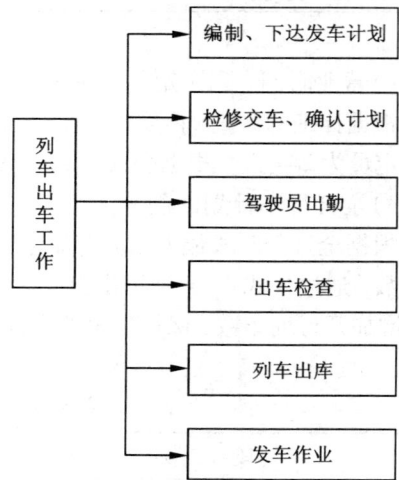

图 6 – 2 出车工作流程图

行车调度员将故障车次/车号、故障情况及其他相关信息通报维修部门。

驾驶员除汇报行车调度员有关故障信息外，还应将故障信息在报单上记录备案。

对运营中列车因故障而导致下线，行车调度员应及时通知运转值班员。

（2）正线交接班有关规定。

驾驶员在正线交接班时应提前20 min 至有关地点出勤，出勤方式按部门制订的相应规定执行。

驾驶员在途中交接班时必须向接班人员说明列车的运行技术状态及有关行车注意事项，并填写在驾驶员报单上，内容包括制动性能、故障情况、线路情况、当前有效调度命令及执行情况以及其他必须交接的情况。

（3）列车收车工作。

列车回库收车工作流程分为接车及回库作业、其中回库作业可分为列车入库、回库检查及收车、驾驶员退勤这 3 个环节。

**2.列车保有数计划**

为进行正常的运营工作，城市轨道交通必须存储一些备用车辆。车辆按运用上的区别，

分为运用车、检修车和备用车。

　　1）运用车辆数

　　为了防止运营因为意外事故而造成线路长时间中断，需要储备状态优秀的车辆，这些车辆被称为运用车。其数量的确定需要列车旅行速度、折返站停留时间以及高峰小时开行对数的确定，并按如下公式计算：

$$N = \frac{n_{高峰}\theta_{列}\, m}{3600} \qquad (6-5)$$

式中：$N$ 为运用车辆数，辆；$n_{高峰}$ 为高峰小时开行列车数，对；$\theta_{列}$ 为列车周转时间，s；$m$ 为列车编组辆数，辆。

　　列车周转时间是列车在线路上往返一次所需要的全部时间。它不仅包括列车在中间站停车供乘客乘降、折返站进行折返作业，还包括列车在区间运行的全过程。

$$\theta_{列} = \sum t_{运} + \sum t_{站} + \sum t_{折停} \qquad (6-6)$$

式中：$\sum t_{运}$ 为列车在线路上往返一次各区间运行时间的和，s；$\sum t_{站}$ 为列车在线路上往返一次各中间站停站时间的和，s；$\sum t_{折停}$ 为列车在折返站停留时间的和，S。

　　当列车在折返站的出发间隔时间大于高峰小时的行车间隔时间时，必须在折返线上预先布置一个列车进行周转，因此运用车的数量也要增加。

　　2）检修车辆数

　　检修车是指处于定期检修状态的车辆。车辆的定期检修是一项有计划的预防性维修制度。车辆经过一段时间的运用后，各部件会产生磨耗、变形或损坏，为保证车辆技术状态良好和延长使用寿命，需要定期对车辆进行检修。车辆的检修计划如表6-5所示。

表6-5　检修计划表

| 检修级别 | 运用时间 | 走行千米 | 检修停时 |
| --- | --- | --- | --- |
| 双周检 | 2 周 | 4000 | 4 h |
| 双月检 | 2 月 | 20000 | 2 h |
| 定修 | 1 年 | 100000 | 10 d |
| 架修 | 5 年 | 500000 | 25 d |
| 大修 | 10 年 | 1000000 | 40 d |

　　3）备用车辆数

　　为了适应客流变化，确保完成临时紧急的运输任务，以及预防运用车发生故障，必须保有若干技术状态良好的备用车辆。备用车的数量一般控制在运用车数的10%左右。备用车原则上停放在线路两端终点站或车辆段内。

## 6.2.4　列车交路计划

　　列车交路包含列车开行区段以及折返站等内容。城市轨道交通是城市公交系统的顶梁柱，拥有高速度、大载荷、运距长等特点，可以保障大量乘客的出行需要。尤其是给生活在市郊和城乡结合部的人们带来了极大的方便。对城市的交通拥堵问题的解决有着显著效果。城市轨道交通的合理运营十分复杂，其中的列车交路的规定也十分不易，必须统计大量的基础数据才能做最后的决定，但是列车交路计划必须遵守以下 5 条原则：

（1）最大程度的使客流顺畅。

（2）把城市轨道交通的高速度和远距运输能力发挥得淋漓尽致。

（3）满足城市轨道交通运营设备载荷的要求。

（4）与其他城市轨道交通线路配合安排。

（5）考虑实际工作中的可行性。

**1. 交路方案模式及其优点**

1）单一交路模式

全线单一交路是指列车在城市轨道交通的线路上的每站都停，并在线路的起讫点折返，为每个站的旅客提供运输服务。该交路是最简单最基础的交路（见图 6 - 3），适用于每个断面的客流量比较均衡的情况。

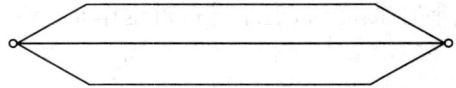

图 6 - 3　单一交路模式

2）衔接交路模式

衔接交路是指列车只在规定的某个区段内运行，并不跑完全程，在城市轨道交通线路中的某一个中间站和终点站折返（见图 6 - 4）。这种交路可以满足几个断面客流量有着明显不同的区段的需要，同时还可以降低运输成本。

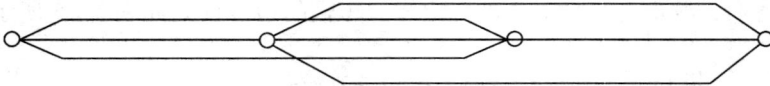

图 6 - 4　衔接交路模式

3）大小交路嵌套模式

大小嵌套交路是指有的列车只在规定的两个中间站之间运行，其他的列车每站都停并在线路两端折返（见图 6 - 5）。该列车交路计划可以用于中间几个车站断面的客流与其他断面有着非常明显的区别的情况。

图 6 - 5　大小交路嵌套模式

**2. 不同列车交路比较**

采用符合实际情况的列车交路计划，可以提高城市轨道交通的运营效率，降低运营成本。在保证原有的服务水平上提高列车的运载能力。单一交路可以使每个站的可达性十分均衡，但是有时会造成列车运载能力的浪费。大小嵌套交路和衔接交路较单一交路可以调高运输组织效率并且节约成本，但是对列车的组织要求非常高。

### 3. 列车交路计划的确定

列车交路计划的确定，首先，对所有断面的客流在时间和空间上进行细致的分析，总结出每个断面客流的特征，再进行不均衡性的分析，所有的这些分析都是列车交路计划必须要做好的基础。其次，由于建设成本的关系，每个城市轨道交通车站不会都修建用于折返的线路，而且由于行车条件的限制，不同的发车间隔会制约着某些交路上列车的运行，因此必须要对这两方面加以充分的考虑。再次，车站的客运服务程度也应该是必须考虑的因素之一。如果车站的客运服务好，会在较短的时间内疏散大量的客流，可以为列车运行图的铺画创造有利条件，也为列车交路的确定提供更宽松的环境。相反，如果客运服务差，会影响列车的停站时间，打乱整个运输计划和列车交路计划。因此在制订列车交路之前一定要调查好每个车站客运服务的情况。

## 6.2.5 网络化运营管理

随着管辖线路里程和线路数量的不断增加，城市轨道交通系统由简单的单线系统逐步形成网络化系统，由单线运营模式迈入网络化运营时代。网络化运营随之带来了许多新问题，如网络化运营管理体制、换乘枢纽的管理、系统互联互通、设施设备资源共享、线路间运力协调、运营组织配合等。

在城市轨道交通网络上，线路、车辆及信号等制式往往多样化，设有大型的换乘枢纽、折返系统、车辆段等大型基础设施，通过这些设施使线路之间实现互联互通、资源共享，从而满足城市交通和乘客出行需求。

# 6.3 列车运行图与运输能力

## 6.3.1 列车运行图

### 1. 列车运行图的定义

列车运行图是运用坐标原理来表示列车运行时空关系的图解关系，体现了列车运行时间与时空关系，是表示列车在各个区间运行及在各车站停车或通过状态的二维线条图，又称为时距图(distance-time diagram)。在轨道交通系统中，列车运行图规定了列车占用区间的次序，列车在每一个车站出发、到达或通过的时间，区间运行时间，车站停车时间，在折返线的折返作业时间，以及列车交路和列车出入车辆段时刻等，能直观地显示出各次列车在时间上和空间上的相互位置对应关系，它是列车运行的综合计划，因此列车运行图也就规定了线路、站场、车辆和通信信号灯设备的运用和与行车有关各部门的工作。因此，列车运行图是各项运输工作的综合计划，是行车组织的基础，是协调城市轨道交通系统各个部门、单位按一定程序进行生产活动的重要文件。

此外，列车运行图是城市轨道交通系统的综合性计划，城市轨道交通运营的各业务部门都需要根据列车运行图来安排工作。例如，控制中心根据列车运行图调度、指挥和监控列车运行；车站根据列车运行图组织行车、客运和其他站内工作；车辆段则需要根据列车运行图安排相关工作，维修部门每天要做好上线列车的整备工作，运转部门要确定上线列车数、车辆段出入段顺序及时间、乘务员作息时间和列检等；机电、供电、通电和工务等部门应根据列车运行图的规定来安排施工计划和维修计划。总之，围绕着城市轨道交通运营的各个业务部门都要遵循"按图办事"的原则。列车运行图对保证城市轨道交通运营各部门的相互配合和协调起非常重要的作用。

### 2. 列车运行图的图解

用列车运行图表示列车运行时空过程的图解形式一般有两种：①以横坐标表示时间，纵坐标表示距离，运行图上的水平线表示车站的中心线，垂直线表示时间；水平线间的间隔表示车站间的距离，垂直线间的间隔表示时间单位［见图 6－6(a)］。②以横坐标表示距离，纵坐标表示时间，运行图上的水平线表示时间，垂直线表示车站的中心线；水平线间的间隔表示时间的单位，垂直线间的间隔表示车站间的距离［见图 6－6(b)］。在我国，目前列车运行图解方式采用第一种方式。

列车运行图有两种输出形式：时刻表和图解表。其中图解表又称为时距图，它利用坐标原理表示列车运行状况和行车时刻，将列车看作一个质点，斜线就是列车运行的轨迹，代表列车的运行线。

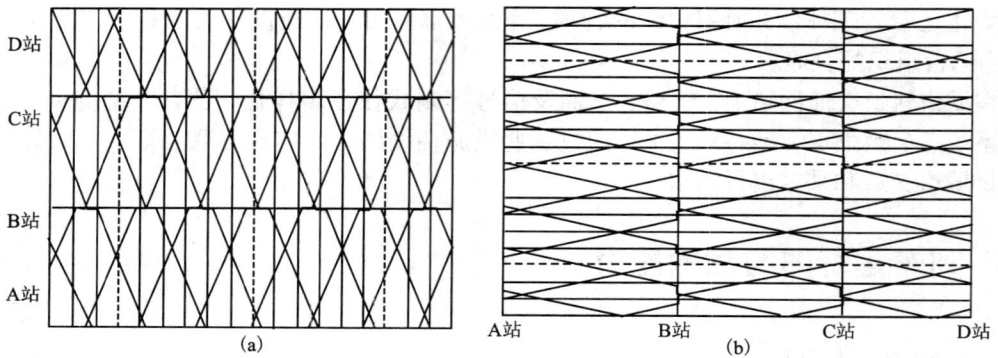

图 6－6 列车运行图图解表示

在图 6－6(a)中，横坐标表示时间，纵坐标表示距离。这时，运行图上的水平线表示车站的中心线，垂直线表示时间；水平线间的间隔表示车站间的距离，垂直线间的间隔表示时间的单位。

图 6－6(b)的表示方法正好与图 6－6(a)相反，以横坐标表示距离，纵坐标表示时间。这时，列车运行图上的水平线表示时间，垂直线表示车站的中心线，水平线间的间隔表示时间的单位，垂直线间的间隔表示车站间的距离。

时刻表规定了运营线路的每个运营周期（一般为每天）的起止时间、高峰期起止时间、各次列车占用区间的顺序、列车在一个车站到达和出发（通过）的时刻、列车在区间的运行时间、列车在车站的停站时间、折返站折返作业时间及列车出入车辆段的时间。

### 3. 列车运行图的分类

根据区间正线数目，列车运行速度，上、下行方向列车数和通方向列车运行方式等条件，列车运行图的分类如下。

按区间正线数目的不同，列车运行图可分为：

（1）单线运行图：列车运行图上、下行列车都在同一正线上运行，上、下行方向列车交会必须在车站进行。

（2）双线运行图：列车运行图上、下行列车在各自的正线上运行，上、下行方向列车交会可在区间或车站进行。

（3）单双线运行图：单双线运行图兼有单线和双线运行图的特点，列车在单线区间和双线区间分别按单线运行图和双线运行图运行。

按列车运行速度的不同，列车运行图可分为：

（1）平行运行图：列车运行图上，同方向列车的运行速度相同。

（2）非平行运行图：列车运行图上，同方向列车的运行速度或旅行速度不相同。

按上、下行方向列车数目的不同，列车运行图可分为：

（1）成对运行图：列车运行图上、下行方向的列车数相等。

（2）不成对运行图：列车运行图上、下行方向的列车数不相等。

按同方向列车运行方式的不同，列车运行图可分为：

（1）连发运行图：列车运行图上，同方向列车的运行以站间区间为间隔，采用连发运行时，在连发的一组列车之间不铺画对向列车。

（2）追踪运行图：列车运行图上，同方向列车的运行以闭塞分区（轨道电路区段）或制动距离加上安全防护距离为间隔，即在一个区间内允许有一列以上同方向列车运行。采用追踪运行图必须是安装自动闭塞设备的线路。

实践中，每张列车运行图都有上述 4 个方面的特点。例如，地铁列车运行图通常是采用双线、平行、成对和追踪运行图类型。

## 6.3.2　线路运输能力

运输能力是通过能力和输送能力的总称。运输能力的大小主要取决于固定设备、活动设备、技术设备的运用、行车组织方法和行车作业人员的数量、技能水平。

### 1. 通过能力

轨道交通线路的通过能力是指在采用一定的车辆类型和一定的行车组织方法条件下，轨道交通线路的各项固定设备在单位时间内（通常是高峰小时）所能通过的最大列车数。研究影响通过能力的因素、通过能力的计算确定和提高通过能力的途径、措施等问题，对于轨道交通新线的规划设计和既有线路的日常运能安排、扩能技术改造，都具有重要的理论和实践意义。

地铁、轻轨的通过能力按下列固定设备计算：

（1）线路，是指由区间和车站构成的整体，其通过能力主要受正线数、列车停站时间、列车运行控制方式、车站是否设备配线、车辆技术性能、进出站线路平纵断面和行车组织方法等因素影响。

（2）列车折返设备，其通过能力主要受折返站的配线布置形式及折返方式、列车停站时间、车站信号设备类型、车载设备反应时间、折返作业进路长度、调车速度以及列车长度等因素影响。

（3）车辆段设备，其通过能力主要受车辆的检修台位、停车线等设备的数量和容量等因素影响。

(4)牵引供电设备,其通过能力受牵引变动所的配置和容量等因素影响。

根据以上各项固定设备计算出来的通过能力一般是各不相同的,其通过能力最小的固定设备限制了整条线路的通过能力,该项固定设备的通过能力即为整条线路的最终通过能力。

因此,通过能力是各项设备的综合能力。根据分阶段发展的可能性,各项固定设备的通过能力配置相互匹配、协调、以避免出现通过能力紧张或闲置的现象。

$$n_{最终} = \min\{n_{线路}, n_{折返}, n_{车辆}, n_{供电}\} \qquad (6-7)$$

式中:$n_{最终}$为最终通过能力,列;$n_{线路}$为线路通过能力,列;$n_{折返}$为折返设备通过能力,列;$n_{车辆}$为车辆段设备通过能力,列;$n_{供电}$为牵引供电设备通过能力,列。

在实际工作中,通常还把通过能力分为设计通过能力、现有通过能力和需要通过能力3个不同的概念。设计通过能力,是指新建线路或技术改造后的既有线路所能达到的通过能力。

现有通过能力是指在现有固定设备和现有行车组织方法条件下,线路能够达到的通过能力。需要通过能力,是指为了适应中、远期规划年度的客运需求,线路应具备的包括后备能力在内的通过能力。

### 2. 输送能力

轨道交通线路的输送能力是指在一定的车辆类型、固定设备和行车组织方法的条件下,安装现有活动设备的数量、容量和乘务人员的数量,轨道交通线路在单位时间内(通常是高峰小时,一昼夜或一年)所能运送的乘客人数。输送能力是衡量轨道交通技术水平与服务水平的重要指标。

在最终通过能力一定的条件下,输送能力可按下式公式计算:

$$P = n_{最终} m P_{车} \qquad (6-8)$$

式中:$P$为小时内单位最大输送能力,人;$m$为列车编组辆数,辆;$P_{车}$为车辆定员数,人。

## 6.4 列车运行组织

### 6.4.1 行车组织

城市轨道交通的行车组织工作是指在运输生产的过程中,为完成运送乘客的任务所进行的一系列与运输有关的工作。行车组织工作是整个轨道交通运输生产的核心内容,组织工作的好坏,直接影响乘客的选择意愿,甚至影响乘客的生命安全。

与铁路相比,城市轨道交通系统的技术设备自动化程度较高,因此城市轨道交通系统的运输组织和运营工作都比铁路相对简单。正常情况下的行车组织工作是指在设备及客流比较稳定的情况下,列车运行实现自动控制。

### 6.4.2 正常情况下列车运行组织

行车组织工作包括列车进出车辆段、正线列车运行组织和车站接发列车3部分,分别由控制中心、车站和车辆段三地协调完成。城市轨道交通的列车运行由控制中心统一指挥,车站和车辆段作为二级调度,按照控制中心的指挥组织列车运行。

为统一指挥日常运输生产工作,城市轨道交通的行车工作必须坚持"高度集中、统一指挥、逐级负责"的原则。城市轨道交通具有行车密度高、运行间隔小、安全运营要求高等特点。根据信号设备所提供的运行条件，一般分为调度监督下的自动运行控制、调度集中控制和调度监督下的半自动运行控制 3 种方式，按照列车运行图规定的行车计划组织列车运行。

**1. 调度监督下的自动运行控制**

列车自动运行控制是城市轨道交通列车运行组织的主要控制方式，自动运行控制方式利用计算机技术对列车运行实行自动指挥和自动运行监护，并有列车运行保护系统可以提高行车安全系数。在正常情况下，系统根据列车运行图自动排列列车进路，列车以自动驾驶模式运行；在非正常情况下，按调度指令调整行车计划。调度监督下的自动运行控制可实现的基本条件如下：

（1）计算机系统可输入及储存多套列车运行图，并可根据设定的列车运行图实现实行列车的指挥功能。对正线运行列车实行自动跟踪、显示进路、道岔位置、区间及线路占用情况。可自动或人工对列车运行进行调整，可人工对进路排列、信号开放、道岔转换进行控制。提供中央及车站两级运行控制模式，并可根据需要进行控制权转换。

（2）列车运行自动保护系统对列车运行设定防护区段，控制前后列车运行的安全间距。列车可使用自动驾驶功能，也可采用人工驾驶，列车占用区间的凭证是列车收到的速度码。通过计算机系统自动绘制列车实际运行图，并进行有关运营数据统计。

**2. 调度集中控制**

调度集中控制下的行车组织方式，在控制中心行车调度员的统一指挥下，利用行车设备对列车在车站的到达、出发、折返等作业进行人工控制及调整。调度集中控制下的组织指挥由行车调度员实施。在大多数情况下，车站不直接参与行车组织工作。调度集中控制可实现的基本条件如下：应具有微机连锁和电气集中连锁设备，实现远程控制功能，并从设备方面提供列车的运行安全保障；通过控制屏或显示器可监护全线列车运行状态、信号显示、道岔位置及线路占用情况；应能利用微机连锁或电气集中连锁设备转换道岔、排列进路、开放信号，指挥和调整列车运行；应能自动或人工绘制列车实际运行图。

**3. 调度监督下的半自动运行控制**

此方式是在控制中心行车调度员的统一指挥和监督下，由车站行车值班员操作车站微机连锁设备、电气集中连锁设备或临时信号设备控制列车运行。在一些新线上，由于信号系统尚未安装调试完毕，在过渡期运营时会采取这种方式进行行车组织。在信号设备完全安装完毕的条件下，当中央列车自动监控子系统设备发生故障时或在特殊情况下也可采取此种方式。调度监督下的半自动运行控制可实现的功能有：

（1）车站信号控制系统具有连锁功能，可对进路排列、道岔转换、信号开放实行人工操作。

（2）可实时反映进路占用、信号及道岔等工作状态，对线路上的列车运行进行监护。

（3）可储存信号开放时刻、道岔动作、列车运行等各类运行资料，并根据需要调用。

（4）车站根据调度指令对列车运行进行调整。

（5）计算机自动绘制或人工绘制列车实际运行图。

## 6.4.3　特殊事件下列车运行组织

非正常情况下的行车组织是相对于正常情况下的行车组织而言的，其主要是指由于人、设备或环境等因素导致不能继续采用正常情况下的行车组织方法组织行车的情况。

城市轨道交通由于采用了较多的先进设备，自动化程度较高，因此出现意外情况的概率较小。也正是由于平时很少遇到故障情况，一旦出现故障，如果处理不当就很容易导致大面积的晚点，严重的甚至造成人员伤亡。因此，各大城市轨道交通运营单位都非常重视非正常情况下的列车行车组织，都制订出了详细的应急处理方法和预案，在日常的培训和管理中，重点加强员工对非正常情况下应急处理能力的培训及演练，提高员工的应急处理水平，降低事故造成的影响。

非正常情况根据发生的原因主要分为以下几类。

#### 1. 设备故障

一般对于列车正常运行影响较大的设备故障包括列车故障、信号系统故障、轨道线路故障、供电系统故障、通信系统故障及其他设备设施故障。

列车故障包括制动系统故障、牵引系统故障、车辆构件故障等。

信号系统故障包括连锁系统故障(包括系统故障，轨道电路、道岔及信号机故障等)、列车自动监控子系统故障、车载列车自动防护子系统故障、轨旁列车自动防护子系统故障等。轨道线路故障主要是指钢轨故障，包括钢轨变形、断裂、破损，道岔转动故障、无显示等情况。

供电系统故障主要包括停电、变电系统故障、接触网故障等。

通信系统故障主要是指用于行车组织的通信工具故障，它会影响正常指挥信息的传递并影响列车的运行指挥。

其他设备设施故障包括建筑结构变形倾斜、部件脱落，直接威胁到行车安全等。

#### 2. 自然灾害

自然灾害通常是指强台风、暴雨、暴雪、地震等灾害，自然灾害一方面可以直接影响正常的行车组织，另一方面也会影响设备系统的运作而引发故障，从而影响正常的行车组织。

#### 3. 人为因素

这主要是指由于人为操作失误(包括故障处理失当)、故意行为等造成影响列车运行组织的情况。过往事故的统计数据表明，约70%以上事故的发生都是由于人为因素造成的。

## 6.5  客运管理

### 6.5.1  客流组织

车站是城市轨道交通客流的集散地，一般由入口及通道、站厅层、站台层、设备用房、管理用房、生活用房等几部分构成。但也有些简易车站无站厅层。

城市轨道交通车站有很多不同的分类，按车站客流量大小可分为大车站、中等车站、小车站；按车站的运营功能不同可分为终点站即始发站、中间站、换乘站；按车站站台形式可分为岛式站台车站、侧式站台车站、混合式站台车站。车站根据具体的地理环境、车站类型，车站的具体形式也是多种多样。

城市轨道交通车站的规模应能满足远期预测客流集散量的需求，并设置与之相应的出入口数，以方便乘客出入。车站的大小在很大程度上取决于站台的长度，而站台应满足远期预测客流的要求,且站台的宽度取决于高峰小时的客流量。

因此,在进行车站设计确定站台的客流组织方法的过程中,在依照客流组织的原则下,宜因地制宜依据不同的车站形式来确定站台的客流组织方法。

城市轨道交通车站的选址、规模在城市轨道交通建设时已经确定,一般不能再改变,出入口及通道宽度、站厅及站台的规模一般在建设时根据预测客流量确定,在运营管理中如何正确设置售检票位置、合理布置付费区、进行合理的导向对客流组织起很重要的作用。在布置时一般要以符合运营时最大客流量,保持客流的畅通为原则,因此一般按以下要求进行布置:

(1)售检票位置与出入口、楼梯应保持一定距离。售检票位置一般不设置在出入口、通道内,并尽量保持与出入口、楼梯有一定的距离,从而保证出入口和楼梯的畅通。

(2)保持售检票位置前通道宽敞。售检票位置一般选择站厅内宽敞位置设置,以便于售检票位置前客流的疏导,售检票位置应适当保持一定距离,避免排队时拥挤。

(3)售检票位置根据出入口数量相对集中布置。因城市轨道交通车站一般有多个出入口,为了减少乘客进入车站后的走行距离,一般设置多处售检票位置,但过多设置售检票容易造成设备的使用不平衡,降低设备使用效率,并且不利于管理,因而售检票位置应根据车站客流的大小相对集中布置。

(4)应尽量避免客流的对流。客流的对流减缓了乘客出行的速度,同时也不利于车站的管理。因此车站一般对进出客流进行分流,进出车站检票位置分开设置,保持乘客经过出入口和售检票位置的线路不至于发生对流。

车站具有多种形式,在确定站台客流组织方法时,应使行人流动线简单、明确,尽量减少客流交叉、对流。对不用的车站采取灵活策略。

换乘站一般客流比较大,同时客流流向复杂,客流组织相对其他车站较为复杂。换乘站根据不同的换乘方式在客流组织管理上应采用不同的方法,总的原则在于应组织好换乘客流,缩短换乘路径,减少换乘客流与进出站客流的交叉、干扰。

车站日常客流组织主要由进站客流组织、出站客流组织、换乘客流组织3部分组成。

**1. 进站客流组织**

按照进站客流的路线流程进行组织,有下列几种方式:

(1)组织引导客流经出入口、楼梯、自动扶梯(或垂直电梯),通过通道进入车站站厅层。

(2)组织引导部分乘客在自动售票机、客服中心或临时售票亭购票后检票通过进站闸机进入付费区,引导部分持储值票、月票等不用购票的乘客直接检票通过进站闸机进入付费区。

(3)乘客入闸检票或人工检票进入站厅付费区后,组织引导乘客再通过楼梯、自动扶梯(或垂直电梯)进入站台层候车。

(4)乘客达到站台,应组织引导乘客站在黄线内候车,通过导向标志和乘客咨询系统选择乘车方向和了解列车到发时刻。

(5)列车到站停稳开门后,引导乘客按先下后上的顺序乘车,站台工作人员要注意做好引导工作,防止乘客因抢上抢下导致安全和纠纷问题的产生。

**2. 出站客流组织**

按照出站客流的流动过程进行客流组织,有下列几种方式:

（1）乘客下车到达车站站台，组织引导其经楼梯、自动扶梯（或垂直电梯）进入站厅层付费区

（2）通过出站闸机（单程票出闸时将被收回）或人工验票，进入站厅层非付费区后，组织引导客流（通过导向标志）找到相应的出入口，经通道、出入口出站。

（3）组织引导车票车资不足（无效车票）或无票乘车的乘客到客服中心办理相关补票事宜后，方可出站。

**3. 换乘客流组织**

1）按照换乘地点的不同，客流换乘形式主要有两种，即付费区换乘和非付费区换乘。

（1）付费区换乘。乘客到达换乘站下车后，不需通过车站闸机，直接在付费区内根据换乘导向标志指引经楼梯、自动扶梯（或垂直电梯）、换乘通道或平台到达另一站台层换乘候车。付费区换乘一般包括同站台平面换乘、站台立体换乘及通道换乘。这种换乘组织要求有良好的引导标志和通道设计，在容易走错方向的地点安排工作人员值守引导，保证乘客尤其是初乘者安全顺利地完成换乘。

（2）非付费区换乘。乘客到达换乘站下车后，根据换乘导向标志指引，经楼梯、自动扶梯（或垂直电梯）到达站厅层付费区，通过出站闸机进入非付费区或出站，到另一线路重新进入付费区或进站进行换乘。这种换乘组织需要最大限度缩短乘客的走行距离，具有良好的衔接引导标志，并且要避免换乘客流与其他进、出站客流的交叉干扰。

2）换乘方式

换乘方式首先决定于轨道交通两条线路的走向和相互交织形式。一般常见的有垂直交叉、斜交、平行交织等多种线路交织形式。轨道交通不同线路间的换乘方式主要有站台换乘、站厅换乘、通道换乘、站外换乘和组合换乘几种类型，如图6-7所示。

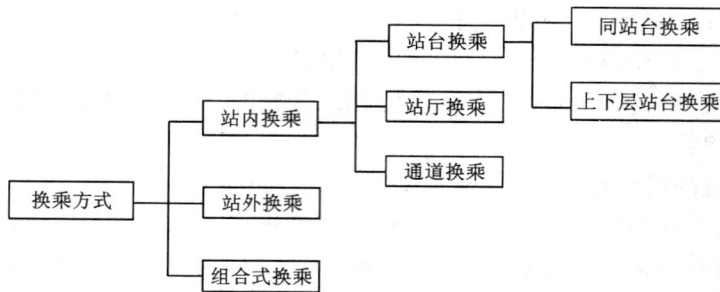

**图6-7　城市轨道交通不同线路间的换乘方式**

（1）站台换乘。站台换乘有两种方式，同站台换乘和上下层站台换乘。同站台换乘一般适用于两条平行交织的线路，且采用岛式站台的设计，两条不同线路的车辆分别停靠同一站台的两侧，乘客换乘时由岛式站台的一侧下车，穿越站台至另一侧上车，即完成了转线换乘，换乘极为方便。同站台换乘要求站台能够满足换乘高峰客流量的需要，乘客无须换乘行走，换乘时间短，但换乘方向受限。双岛式站台通过同一站厅能实现4个方向的换乘，单岛式站台每一层只能实现两个方向的换乘，其余方向的换乘仍然要通过站厅或自动扶梯、楼梯进行换乘，换乘时间相应增加。在所有换乘方式中同站台换乘的换乘能力最大，适用于优势方向

换乘客流较大的情形。这种换乘方式的主要制约因素是站台的宽度和列车的行车间隔，前者关系到站台的容量，后者关系到站台出清速度的快慢。

北京城市轨道交通网络中的第一个同站台换乘站——国家图书馆站，是北京地铁4号线与北京地铁9号线（建设中）的换乘站，4号线与9号线站台位于同一层面，为地下双岛式车站，如图6-8所示。

上、下层站台换乘是指乘客由站台通过楼梯或自动扶梯到另一站台直接换乘。根据地铁线路交叉的情况及两车站的位置，可形成站台与站台的十字换乘（见图6-9）、T形换乘［见图6-10(a)］、L形换乘［见图6-10(b)］和平行换乘［见图6-10(c)］的模式。

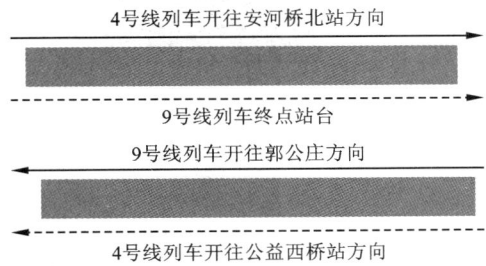

图6-8　北京地铁4号线
国家图书馆站同站台换乘示意图

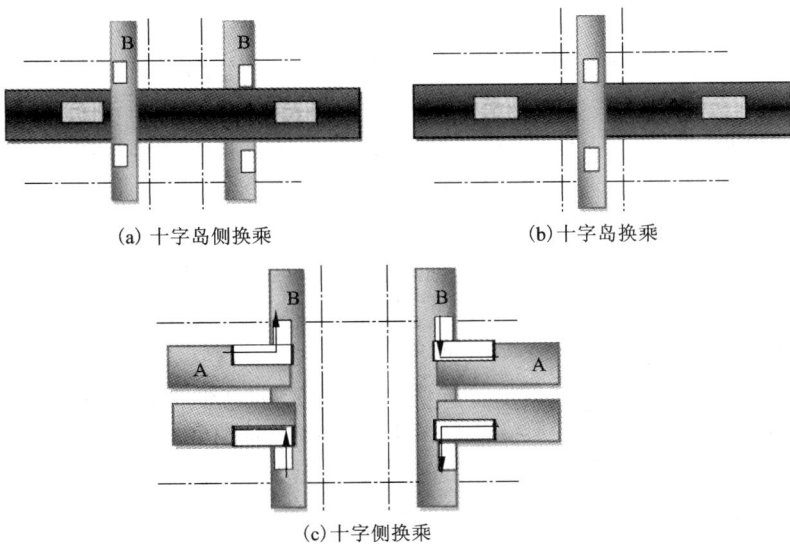

(a) 十字岛侧换乘　　　　　　(b) 十字岛换乘

(c) 十字侧换乘

图6-9　城市轨道交通车站十字换乘模式

上、下层站台换乘方式的关键在于楼梯或自动扶梯的宽度，该宽度往往受岛式站台总宽度的限制，使其通道能力不能满足乘客流量的需要。这种换乘方式要求换乘楼梯或自动扶梯应有足够的宽度，以免高峰客流时发生乘客堆积和拥挤。在所有换乘方式中，这种换乘方式的换乘能力最小，其制约因素是自动扶梯（楼梯）的运量。在上、下层站台配置的组合中，线路的交叉点越少，则换乘能力越小。实践中，通过增加站台宽度以扩大交叉处面积，是提高上、下层站台换乘能力的基本途径。

（2）站厅换乘。站厅换乘一般用于相交车站的换乘，设置两线或多线的共用站厅，或相互连通形成统一的换乘大厅。乘客下车后，无论是出站还是换乘，都必须经过站厅，再根据导向标志出站或进入另一个站台继续乘车。由于下车客流到站厅分流，减少了站台上人流交

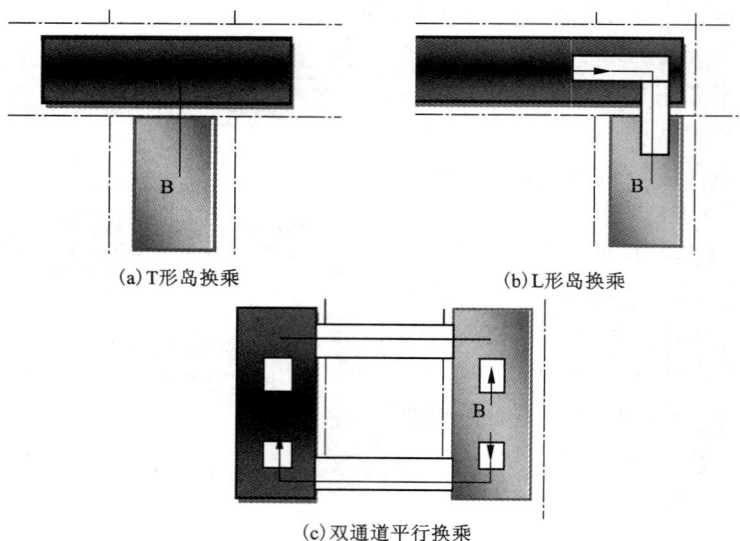

(a)T形岛换乘　　　　(b)L形岛换乘

(c)双通道平行换乘

**图 6 - 10　城市轨道交通车站 T 形、L 形、平行换乘模式**

织，乘客行进速度快，在站台上的滞留时间减少，但换乘距离比站台直接换乘要长。若换乘过程中需要进出付费区，检票口的能力可能成为限制因素。

站厅换乘方式中，乘客换乘线路必须先上(或下)，再下(或上)，换乘总高度落差大。若是站台与站厅之间是自动扶梯连接，可改善换乘条件。这种换乘方式有利于各条线路分期修建、后期形成。

(3)通道换乘。通道换乘是指在两个或几个单独设置车站之间设置联络通道等换乘设施，方便乘客完成换乘。通道可直接连接两个站台，这种方式换乘距离较近，换乘时间较短；通道不可连接两个站厅收费区，换乘距离相对较远，换乘时间较长。一般情况下，换乘通道长度不宜超过 100 m，换乘通道的宽度可根据客流状况加宽。这种换乘方式最有利于两条线路工程分期实施，预留工程最少，后期线路位置调节有较大的灵活性。

(4)站外换乘。是指乘客在车站付费区以外进行换乘。此种换乘方式往往是客观条件不允许或设计不当造成的。乘客换乘线路可分割为出站行走、站外行走和进站行走，在所有换乘方式中站外换乘所需的换乘时间和换乘距离最长，给乘客的换乘带来很大不便，应尽量避免。对轨道交通自身而言，站外换乘是缺乏线网规划造成的一种后遗症。

(5)组合式换乘。在换乘方式的实际应有中，往往采用两种或几种换乘方式组合，以便使所有换乘方向的乘客均能实现换乘。同时组合式换乘可改善换乘条件，方便乘客的使用。例如：同站台换乘方式辅以站厅或通道换乘方式，可使所有的换乘方向都能换乘；站厅换乘方式辅以通道换乘方式，可以减少预留的工程量。组合式换乘可进一步提升换乘通过能力，同时还具有比较大的灵活性，工程设施比较方便。

## 6.5.2　客运服务

城市轨道交通主要通过合理的客运组织来完成其大容量的客运任务。客运组织是通过合理布置客运有关设备、设施以及对客流采取有效的分流或引导措施来组织客流运送的过程。客运组织的主要内容包括：车站售检票位置的设置、车站导向的设置、车站制动扶梯的设置、隔离栏杆等设施的设置以及车站广播的导向、售检票数量的配备、工作人员的配备、应急措施等。

不管是何种形式的车站（高架、地下、地面），进、出站乘客最基本的流线是相同的，如图 6－11 所示。

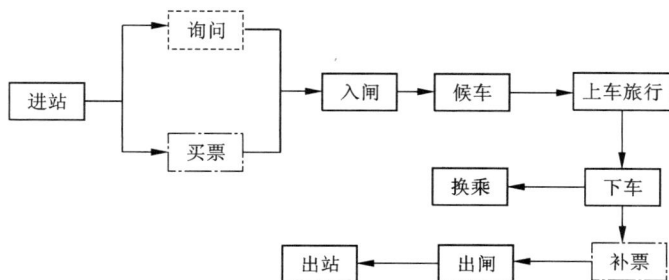

**图 6－11　乘客进站线路图**

影响客运组织的因素较多，不同类型的车站其客运组织比较简单，而大车站、换乘站因客流较大、客流方向比较复杂，其客运组织也比较复杂。侧式站台的车站相对于岛式站台的车站容易将不同方向的客流分开，但不利于乘客的换乘，售检票设置较分散，不利于车站管理。

城市轨道交通客运工作的特点决定客运组织应以保证客流运送的安全，保持客流运送过程的畅通，尽量减少乘客出行的时间，避免拥挤，便于大客流发生时的及时疏散为目的。为此，在进行客运组织时应特别考虑下面几个方面的原则：

（1）合理安排售检票位置、出入口、楼梯，行人流动线简单、明确，尽量减少客流交叉、对流。

（2）乘客换乘其他交通工具之间顺利连接。人流与车流的行驶路线严格分开，以保证行人的安全和车辆行驶不受干扰。

（3）完善诱导系统，快速分流，减少客流集聚和过分拥挤现象。

（4）满足换乘客流的方便性、安全性、舒适性等一些基本要求。如：适宜的换乘步行距离、恶劣天气下的保护、气候调节，对残疾人专门设计无障碍通道；又如照明、开阔的视野以及突发事件应急系统等。

这些客运设计的基本要求也是评价客流交通组织合理性的重要方面。

## 6.5.3　票务管理

轨道交通车站现金来源主要有两类，即备用金和票款。备用金指由上级部门配发给车站，专用于给乘客兑零、找零、自动售票机补币、与银行兑零等用途的周转资金。票款指车站通过自动售票机、半自动售票机或临时票务处人工向乘客发售车票及办理票卡充值、更新等售、补票业务过程中收取的现金。由车站具体负责对备用金及票款的安全管理。

## 1. 现金的管理流程

备用现金发配到车站后，主要供车站流通使用。自动售票机及票务处的票款经车站清点后，需及时存入企业在银行的专用账户。现金管理流程如图 6 – 12 示。

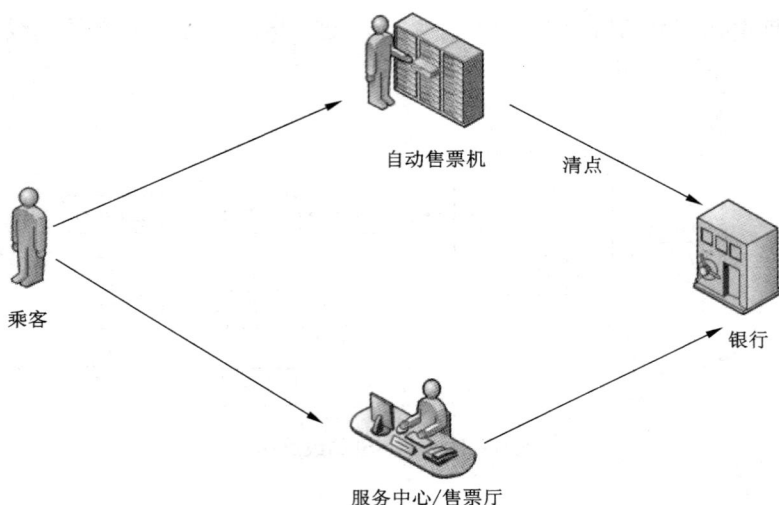

**图 6 – 12　现金管理流程**

## 2. 现金的安全管理规定

车站备用金及票款收入作为城市轨道交通企业现金收益的重要部分，其安全管理直接影响企业收益安全。以保证现金安全为目的，原则上车站现金只能存放于专门的安全管理区域，主要包括票务收益室、客服中心和自动售票机。

票务收益室、客服中心应设有防盗门，并随时保持锁闭状态，门钥匙由专人保管及使用。室内应配置监视设备，能对所有现金操作环节进行实时监视和实时录像，并留存一定时间段的录像可供回放查看。除车站当班票务工作人员及其他指定票务工作人员外，其他人员不得随意进入票务收益室、客服中心，确需进入时，必须得到当班值班站长或以上级别人员的许可，并由当班值班员陪同方可进入。车站需设立台账，记录批准人员和进入人员姓名、进入原因、进入时间以及离开时间等，当值班员离开点钞室或站务员离开票务处时，票务收益室、客服中心内所有人员必须同时离开，不得逗留。除现金交接、钱箱清点外，其他时间票务收益室内的所有现金只能保管在保险柜、补币箱、待清点钱箱或已锁闭的尾箱内，站务员在处理现金时，应将现金放在乘客接触不到的地方。

━━━━━━━━━━　拓展阅读　━━━━━━━━━━

2013 年重庆市 3 号线的发车频率已近极限，没有办法再增加车次，要扩大运能只能靠增加编组等办法来解决。3 号线列车扩能(6 辆编组改 8 辆编组)工程预计 2014 年 7 月底完成厂内装配和例行试验，8—9 月进行厂外试验。预计国庆前完成厂外调试，2014 年 10 月加长版 3 号线有望上线运行，这将是世界上首次 8 辆编组的轻轨列车。

扩能后，3 号线高峰期比目前 6 辆编组将多载客近 3 万人。新车长宽高和现有车辆相同，整列车加长到 8 辆编组后，单次运行可输送旅客 1802 人，比原车增加 460 人。8 辆编组列车上线运行后，高峰期运量将比目前增加近 3 万人。现有 3 号线两辆车连接处过道较窄，新车增大了宽度，和车厢内的走廊相当。此外，新车在车门旁的座椅挡风板上，增加了乘客斜靠的设备，提高舒适性。考虑到安全性，新车行车速度与现有车辆保持一致。列车编组增加后，整列车的车身重量增加，车辆的动力和制动系统都有所调整。现有 3 号线列车的动力属于一个单元动力编组，一旦动力丢失只能等待救援车。而 8 辆编组列车两组动力同时运行。即使其中一个大单元动力丢失，另一个大单元依然能够将列车顺利送到车站。

## 思考与练习

1. 简述乘客进、出地轨道车站的基本流程。
2. 简述城市轨道车站客流空间分布特征。
3. 简述大客流组织的主要措施。
4. 换乘方式按乘客换乘的客流组织可分为哪几类？
5. 换乘站的形式有哪几种？
6. 试述城市轨道交通车站与城市间铁路车站的区别及城市轨道交通车站分布的原则。
7. 城市轨道交通设计能力与可用能力的区别。它们和哪些因素有关？应如何计算？

# 模块七

# 城市轨道交通安全应急

## 【引　例】

　　城市轨道交通系统已逐步成为现代化大都市重要的干线交通工具，不仅缓解了城市交通的拥堵现状，而且绿色环保、节能减排，在城市的社会经济建设中发挥着不可替代的作用。城市轨道交通虽然带给大家便利，但由于轨道交通空间特殊性、结构紧凑性、电器密集性、运行高速性等特点，一旦发生突发事故，难以迅速、有效、及时有针对性地控制事态发展和实施救援措施，处置结果难以预料具有一定的滞后性，往往还会引发次生灾害的发生，均会给国家、社会以及乘客带来不可估量的损失。

　　综观近年来国内外轨道交通事故，形形色色、层出不穷。1995 年 10 月 28 日，阿塞拜疆首都巴库的一列地铁列车发生火灾，造成 558 人死亡，269 人受伤，其中多数人死于毒气中毒。1995 年 3 月 20 日的日本东京地铁沙林毒气泄漏事件，损失惨重，交通和社会秩序陷入一片混乱。2003 年 8 月 28 日，英国首都伦敦和英格兰东南部部分地区突然发生重大停电事故，伦敦近 2/3 的地铁停运，大约 25 万人被困在地铁中。2005 年 7 月 7 日，伦敦相继发生 4 起地铁与公交爆炸案造成 50 人死亡，700 人受伤。2006 年 7 月 11 日，美国芝加哥一列地铁列车发生出轨事故，100 多名乘客因呼吸系统受伤被送进医院。2012 年 11 月 19 日，广州地铁 8 号线因车顶受电弓(1500 V)发生故障，其部件与车顶发生接触短路，列车被迫停在隧道距车站 200 m 处。城市轨道交通最基本的任务就是将乘客安全及时地输送到目的地，必须始终把安全摆在首位。安全问题使城市轨道交通损失惨重。城市轨道交通安全运营工作做好了，城市轨道交通的运营质量就有了保障，就可为乘客提供更优质的服务。

## 7.1　安全应急基本概念

### 7.1.1　安全的定义

#### 1.安全的概念

　　众所周知，自从有了人类活动，也就有了安全问题，安全是伴随人类活动过程而存在的。国家标准的定义是"免除了不可接受的损害风险的状态"。也就是说，安全是人类生产过程中，将系统的运行状态对人类的生命、财产、环境可能产生的损害控制在人类能接受水平以下的状态，它与人们的日常工作和生活息息相关。

### 2. 安全的特征

（1）安全是相对的，绝对的安全是不存在的，因此应该居安思危，时刻提防危险发生。既然没有绝对的安全，系统安全所追求的目标也就不是"事故为零"那样的极端理想的情况，而是达到相对"最佳的安全程度"。

（2）安全不是瞬间的结果而是对系统在某一时刻、某一阶段过程状态的描述。换言之，安全是一个动态过程，它是关于时间的连续函数。往往采用概率法来估算系统处于安全状态的可能性，或者利用模糊数学来说明在非概率情形下的不精确性。

（3）不同的环境、场合下，可接受损失的水平是不同的，因此衡量系统是否安全的标准也是不同的。不出事故并不等于安全，反之，出了事故并不一定就是不安全，关键在于事故的损失是否处于可接受水平，系统的危险性是否超过允许限度。

（4）安全具有依附性。安全是依附于生产、生活整个过程存在的，只要存在生产、生活活动，就会出现安全问题。安全是生产、生活正常进行的前提和保障。生产过程中的安全指不发生工伤事故、职业病、设备和财产损失。

（5）安全工作具有系统性和长期性。安全设计技术的各个方面，不仅受人员、设备、环境因素影响，还受政治、经济、科技、教育等影响。而一旦发生事故，不仅能造成系统内部的损害，也可造成系统外部环境的破坏。因此，人对安全的认识在时间上往往是滞后的，很难预先完全认识到系统存在或面临的各种危险，即使认识到了，有时候也会受到当时技术条件等的限制无法予以控制。随着技术进步和社会发展，旧的安全问题解决了，新的安全问题又会产生。因此，安全工作是一个长期的过程，必须始终如一，常抓不懈。

（6）危险源是事故发生的原因。系统安全是指降低系统整体的危险性，而不是只彻底地消除几种选定的危险源及其危险性。

## 7.1.2　安全管理

### 1. 概念

安全管理是管理科学的一个重要分支，是为实现安全目标而进行的有关决策、计划、组织、控制等方面的活动。安全管理大体上可归纳为安全组织管理、场地与设施管理、行为控制及安全技术管理4个方面，分别对生产中的人、物、环境的行为与状态进行具体的管理和控制。

安全管理的对象是生产中一切人、物、环境的状态管理与控制，是一种动态管理，是保证生产处于最佳安全状态的根本环节，要在发展中提高；安全管理要处理好安全与质量、速度与效益的关系。

### 2. 安全控制

为了维系系统的正常运转，系统的活动均需要控制。控制就是按照预先设定的标准或目标，对过程施加影响的行为。信息传递和信息反馈是控制的基础。

## 7.1.3　应急的定义

### 1. 概念

有生产就可能有突发事件，发生突发事件就要进行有效的应急处理，将损失尽可能降到最低。应急是指需要立即采取某些超出正常工作程序的行动，对于已经发生的重大事件进行相应的处理，以避免事故发生或减轻事故后果的状态，有时也称为紧急状态。如：抗旱救灾、应急避难等。

### 2. 应急管理的阶段

应急管理主要分预防、准备、响应、恢复4个阶段，4个阶段加在一起是个过程。

(1)在应急管理中预防有两层含义：第一层是事故的预防工作，即通过安全管理和安全技术等手段，尽可能地防止事故的发生，实现本质安全化；第二层是在假定事故必然发生的前提下，通过预先采取的预防措施，来达到降低或减缓事故的影响或后果严重程度。任何企业都应该在生产过程中对预防工作引起高度重视，防患于未然。预防阶段的主要工作内容为危险源辨识、风险评价和风险控制。

(2)准备阶段。主要准备两个方面：一是制订各种类型的应急预案；二是设法增加灾害发生时可调用的资源。准备的目标是保障重大事故应急救援所需的应急能力，主要集中在发展应急操作计划及系统上。准备阶段的主要工作内容为预案编制、建立预警系统、进行应急培训和应急演练。

(3)响应阶段。是指事件发生后的各种救援活动。响应的目的是通过发挥预警、疏散、搜寻和营救以及提供避难所和医疗服务等紧急事务功能，尽可能地抢救受害人员，保护可能受到威胁的人群；尽可能控制并消除事故，最大限度地减少事故造成的影响和损失，维护经济社会稳定和人民生命财产安全。响应阶段的主要工作内容为情况分析、预案实施、展开救援行动和进行事态控制。

(4)恢复重建活动。第一是软件恢复，包括生产秩序、生活秩序、社会秩序等；第二是硬件重建，包括路、水、电等。这一阶段有长有短。短期恢复工作应在事故发生后立即进行，首先使事故影响地区恢复相对安全的基本状态，然后继续努力逐步恢复到正常状态。要求立即开展的恢复工作包括事故损失评估、事故原因调查、清理废墟等；长期恢复工作包括厂区重建和社区的再发展以及实施安全减灾计划。恢复阶段主要工作内容为影响评估、清理现场、常态恢复和预案评审。

4个阶段构成一个循环，每一阶段都起源于前一阶段，同时又是后一阶段的前提。两个阶段之间会有交叉和重叠。

根据预案，对于由轨道交通设施原因造成的突发事件，按照可能造成人员伤亡、财产损失及中断运行的影响大小等实际情况，由高到低划分为4级，包括特别重大突发事件（Ⅰ级）、重大突发事件（Ⅱ级）、较大突发事件（Ⅲ级）、一般突发事件（Ⅳ级）。

根据突发事件造成的不同影响，运营企业以及路政局、交通委相关部门启用相应预案。其中，特别重大和重大突发事件，交通委以及路政局相关领导必须赶往现场。

根据预案要求，事件发生后，运营企业必须及时通过媒体向民众告知相关信息，市民可根据启用的预案级别，判断事件严重程度以及可能在多久之后恢复运营。

### 3. 安全管理体系

城市轨道交通运营是一个复杂联动系统的协调运作，所涉及的专业多、自动化程度高、运营安全可靠度要求高，要想实现安全可靠的运营，提供安全可靠准点快捷舒适大客运量的服务，安全是基础是保证。城市轨道交通作为提供客运服务的行业，安全管理体系的构建及安全管理起点的高低是运营管理水平的最直接体现。

1)目标和原则

城市轨道交通综合安全管理体系的目标是：使城市轨道交通的安全生产与管理达到预先设定的标准，使事故等级和事故频率控制在预先规定的范围内。建立城市轨道交通综合安全管理体系应遵循差异性、明晰性、法律性和程序性原则。

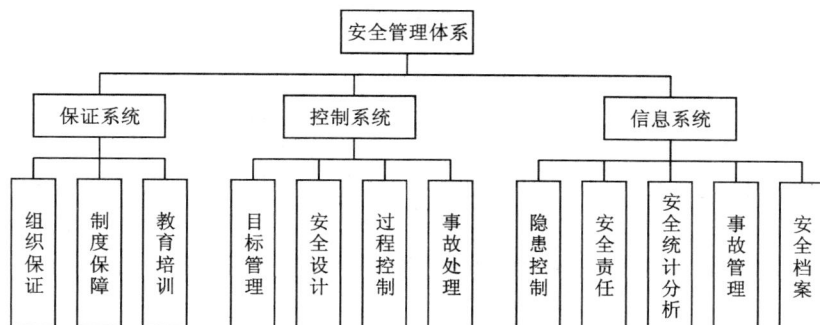

图 7-1　安全管理体系结构图

运营企业内部安全管理体系包括运营企业安全管理制度、行车组织安全管理、设备安全管理和人力资源安全培训等内容（见图 7-1）。该体系贯穿于各种自然灾害以及各种软硬件设备故障都会引发城市轨道交通安全事故，各种社会政治经济矛盾和个别人的不健康心理也为城市轨道交通带来了不安全因素。而城市轨道交通运输组织专业性强、技术设备复杂、客流量大、日周期性强、高峰低谷落差显著、时效性强，其建设一般又采取地下或高架形式，因此提高安全管理有效性和事故救援的难度均较大。此外，安全事故会降低轨道交通的可信赖度，形成社会疑惧心理，在一个长时间段内影响经济发展和居民生活。近一段时间以来，国内外城市轨道交通安全事故时有发生，2003 年 2 月的韩国大邱地铁火灾更是震惊世界。为此，建立和完善城市中并将其有机结合起来，是城市轨道交通综合安全管理体系的核心和主体。

事故预防体系是指针对各种事故发生的可能性，对人、设备、管理以及环境的要求体系，包括对行车、设备、职工伤亡、旅客伤亡、火灾、水灾、震灾、风灾、爆炸、投毒等各种事故的预防。

事故处理与调查体系包括受伤人员抢救和死难人员善后处理、抢修和重建、勘测和分析、责任划分及事故报告等内容。

对运营企业的检查评估体系主要包括对安全管理体系的评估、对安全生产标准执行情况的检查以及相应的奖罚措施。

规划建设安全要求体系和设备质量安全要求体系主要是指城市轨道交通项目规划建设和设备制造必须达到安全要求，以及投入运营后一定时期内对这些要求符合程度的规定。

2）机构和职能

针对城市轨道交通综合安全管理体系的内容，借鉴其他行业安全管理工作的经验，城市轨道交通综合安全管理体系的主要组成部门如图 7-2 所示。

国家和地方城市轨道交通安全监管部门：出台行政法规；制订行业安全管理政策和安全管理目标；依法对运营企业、规划建设企业以及设备生产和进出口企业实施安全监管；向运

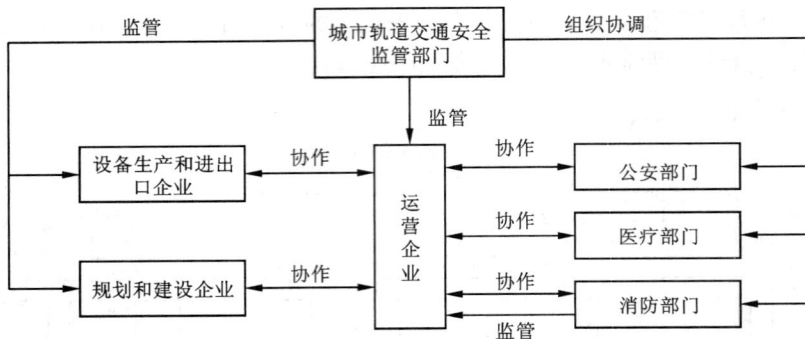

图7-2　城市轨道交通安全管理体系机构组成

营企业颁发安全许可，向设备制造和进出口企业、规划建设企业颁发安全资质证书；指导运营企业建立内部安全管理体系，定期对运营企业的安全管理工作进行检查和评估；负责组织重大事故调查并提供事故调查报告；负责对公安、消防、医疗等部门的组织协调工作。

运营企业：建立、健全企业内部各项安全管理制度；科学合理地设置企业内部安全管理部门；综合运用各种管理手段，围绕运营组织开展安全管理工作，主要包括行车安全管理、设备安全管理、人力资源安全培训等；在法律法规规定的范围内，对乘客行使安全管理职能；搜集、积累、分析城市轨道交通安全管理信息资料；接受监管部门的检查和评估，按要求向其提交安全工作报告及其他与安全管理工作相关的文件，协助其做好重大事故处理和调查工作；加强与公安、消防、医疗等部门的联系与合作，确保部门间的协作达到城市轨道交通综合安全管理体系的要求。

公安、消防和医疗部门：负责各自职能范围内与轨道交通相关的安全管理工作，主要包括打击以城市轨道交通设施和乘客为目标或以城市轨道交通设施为主要场所的治安犯罪、火灾的预防和扑救以及救治各类事故中的受伤人员。另外，消防部门还对运营企业实施消防监管。

规划建设企业：在规划和建设过程中贯彻有关安全规定；向城市轨道交通安全监管部门提交工程图纸或报告施工中有关安全设施的进展和完成情况。

设备生产和进出口企业：按照有关安全要求组织产品的生产和进口；将产品送检或提供产品质量检验报告。

## 7.1.4　应急管理体系

应急组织机构是应急体系的中枢，是日常应急体系建设和应急规章制度监督的主体机构，同时在突发事件发生时，应急组织机构也是应急指挥的决策和执行机构。根据城市轨道交通线网规划的特点，轨道交通应急组织机构须进行分级设置，分为3个级别，分别是总公司层级应急组织机构、线网应急组织机构和线路应急组织机构。目前，应急系统的管理主要有集中管理模式、代理工作模式和协同管理模式。建议采用分层协作、集中管理的工作模式。其中，线网应急机构和各线路应急组织机构在常态状况下属于生产调度指挥部门，内设应急值班岗位，负责该机构从常态向应急状态的转化。3个层级间的关系为逐层向上负责，即各线路应急机构对线网应急机构负责，线网级应急机构对总公司级应急机构负责。采用这种模式的设置是根据突发事件严重程度确定应急指挥的中枢，从而使微小的突发事件得到快速有效的处置，重大突发事件能够面向整个地铁公司甚至全社会进行应急资源的协调与调度。这样的应急组织架构设计，可以与现有城市轨道交通的生产调度指挥体系进行无缝集行、无缝集成，节约大量建设成本和人力成本。

**1. 应急预案管理**

应急预案即突发事件应急处置行为规程，必须具备较强的可操作性，在内容组成上应包括危害因素、事件类型、事发场所或部位、事件等级、处置目标、工作组织、岗位职责、处置流程、预案仿真及培训演练等。在功能要求上应体现职责分明、流程固化、操作简便、处置有效。从预案体系来说，预案分为以下几类。

1）总体预案

总体预案是总公司针对突发事件的指导性预案，包含突发事件的等级、事件处理的原则以及总公司应急组织等内容。

2）现场预案

现场预案是突发事件发生时，规定现场救援人员应急救援的操作规程。从预案层级来说，现场预案应根据应急组织的层级编制不同级别的应急预案，如某线的应急处理程序，线网指挥中心应急预案。从预案内容来说，现场预案的内容应尽可能的详细，例如某线控制中心应急处理程序，应包含在线路某个区段应急状况下的行车方案、组织方案等内容。

3）专项预案

专项预案是各级应急组织针对某一突发事件类型而制订的应急处置操作规程，如：恶劣天气应急预案、防台风应急预案和大客流应急预案等。

**2. 应急资源管理**

应急资源是突发事件应急救援所需要的专业救援人员，应急物资还包括历史资料、法律法规、专家资源。目前，我国城市轨道交通迅猛发展，很多城市的轨道交通已成为线网，多条线路的地铁运营设备不尽相同，给应急救援添加许多困难。因此，针对轨道交通的网状化发展，应急救援队和应急救援物资的设置应采取线路救援中心、区域救援点与流动抢险车相结合的方式。线路救援中心的设立目的是解决地铁重大突发事件，在救援中心配置专业救援人员、大型救援机械等。区域救援点能够快速赶赴现场，迅速解决其负责范围内常见系统设备故障，并配合救援中心的大型救援活动。区域救援点配置熟悉常见地铁设备的救援人员以及小型救援设备。流动救援车主要负责某线路中的一个区域，配置中型救援设备和熟悉本线路设备的救援人员。上述设置能够形成"点—线—面"的应急资源配置，从而达到快速到场、专业救援的应急救援效果，提高应急救援的效率。

## 7.2　安全事故类型

城市轨道交通安全事故及灾害是指在运营过程中发生的人员伤亡及系统运营受到严重影响的事件。由于城市轨道交通系统内部环境的复杂性和外部环境的不确定性，其运营事故和灾害的表现形式为多种多样，且大的灾害往往随一种或几种次生灾害同时产生，使其危害性更大，更难于防范。因此，城市轨道交通安全事故及灾害是安全设计中重点关注的风险对象，也是运营安全风险防范工作的重中之重。目前，国内外学者对城市轨道交通运营事故或灾害的分析大多仅限于某一类事故或单次事故的分析，缺乏对国内外城市轨道交通系统发生的各类安全事故和灾害进行系统梳理。

### 7.2.1　安全事故及灾害的主要类型

城市轨道交通发生的安全事故及灾害，根据事件性质主要可分为列车事故、火灾事故、恐怖袭击、自然灾害、系统水灾等 5 大类。

#### 1. 列车事故

城市轨道交通列车事故主要是指运营过程中发生的列车相撞、列车脱轨等造成人员伤亡、运营中断等严重后果的事故。历年来国内外发生的该类事故如表 7 - 1 所示。

表 7 - 1　国内外城市轨道交通列车事故一览表

| 事故时间 | 事故地点 | 事故后果 |
| --- | --- | --- |
| 1975.1 | 英国 | 伦敦列车相撞死 30 人 |
| 1990.8 | 法国 | 巴黎列车相撞伤 43 人 |
| 1991.5 | 日本 | 列车相撞死 42 人、伤 527 人 |
| 1991.8 | 美国 | 纽约列车脱轨死 6 人、伤 100 余人 |
| 1999.3 | 日本 | 列车脱轨死 3 人、伤 44 人 |
| 1999.8 | 德国 | 科隆列车撞击伤 74 人 |
| 1999.8 | 德国 | 柏林列车撞击伤 67 人 |
| 2000.3 | 日本 | 东京列车脱轨死 5 人、伤 63 人 |
| 2003.1 | 英国 | 伦敦列车脱轨伤 32 人 |
| 2003.10 | 英国 | 伦敦列车脱轨伤 8 人 |
| 2004.11 | 美国 | 华盛顿列车相撞伤 20 人 |
| 2005.1 | 泰国 | 曼谷列车追尾伤 140 余人 |
| 2005.4 | 日本 | 列车脱轨死 91 人、伤 456 人 |
| 2006.7 | 西班牙 | 巴伦西亚列车脱轨颠覆死 41 人、伤 47 人 |
| 2006.10 | 意大利 | 罗马与停站列车追尾死 1 人、伤 236 人 |
| 2007.7 | 委内瑞拉 | 列车追尾死 1 人、伤多人 |
| 2009.6 | 美国 | 华盛顿列车相撞死 9 人、伤 76 人 |
| 2014.4 | 美国 | 纽约列车脱轨伤 19 人 |

#### 2. 火灾事故

火灾事故是对城市轨道交通造成影响最为严重，危害最大的一类事故。历年来国内外发生的该类事故如表 7 - 2 所示。

表 7 – 2　国内外城市轨道交通火灾事故一览表

| 事故时间 | 事故地点 | 事故后果 |
|---|---|---|
| 1971.12 | 加拿大 | 蒙特利尔列车与隧道端头相撞起火 36 节列车被毁 |
| 1972.10 | 德国 | 东柏林火灾 1 座车站和 4 节列车被毁 |
| 1973.3 | 法国 | 巴黎人为列车纵火 1 列车被毁，2 人死亡 |
| 1980.4 | 德国 | 汉堡座位起火 2 节列车被毁伤，4 人 |
| 1980.1 | 英国 | 伦敦丢弃烟头起火死 1 人 |
| 1980—1986 | 美国 | 纽约 8 次火灾死 53 人、伤 50 人 |
| 1981.6 | 俄罗斯 | 莫斯科电路火灾死 7 人 |
| 1982.3 | 美国 | 纽约传动装置故障起火 1 辆车被毁、伤 86 人 |
| 1983.9 | 德国 | 慕尼黑电路起火 2 辆列车被毁、伤 7 人 |
| 1985.4 | 法国 | 巴黎垃圾起火伤 6 人 |
| 1987.11 | 英国 | 伦敦丢弃烟头致自动扶梯起火死 31 人、伤 100 余人 |
| 1991 | 瑞士 | 苏黎世机车电线短路起火伤 58 人 |
| 2003.2 | 韩国 | 大邱人为列车纵火死 192 人、伤 147 人 |
| 2004.1 | 中国 | 香港人为列车纵火伤 14 人 |
| 2006.7 | 美国 | 芝加哥脱轨起火伤 152 人 |
| 2017.4 | 俄罗斯 | 圣彼得堡爆炸袭击死 16 人、伤 50 人 |

**3. 恐怖袭击**

　　城市轨道交通中的恐怖活动形式主要有人为纵火、爆炸、投放毒气等。历年来国外发生的该类事故如表 7 – 3 所示。

表 7 – 3　国外城市轨道交通遭恐怖袭击事件一览表

| 事故时间 | 事故地点 | 事故后果 |
|---|---|---|
| 1977.11 | 俄罗斯 | 莫斯科爆炸袭击死 6 人 |
| 1995.3 | 日本 | 东京沙林毒气袭击死 12 人、伤 5500 多人 |
| 1995.7 | 法国 | 巴黎炸弹爆炸袭击死 8 人、伤 117 人 |
| 1996.6 | 俄罗斯 | 莫斯科列车爆炸袭击死 4 人、伤 7 人 |
| 1996.12 | 法国 | 巴黎爆炸袭击死 4 人、伤 86 人 |
| 1998.1 | 俄罗斯 | 莫斯科爆炸袭击伤 3 人 |
| 2000.11 | 德国 | 杜塞尔多夫车站炸弹袭击伤 9 人 |
| 2001.8 | 英国 | 伦敦爆炸袭击伤 6 人 |
| 2001.9 | 加拿大 | 蒙特利尔毒气袭击伤 40 余人 |
| 2004.2 | 俄罗斯 | 莫斯科自杀式爆炸袭击死 40 人、伤 134 人 |
| 2004.8 | 俄罗斯 | 莫斯科爆炸袭击死 8 人、伤 10 人 |
| 2005.7 | 英国 | 伦敦连环爆炸袭击死 56 人、伤百余人 |
| 2006.7 | 印度 | 孟买连环爆炸袭击死 200 人、伤 700 余人 |

#### 4. 自然灾害

对城市轨道交通系统造成影响的自然灾害主要包括：地震、大风、雷击、洪水、雨雪、冰冻等。历年国内外发生的该类事故如表 7 - 4 所示。

表 7 - 4　国内外城市轨道交通自然灾害事故一览表

| 事故时间 | 事故地点 | 事故后果 |
| --- | --- | --- |
| 1985.9 | 墨西哥 | 墨西哥城地震（8.1 级）地铁侧墙与地层结构出现分离破坏 |
| 2001.9 | 中国 | 台北捷运台风台北捷运高架线路长时间停运 |
| 2003.5 | 日本 | 仙台地震仙台地铁全线停运 |
| 2007.7 | 中国 | 重庆轻轨雷击供电设备破坏、部分区间断电 |
| 2008.4 | 中国 | 上海地铁 10 级大风上海轨道交通 3 号线限速运营 0.5 h |

#### 5. 系统水灾

城市轨道交通系统水灾事故多数是由于系统内部水管爆裂、地下结构破坏渗水等造成的水淹事故。

2005 年 4 月 10 日，上海地铁 2 号线河南中路站管道破裂渗水 4 号出入口封闭超过 2 h，部分商铺受影响。2008 年 3 月 31 日，上海轨道交通人民广场站泡沫塑料堵塞下水道通道地面严重积水，4 部电梯停运，影响正常运营超过 2 h。2008 年 7 月 4 日，北京地铁 5 号线崇文门站雨水倒灌入车站停运 3 h。

从发生的国内外城市轨道交通运营事故来看，主要是上述 5 大类的事故和灾害，另外还发生过人员踩踏事故、重大停电事故等其他类型的安全事故，但发生的次数很少。人员踩踏事故在白俄罗斯地铁发生过 1 次，重大停电事故在伦敦地铁和北京地铁各发生过 1 次。尽管发生的次数较少，但这类事故也对城市轨道交通的运营造成了严重影响。比如，1999 年 5 月 29 日，白俄罗斯首都明斯克市地铁 2 号线 Nyamiha 站发生人员踩踏事故，最终造成 54 人死亡、150 多人受伤；2003 年 8 月 28 日，英国伦敦地铁发生重大停电事故，造成 2/3 地铁停运、25 万人被困。因此，该类事故在安全风险防范方面也应予以重视。

### 7.2.2　安全事故及灾害的发生原因

城市轨道交通安全事故及灾害发生的原因主要可以分为人为因素、系统自身因素和环境因素 3 个方面。

#### 1. 人为因素

人为因素包括地铁乘客、操作人员、管理人员其他在场人员所涉及的因素。

1）恐怖袭击

城市轨道交通是人流集中的地方，由于其特殊的构造和封闭的运行空间，成为恐怖分子袭击的目标。恐怖分子已制造了多起爆炸、纵火、毒气事件，其后果非常严重，往往造成大量的人员伤亡。

2）工作人员的不当操作

工作人员的不当操作也是造成城市轨道交通安全事故的一大主要原因。工作人员的不当操作主要包括工作人员违反安全操作规程的行为以及操作失误等。相当比例的城市轨道交通列车相撞事故、停电事故以及关键运营设备事故等都是由员工操作不当造成的。

3）乘客的不安全及不当行为

乘客乘车过程中的不安全行为主要是指具有安全隐患的乘客无意识行为，如携带违禁物品进站、乱扔烟头，以及由于个人精神失常而无法自我控制的破坏举动等。乘客的不当行为主要包括乘客对运营设施设备的不当使用，以及在紧急情况下乘客的不理智行为等。城市轨道交通安全事故中的踩踏事故一般均由乘客自身的不当行为引发的。

**2. 系统自身因素**

一般来说，系统自身因素在很大程度上属于可控制的因素，可从一些具体措施和可量化的指标上去实施控制。

1）设备自身故障

城市轨道交通投入运营后，设施设备本身也在运营中不断老化，设施设备老化等因素不可避免地会造成系统自身的不可控故障。城市轨道交通设施设备的故障，尤其是信号设备等关键运营设施设备的故障极易造成安全事故。线路设计和施工缺陷，如道岔伤损、枕轨伤损、道床伤损、接触网伤损、钢轨断裂等均可能导致列车脱轨；系统自身故障或失灵也易引发列车脱轨、列车相撞事故；车站疏散通道或疏散楼梯设置不合理，或疏散路径上存在阻碍物体，是导致拥挤踩踏事件发生的原因之一。此外，无论是在站厅站台、列车、隧道内，都存在有各种电气设备和线路，一旦这些设备和线路出现故障，如短路、过载、漏电而产生电火花、电弧，就有可能引发火灾。这也是地铁火灾事故中电气火灾所占比例最大的原因。

2）运营管理不善引发的系统故障

除了系统自身的不可控故障以外，绝大多数城市轨道交通设施设备的故障是由运营管理不善而引起的。这一类系统故障主要包括设施设备的维修保养不善、运营单位疏于安全管理等。城市轨道交通安全事故中的列车脱轨、列车相撞以及重大设备故障等各类事故，究其深层原因都存在运营管理不善的情况。

**3. 环境因素**

1）自然环境

自然环境因素也是引发城市轨道交通安全事故的主要原因之一。尤其对于城市轨道交通高架部分以及敞开段部分，往往在运营中受制于自然环境条件，还存在轨道周边外界异物侵限的危险。相当一部分的列车脱轨事故、列车相撞事故以及重大运营设备故障，均是由恶劣的自然条件所引起的，如：雷击等自然环境因素的影响也可能造成火灾事故。另外值得关注的一起事故是在 1999 年 5 月 29 日发生的白俄罗斯明斯克地铁站踩踏事故，也是由于当时恶劣的自然环境而直接造成的。

2）内部环境

城市轨道交通地下区间隧道、地下车站设备用房等场所的常年阴暗潮湿环境和虫鼠害等，极易造成关键设施设备的故障。另外，站厅内商业区域的可燃物较多，而且餐厅内还有燃气、明火等，增加了发生火灾的危险性。

## 7.2.3　安全事故及灾害的发生特征

通过对历年来国内外城市轨道交通安全事故及灾害的分析，其发生的主要特征有：

(1)从发生的次数来看，火灾事故发生比例最高，占到近一半的比例。火灾事故、列车事故、恐怖袭击这 3 种事故类型是城市轨道交通运营中的主要重大事故，占总事故数的 85%。

(2)从世界范围发生事故的趋势来看，近年来，火灾发生的周期较早期在逐渐缩短，发生频率在大幅加快；针对城市轨道交通的恐怖袭击事件呈现明显的上升趋势，绝大多数都集中在近 10 余年中。

(3)从发生的原因来看，事故致因呈现多样化。社会、自然和系统状态等运营管理所难以实施控制的环境因素，设施设备等系统自身因素，人为蓄意破坏行为、乘客不安全行为、工作人员不规范行为等人为因素，都可能引发安全事故。

## 7.2.4 安全事故及灾害的危害性分析

通过历年来国内外城市轨道交通典型事故的危害性分析，可归纳出安全事故及灾害的危害性特征如下：

(1)从单个事件的人员伤亡程度来看，火灾事故引发的人员伤亡人数最多，其次是爆炸袭击。

(2)次生危害大。从以往的城市轨道交通安全事故中不难看出，安全事故并不是一个孤立的事故类型，一般容易引发其他次生的事故危害。关键设备的故障可能导致列车相撞事故；列车脱轨事故、列车相撞事故，又可能引发列车火灾以及供电设备和线路轨道的破坏。城市轨道交通发生火灾的同时，由于燃烧会产生大量烟雾、有毒气体，成为人员伤亡的主要原因；由于相对封闭的环境特点，高温会引发土建结构破坏；由于客流量大、人群密集，容易引发踩踏事件导致群死群伤。

(3)危害影响范围广。城市轨道交通安全事故或灾害的影响往往不仅局限于发生地点。由于城市轨道交通系统具有相对封闭、网络连通的特点，通常其影响范围会快速扩散。比如，大型的多线换乘车站一旦发生火灾，如果不能及时处置，将可能导致多条线路运营中断，甚至引发整个城市轨道交通网络的瘫痪。特别是由于恐怖袭击事件规模的扩大，针对城市轨道交通的恐怖袭击事件已由原来的单点发展到现在的连环、连续发生。

随着我国城市轨道交通的发展、城市轨道交通运营线路的增加，实际运营中出现了诸多不同于发展初期的需求，特别是在安全方面出现了不同的新特点和新需求。从事故发生概率和危害的严重程度来看，火灾事故仍然是城市轨道交通运营中需要重点防范和关注的事件；恐怖袭击和列车事故在近年来有上升趋势，也应该给予足够的重视。虽然这些事故都是发生在线路运营过程中，但是城市轨道交通应急能力的建设是贯穿于规划、设计、建设、运营的全过程。在规划、设计、建设阶段是完成应急硬件能力的建设，构筑系统对各类风险事故的承受和抵抗能力；运营阶段则注重应急软件能力的建设，需通过建立完善的安全管理机制来实现。

## 7.3 城市轨道交通安全评估

城市轨道交通产生的根本任务就是把乘客安全及时地运送到目的地，而运输安全水平直接决定了轨道交通与其他交通运输方式的竞争能力、声誉和经济效益。所以安全始终是与运输企业自身的发展和生存息息相关的永恒主题。

## 7.3.1　安全评估思路与流程

　　安全评估(safety assessment)又叫安全评价。安全评估分狭义和广义两种,狭义指对一个具有特定功能的工作系统中固有的或潜在的危险及其严重程度所进行的分析与评估,并以既定指数、等级或概率值作出定量的表示,最后根据定量值的大小决定采取预防或防护对策。广义指利用系统工程原理和方法对拟建或已有工程、系统可能存在的危险性及其可能产生的后果进行综合评价和预测,并根据可能导致的事故风险的大小,提出相应的安全对策措施,以达到工程、系统安全的过程。安全评估以实现工程、系统安全为目的,应用安全系统工程原理和方法,对工程、系统中存在的危险、有害因素进行辨识与分析,判断工程、系统发生事故和职业危害的可能性及其严重程度,从而为制订防范措施和管理决策提供科学依据。安全评价既需要安全评价理论的支撑,又需要理论与实际经验的结合,二者缺一不可。

　　安全评价应分为准备工作、实施评价和编制评价报告3个阶段。

**1. 准备工作的内容**

　　(1)确定本次评价的对象和范围,编制安全评价计划。

　　(2)准备有关安全评价所需相关的法律法规、标准、规章、规范等资料。

　　(3)评价组织方应提交相关材料,说明评价目的、评价内容、评价方式、所需资料(包括图纸、文件、资料、档案、数据)的清单、拟开展现场检查的计划,及其他需要各单位配合的事项。

　　(4)被评价方应提前准备好评价组织方需要的资料。

**2. 实施评价的内容**

　　(1)对相关单位提供的工程施工技术和管理资料进行审查。

　　(2)按事先拟定的现场检查计划,查看安全管理、安全措施实施和监控预警的安全控制工作是否到位以及是否符合相关法规、规范的要求,并按本标准的相关规定进行评价和打分。

　　(3)进行安全评价总分计算和安全水平划分。

　　(4)在上述工作的基础上,评价组织方提出安全评价结论,编制安全评价报告。

**3. 编制评价报告应符合的规定**

　　(1)评价报告内容应全面、条理应清楚、数据应完整、提出建议应可行、评价结论应客观公正;文字应简洁、准确,论点应明确,利于阅读和审查。

　　(2)评价报告的主要内容应包括评价对象的基本情况、评价范围和评价重点、安全评价结果及安全管理水平、安全对策意见和建议,现场问题照片以及明确整改时限。

## 7.3.2　安全评估指标

**1. 安全目标**

1)安全工作方针与目标

　　(1)制订企业安全生产方针、目标和不低于上级下达的安全控制指标。

　　(2)制订实现安全工作方针与目标的措施。

2)中长期规划

制订和实施企业安全生产中长期规划和跨年度专项工作方案。

3）年度计划

根据中长期规划，制订年度计划和年度专项活动方案，并严格执行。

4）目标考核

（1）将安全生产管理指标进行细化和分解，制订阶段性的安全生产控制指标。

（2）制订安全生产目标考核与奖惩办法。

（3）定期考核年度安全生产完成情况并奖惩兑现。

**2. 管理机构和人员**

1）安全管理机构

（1）成立安全生产委员会（或领导小组），下属各分支机构分别成立相应的领导机构。安委会职责明确，实行主要领导负责制。

（2）按规定设置与企业规模相适应且独立的安全生产管理机构。

（3）定期召开安全生产委员会会议。安全生产管理机构和下属各分支机构每月至少召开一次安全工作例会。

2）管理人员配备

按规定足额配备专职安全生产和应急管理人员。

**3. 安全责任**

1）健全责任制

（1）企业主要负责人、分管领导、全体员工安全职责明确，制订并落实安全生产责任制，层层签订安全生产责任书，并落实到位。

（2）主要负责人或实际控制人是安全生产第一责任人，按照安全生产法律法规赋予的职责，对安全生产负全面组织领导、管理责任和法律责任，并履行安全生产的责任和义务。

（3）分管安全生产的负责人是安全生产的重要负责人，统筹协调和综合管理企业的安全生产工作，对安全生产负重要管理责任。

（4）其他负责人和全体员工实行"一岗双责"，对业务范围内的安全生产工作负责。

（5）安全生产管理机构、各职能部门、生产基层单位的安全职责明确并落实到位。

2）责任制考评

根据安全生产责任进行定期考核和奖惩，公告考评和奖惩情况。

**4. 法规和安全管理制度**

1）资质

按规定取得相关经营资质。

2）法规

（1）及时识别、获取适用的安全生产法律法规、标准规范。

（2）将法规标准和相关要求及时转化为本单位的规章制度，贯彻到各项工作中。

（3）执行并落实安全生产法律法规、标准规范。

（4）将适用的安全生产法律、法规、标准及其他要求及时对从业人员进行宣传和培训。

3）安全管理制度

（1）安全生产责任制。

（2）安全例会制度。

(3)文件和档案管理制度。

(4)安全生产费用提取和使用管理制度。

(5)设施、设备管理制度。

(6)安全生产培训和教育学习制度。

(7)安全生产监督检查制度。

(8)事故统计报告制度。

(9)安全生产奖惩制度。

(10)对从业人员进行安全管理制度的学习和培训。

4)岗位安全生产操作规程

(1)制订并及时修订各岗位的安全生产操作规程,并发放到岗位(职工)。

(2)对从业人员进行安全操作规程的学习和培训;从业人员严格执行本单位的安全操作规程。

5)制度执行及档案管理

(1)执行国家有关安全生产方针、政策、法规及本单位的安全管理制度和操作规程,依据行业特点,制订企业安全生产管理措施。

(2)每年至少一次对安全生产法律法规、标准规范、规章制度、操作规程的执行情况进行检查。

(3)建立和完善各类台账和档案,并按要求及时报送有关资料和信息。

## 5. 安全投入

1)资金投入

(1)按规定足额提取安全生产费用。

(2)安全生产经费专款专用,保证安全生产投入的有效实施。

(3)及时投入满足安全生产条件的所需资金。

## 6. 费用管理

(1)跟踪、监督安全生产专项经费使用情况。

(2)建立安全费用使用台账。

## 7. 装备设施

1)车辆

(1)车辆应在使用年限内。

(2)司机台应设置紧急停车操纵装置和警惕按钮。

(3)车厢内应设置乘客紧急按钮或与司机紧急对讲装置、应急照明灯、应急装备。

2)车站设施

车站设施符合相关规范要求。

3)安全设施

(1)车辆、车站按照国家相关法律法规规定配备安全锤、警示牌等安全设备,按相关规定配足有效的消防设施及器材,放置合理。

(2)公司有专人负责安全设施及器材的管理,且管理规范。

(3)设有覆盖安全重点部位视频监控设备,并保持实时监控。

4)供电设备

主变电站设备、牵引变电站设备、降压变电站设备、接触网、电缆、应在使用年限内；变电站周围建筑应设置避雷设施，并每年进行检测。

5）线路

（1）建立有线路巡查检修制度。

（2）轨道检测车、钢轨打磨车等维修设备应有质检合格证。

6）机电设备

（1）自动扶梯、电梯与自动人行道设备验收检验报告和《安全检验合格》标志。

（2）屏蔽门应设有明显的安全标志、使用标志和应急情况操作指示。

（3）地铁进、排风亭口部距其他任何建筑物的直线距离≥5 m，当风亭高于路边时，风亭开口底距地面的高度≥2 m。

7）特种设备

（1）应按照《特种设备安全监察条例》、《特种设备质量监督与安全监察规定》及其特种设备相关的《检验规程》等，对特种设备进行定期检验和维护保养。

（2）按规定指定专人对特种设备进行管理。

（3）按要求规范建立特种设备台账。

## 8. 科技创新与信息化

1）科技创新与应用

（1）使用先进的、安全性能可靠的新技术、新工艺、新设备和新材料，优先选购安全、高效、节能的先进设备。

（2）组织开展安全生产科技攻关或课题研究。

（3）设有安全生产管理系统或平台。

（4）应用现代科技手段，提升安全管理水平。

2）科技信息化

（1）建立科学的运营组织与调度系统，系统运行稳定可靠。

（2）建立监控值班制度，指定专人负责实时实施监控管理，对车辆实时动态监控，实现行驶安全驾驶监控、车辆行驶位置监控、到站监控。

（3）实现车辆维护管理、维修保养期提示、车辆维修记录、审验记录等的信息化。

（4）企业信息系统所录入的车辆和驾驶员的基础资料、车辆技术档案信息，记录车辆行驶情况等信息准确、完整。

（5）配备专职人员负责监控车辆行驶和驾驶员的动态情况，分析处理动态信息。

（6）按照有关规定及时纠正和处理超标停车、疲劳驾驶等违章行为，对违章驾驶员信息留存在案，至少保存3年时间。

（7）建立动态监控工作台账。

## 9. 队伍建设

1）培训计划

制订并实施年度及长期的继续教育培训计划，明确培训内容和年度培训时间。

2）宣传教育

组织开展安全生产的法律、法规和安全生产知识的宣传、教育。

3）管理人员

（1）企业主要负责人和管理人员具备相应安全知识和管理能力，并取得行业主管部门培训合格证。

（2）专（兼）职安全管理人员具备专业安全生产管理知识和经验，熟悉各岗位的安全生产业务操作规程，运用专业知识和规章制度开展安全生产管理工作，并保持安全生产管理人员的相对稳定。

4）从业人员培训

（1）从业人员每年接受再培训，提高从业人员的素质和能力，再培训时间不得少于有关规定学时。未经安全生产培训合格的从业人员，不得上岗作业。

（2）转岗人员及时进行岗前培训。

（3）新技术、新设备投入使用前，对管理和操作人员进行专项培训。

5）规范档案

（1）建立健全安全宣传教育培训考评档案，详细、准确记录培训考评情况。

（2）对培训效果进行评审，改进提高培训质量。

**10. 作业管理**

1）现场作业管理

（1）严格执行操作规程和安全生产作业规定，严禁违章指挥、违章操作、违反劳动纪律。

（2）严格按计划发车，遇突发事件迅速启动应急调度预案。

（3）制订并落实车辆技术管理制度，落实专人负责车辆技术管理，按国家规定的技术规范对车辆进行定期维护与保养。

2）安全值班

制订并落实安全生产值班计划和值班制度，重要时期实行领导到岗带班，有值班记录。

3）相关方管理

（1）明确外委单位的安全生产管理职责。

（2）对外发包或出租生产经营项目、场所、设备，对承包承租方进行资质审查。

（3）与外来施工（作业）方签订安全协议，明确双方各自的安全责任。

（4）对短期合同工、临时用工、实习人员、外来参观人员等进入作业现场有相应的安全管理制度和措施。

4）从业人员管理

（1）制订并落实驾驶员、列车检修人员、线路检修员、特种设备检修人员安全管理制度。

（2）严格审查列车驾驶员、列车检修人员、路检修员、特种设备检修人员的驾驶证件、从业资格和驾驶经历，符合条件的签订聘用合同。

（3）制订并落实驾驶员行车安全档案管理制度，实行一人一档。

（4）制订并落实列车检修人员、线路检修员、特种设备检修人员安全档案记录管理制度，实行一人一档。

5）警示标志

在存在一定危险因素的作业场所和设备设施，设置明显的安全警示标志，相关场所按交通法律要求设置交通安全标志。

**11. 危险源辨识与风险控制**

1）危险源辨识

（1）开展本单位危险设施或场所危险源的辨识和确定工作。

（2）辨识重大危险源，采取有效防护措施，按规定报有关部门备案。

2）风险控制

（1）及时对作业活动和设备设施进行危险、有害因素识别。

（2）向从业人员如实告知作业场所和工作岗位存在的危险因素、防范措施以及事故应急措施。

（3）对危险源进行建档，重大危险源单独建档管理。

### 12. 隐患排查与治理

1）隐患排查

（1）制订隐患排查工作方案，明确排查的目的、范围，选择合适的排查方法。

（2）每月至少开展一次安全自查自纠工作，及时发现安全管理缺陷和漏洞，消除安全隐患。检查及处理情况应当记录在案。

（3）对各种安全检查所查出的隐患进行原因分析，制订针对性控制对策。

2）隐患治理

（1）制订隐患治理方案，包括目标和任务、方法和措施、经费和物资、机构和人员、时限和要求。

（2）对上级检查指出或自我检查发现的一般安全隐患，严格落实防范和整改措施，并组织整改到位。

（3）重大安全隐患报相关部门备案，做到整改。

（4）建立隐患治理台账和档案，有相关的记录。

（5）按规定对隐患排查和治理情况进行统计分析，并向有关部门报送。

### 13. 安全文化

1）安全环境

（1）设立安全文化廊、安全角、黑板报、宣传栏等员工安全文化阵地，每月至少更换一次内容。

（2）公开安全生产举报电话号码、通信地址或者电子邮件信箱。对接到的安全生产举报和投诉及时予以调查和处理。

2）安全行为

（1）开展安全承诺活动。

（2）编制轨道交通安全知识手册，并发放到职工。

（3）组织开展安全生产月活动、安全生产竞赛活动，有方案、有总结。

（4）对在安全工作中做出显著成绩的集体、个人给予表彰、奖励，并与其经济利益挂钩。

（5）对安全生产进行检查、评比、考评，总结和交流经验，推广安全生产先进管理方法。

### 14. 应急救援

1）预案制订

（1）制订相应的突发事件应急预案，有相应的应急保障措施。

（2）结合实际将应急预案分为综合应急预案、专项应急预案和现场处置方案。

（3）应急预案与地政府预案保持衔接，报当地有关部门备案，通报有关协作单位。

（4）定期评审应急预案，并根据评审结果或实际情况的变化进行修订和完善。

2）预案实施

（1）开展应急预案的宣传教育，普及生产安全事故预防、避险、自救和互救知识。

（2）开展应急预案培训活动，使有关人员了解应急预案内容，熟悉应急职责、应急程序和应急处置方案。

（3）发生事故后，及时启动应急预案，组织有关力量进行救援，并按照规定将事故信息及应急预案启动情况报告有关部门。

3）应急队伍

（1）建立与轨道交通安全生产特点相适应的专职应急救援队伍，或指定专兼应急救援人员。

（2）组织应急救援人员日常训练。

4）应急装备

（1）按照应急预案的要求配备相应的应急物资及装备。

（2）建立应急装备使用状况档案，定期进行检测和维护，使其处于良好状态。

5）应急演练

（1）按照有关规定制订应急预案演练计划，并按计划组织开展应急预案演练。

（2）应急预案演练结束后，对应急预案演练效果进行评审，撰写应急预案演练评审报告，分析存在的问题，并对应急预案提出修订意见。

**15.事故报告调查处理**

（1）发生事故及时进行事故现场处置，按相关规定及时、准确、如实向有关部门报告，没有瞒报、谎报、迟报情况。

（2）跟踪事故发展情况，及时续报事故信息，建立事故档案和事故管理台账。

**16.绩效考核与持续改进**

1）绩效评定

每年至少一次对本单位安全生产标准化的实施情况进行评定，对安全生产工作目标、指标的完成情况进行综合考评。

2）持续改进

提出进一步完善安全标准化的计划和措施，对安全生产目标、指标、管理制度、操作规程等进行修改完善。

3）安全管理体系建设

根据企业生产经营实际，建立相应的安全管理体系，规范安全生产管理，形成长效机制。

## 7.3.3　安全评估方法

安全评估是指确定城市轨道交通系统是否符合规定的安全要求的分析过程。安全评估的方法很多，常用的有风险分析、安全检查表、失效模式及影响分析（FMEA）、致命度分析（CA）、事故树分析（FTA）、事件树分析、原因—后果分析等。这些分析方法各有自己的特点和一定的适用范围。选用时，首先可进行初步的、定性的综合分析，得出定性的概念，然后根据危险性大小，再进行详细的分析。最后根据分析对象和要求的不同，选用相应的分析方法。安全评估方法中以下3种最为常用和重要。

（1）风险分析。它是一种定性分析评价系统内危险因素和危险程度的方法，其特点是把分析工作做在行动之前，避免由于考虑不周而造成损失。

（2）事故树分析（FTA）。FTA 在可靠性分析中又叫故障树分析，是以某一种不希望发生的事件为最后的状态，然后使用系统分析的方法（演绎法）寻找造成这一状态的一系列失效（故障），是一种表示导致故障或灾害事故的各种因素之间的因素及逻辑关系图。FTA 是安全性、可靠性研究中最重要的分析方法，最适用于寻找失效的可能方式。

（3）失效模式及影响分析（FMEA）。FMEA 是对系统或产品各个组成部分，按一定的顺序进行系统分析和考察（归纳法）查出系统中各子系统或元件可能发生的各种故障模式，并分析它们对系统或产品的功能造成的影响，提出可能采取的预防改进，以提高系统或产品的安全可靠性。FMEA 易于理解，是广泛采用的标准化方法，主要用于设计阶段的可靠性和安全性分析。

## 7.4　应急预案

### 7.4.1　应急预案的内容

应急预案指面对突发事件如自然灾害、重特大事故、环境公害及人为破坏的应急管理、指挥、救援计划等。它一般应建立在综合防灾规划上。其重要子系统为：完善的应急组织管理指挥系统；强有力的应急工程救援保障体系；综合协调、应对自如的相互支持系统；充分备灾的保障供应体系；体现综合救援的应急队伍等。

**1. 应急预案体系的构成**

应急预案应形成体系，针对各级各类可能发生的事故和所有危险源制订专项应急预案和现场处置方案，并明确事前、事发、事中、事后的各个过程中相关部门和有关人员的职责。生产规模小、危险因素少的生产经营单位，综合应急预案和专项应急预案可以合并编写。

1）综合应急预案

综合应急预案是从总体上阐述事故的应急方针、政策，应急组织结构及相关应急职责，应急行动、措施和保障等基本要求和程序，是应对各类事故的综合性文件。

2）专项应急预案

专项应急预案是针对具体的事故类别（如恐怖袭击、轨道脱轨等事故）、危险源和应急保障而制订的计划或方案，是综合应急预案的组成部分，应按照应急预案的程序和要求组织制订，并作为综合应急预案的附件。专项应急预案应制订明确的救援程序和具体的应急救援措施。

3）现场处置方案

现场处置方案是针对具体的装置、场所或设施、岗位所制订的应急处置措施。现场处置方案应具体、简单、针对性强。现场处置方案应根据风险评估及危险性控制措施逐一编制，做到事故相关人员应知应会，熟练掌握，并通过应急演练，做到迅速反应、正确处置。

**2. 应急预案的类型**

1）应急行动指南或检查表

针对已辨识的危险制订应采取的特定的应急行动。指南简要描述应急行动必须遵从的基本程序，如发生情况向谁报告，报告什么信息，采取哪些应急措施。这种应急预案主要起提示作用,对相关人员要进行培训,有时将这种预案作为其他类型应急预案的补充。

2)应急响应预案

针对现场每项设施和场所可能发生的事故情况,编制的应急响应预案。应急响应预案要包括所有可能的危险状况,明确有关人员在紧急状况下的职责。这类预案仅说明处理紧急事务的必需的行动,不包括事前要求(如培训、演练等)和事后措施。

3)互助应急预案

相邻车站为在事故应急处理中共享资源,相互帮助制订的应急预案,需要高效的协调管理。

4)应急管理预案

应急管理预案是综合性的事故应急预案,这类预案详细描述事故前、事故过程中和事故后何人做何事、什么时候做、如何做。这类预案要明确制订每一项职责的具体实施程序。应急管理预案包括事故应急的4个逻辑步骤:预防、预备、响应和恢复。

## 7.4.2 应急预案具体制订

### 1. 编制目的

做好城市轨道交通运营安全工作,加强对突发事件处置的综合协调指挥,提高紧急救援反应轨道交通突发事件,最大限度地减少人员伤亡和财产损失,维护正常的工作秩序和社会秩序。

### 2. 工作原则

以人为本,科学决策。保障人民群众的生命安全、最大限度地减少财产损失放在首位。运用先进技术充分发挥专家作用,实行科学民主决策。轨道交通突发事件处置工作在市人民政府的统一领导下,由建委牵头负责。市公安局、市安监局、市卫生局、市环保局、市市政公路局、外办、市公安交管局、市公安消防局、市客管办、武警总队等相关部门按照各自的职责分工和权限,制订专业应急预案,明确专职人员,落实应急处置的职责相互协调,有效应对。相关部门要整合资源、信息共享、主动配合、形成合力,保证事故灾难信息的及时准确传递,高效、有序地开展救援工作。

### 3. 事件分级

依据造成或可能造成的危害程度、波及范围、影响大小、行车中断时间、人员伤亡及财产损失等情况,突发事件由高到低划分为Ⅰ级(特别重大)、Ⅱ级(重大)、Ⅲ级(较大)、Ⅳ级(一般)4个等级。

### 4. 组织机构与职责

(1)应急处置指挥体系成立市轨道交通突发事件应急处置领导小组,下设市轨道交通应急处置指挥中心。领导小组职责:负责对轨道交通突发事件应急处置作出决策。

(2)指挥中心职责:负责全面指挥、协调应急救援工作;负责批准预警信息的发布和解除;负责本预案的修订;负责督促有关部门建立健全应急救援队伍,并组织各种应急演练;负责协调事件调查和处理工作并及时向市人民政府报告情况。指挥中心为非常设机构,突发事件一旦发生,指挥中心即刻形成。在突发事件处置过程中,所有部门必须无条件服从指挥中心的统一指挥,各司其职,协调联动。

(3)预警预防:轨道交通运营单位和指挥中心对可能发生和可以预警的突发事件进行预

警。预警信息的主要内容应该具体、明确，要向公众详细告知突发事件预警始时间可能影响范围、警示事项、应采取的措施和发布机关等。预警信息的发布、调整和解除报指挥中心批准后，由轨道交通运营单位负责，通过广播、电视、报刊、通信、信息网络、警报器、宣传车等方式向社会发布。各专业部门和运营单位建立健全轨道交通突发事件应急处理系统，加强对相关部门人员的教育培训和应急处置演练。专业和局部性演练根据需要由各专业指挥组负责组织，综合性演练由指挥中心适时组织。轨道交通运营单位依据本预案和实际运行情况制订地震、火灾、浸水、停电、反恐、防爆、化学物质污染、设备故障等分专业的应急预案，完善救援程序，建立应急救援组织，配备救援器材设备，定期组织演练。轨道交通运营单位应设置驾驶员与乘客之间的通话装置，确保通道、车站等处与地面通信联络畅通；应为驾驶员配备便携式照明工具，在列车及车站中配备基本急救箱，定期检查维护照明系统，保证应急和救援使用。

（4）应急响应：发生突发事件时，轨道交通运营单位应及时向指挥中心报告，指挥中心启动应急预案，各专业指挥组工作人员接到命令后，迅速赶赴现场进行处置。或者以轨道交通运营单位为主进行处置，应及时启动该单位制订的专业应急预案，视情况拨打110、119、120等特服电话报告突发事件信息，主动协同救援，同时向指挥中心报告。

（5）紧急处置。指挥中心办公室接报后，应及时通知领导小组成员、专家组和各专业指挥组组长，同时派人员迅速赶赴现场，会同有关部门进行现场保护和抢险救援工作。必要时可将突发事件情况通报给驻军及武警总队，请求支援。

出现急剧恶化的特殊险情时，指挥中心在充分考虑专家组和有关方面意见的基础上，根据事态发展情况，相应调整应急处置方案，并采取紧急处置措施。

各专业指挥组应严格按照指挥中心的指令和相应预案开展救援工作，任何部门和个人不得延误、推诿和擅离职守。①抢险救援指挥组应在接到报警电话后15 min内到达现场，有效的控制灾情，将滞留现场的乘客、工作人员和伤亡人员转移到安全地点。②保卫警戒指挥组应在接到报警电话后15 min内到达现场，指挥疏导交通，维持现场秩序，实施对事件现场的控制和警戒，防止各种破坏活动，对肇事者采取监控措施，防止逃逸。③客流疏导指挥组应在接到报警电话后及时调集公交汽车、出租汽车，迅速疏散现场客流。④医疗救护指挥组应及时到位，立即组织现场急救和安排伤员入院治疗。在医疗救护指挥组到达现场之前，由轨道交通运营单位内部紧急救护人员对伤员进行必要的救治。⑤物资保障指挥组应及时调运、供应充足的救援设备和物资，并做好后续所需设备和物资的准备，以及社会救援物资的接收和处理工作。⑥市政排水指挥组应及时调集市政排水人员、设备对隧道内出现的大面积积水实施抢险、强排措施。⑦事件调查指挥组应随时向指挥中心报告事故抢险的进展情况，组织专家组采集、整理和保存有关突发事件的各种信息，为事件分析、责任界定和事后处理做好准备。

（6）后期处置：恢复设备运营：突发事件的现场抢险救援结束后，轨道交通运营单位应迅速抢修因突发事件被破坏的车站、隧道、高架区段及设施、设备，恢复行车基本条件，降低对公共交通的影响。及时检查、修复、调试各种防灾报警系统和各项应急设备、设施。善后处置：善后处理指挥组应按照国家相应的法律、规定，做好外界和轨道交通运营单位内部伤亡人员的善后处理工作，包括妥善安置受伤人员、征用物资补偿、及时补充救援物资等，尽快消除事件影响，恢复轨道交通正常运营秩序。

（7）总结评价：应急状态解除后，指挥中心负责组织轨道交通运营单位整理所有的应急记录和文件等资料；总结和评价导致发生突发事件的原因和在应急期间采取的主要对策和成效；必要时，修订应急预案，并向市人民政府作出书面报告。指挥中心负责组织参与应急处置的所有人员认真总结应急救援过程中的经验教训，并形成书面材料上报市人民政府，整个应急过程的所有资料要存档管理。

（8）附则：奖励与责任追究，市人民政府对在突发事件应急处置工作中成绩显著的单位和个人，给予表彰和奖励；对不按照规定履行应急义务，不服从命令和指挥，临阵脱逃、擅离职守造成严重后果的责任者依法追究责任。

## 拓展阅读

上海地铁 10 号线是一条事故多发线。2011 年 7 月 29 日因为信号调试错误出现跑错方向的低级错误；8 月 2 日再次出现故障，列车因主控制器故障，无法开行，车门亦无法打开；紧接着，就是 9 月 27 日的追尾事故。

2009 年 6 月 22 日 17 时，两辆列车首尾相撞，一节车厢几乎骑在了另一节车厢的上面，造成车门严重变形。巨大的冲击力使得车厢内的座椅散落得到处都是。当时第一列地铁列车正停在轨道上等待进站，而这时第二列列车突然从后面撞上第一辆列车。两辆列车均挂有 6 节车厢，共能装载乘客 2400 人。

事故共造成 9 死 76 伤，是该线路运营 33 年来最严重事故。

## 思考与练习

1. 安全的定义和特征是什么？
2. 什么叫安全管理？
3. 城市轨道交通安全管理体系的方针和目标什么？
4. 应急和应急管理的定义。
5. 应急体系的具体内容。
6. 突发事件的特性及特点？
7. 简述安全事故的类型及其危害性。

# 模块八
# 城市轨道交通经济效益评估

## 【引　例】

MOPES(metro operational performance evaluation system)城市轨道交通运营绩效评估体系诞生于 2009 年 3 月。由我国交通运输协会城市轨道交通专业委员会进行统一管理，参加地铁运营的企业各委派一名能够代表该企业的技术代表成立绩效评估小组，由技术秘书处来负责日常工作。

参加 MOPES 的运营企业条件是：第一，专业委员会的城市轨道交通运营单位；第二，至少运营一条线路；第三，运营里程超过 10 km；第四，试运营时间在 1 年以上；第五，愿意提供绩效评估体系内的相关数据。对于已开工建设城市轨道交通线路，但尚未开通运营的城市，考虑在召开年度评估会议时邀请部分城市参与，以利于分享 MOPES 体系的运营经验。目前有 10 个城市的 11 家地铁运营企业参与 MOPES 体系。

MOPES 的目的是为加强轨道交通行业内部的密切联系、统一运营绩效评估指标和统计方式、树立绩效参照标杆、建立经验交流平台和组织开展专题攻关等。所有的成员提供的数据及研究成果都只作为内部资料使用，禁止对外传播。运营绩效评估体系每年的研究成果只有中国城市轨道交通网才有权限进行公开发布。

整个评价指标体系含基础指标 2 类 8 个(见表 8 - 1)，绩效指标 6 类 109 个。基础指标包括线网指标和车站指标，是基础设施的评价指标。绩效指标是指客流指标、运行指标、服务指标、安全指标、能耗指标和成本指标，指在一定基础设施的条件下，所反映运营效率的主要指标。

表 8 - 1　MOPES 评估指标体系

| 指标分类 | 指标名称 | 指标代码 | 单位 |
|---|---|---|---|
| 线网指标 | 网络运营长度 | LI3 | km |
| | 网络运营长度增长率 | LI4 | % |
| 车站指标 | 网络车站总数 | ST3 | 座 |
| | 平均站间距 | ST4 | km |

续表 8 - 1

| 指标分类 | | 指标名称 | 指标代码 | 单位 |
|---|---|---|---|---|
| 客流指标 | 客运量 | 线路客运量增长率 | PA5 | % |
| | | 网络日均客运量 | PA6 | 万乘次/日 |
| | | 网络客运量增长率 | PA8 | % |
| | | 网络出行量增长率 | PA11 | % |
| | 周转量 | 线路日均客运周转量 | PB1 | 万乘次 km/日 |
| | | 网络日均客运周转量 | PB2 | 万乘次 km/日 |
| | 换乘量 | 网络日均换乘客流量 | PC2 | 万人次/日 |
| | | 网络换乘系数 | PC3 | 无 |
| | 运距/乘距 | 线路平均运距 | PD1 | 公里/乘次 |
| | | 网络平均运距 | PD2 | 公里/人次 |
| | 强度/负荷 | 线路客运强度 | PE1 | 万乘次/(km·日) |
| | | 线路负荷强度 | PE2 | 万乘次 km/(km·日) |
| | | 网络客运强度 | PE3 | 万乘次/(km·日) |
| | | 网络负荷强度 | PE4 | 万乘次 km/(km·日) |
| | | 网络出行强度 | PE5 | 万人次/(km·日) |
| 运行指标 | 基础数据 | 线路每千米配车数 | TA5 | 列/km |
| | | 单位运营长度的企业职工数 | TA17 | 人/km |
| | | 网络配属车辆数 | TA11 | 列 |
| | | 网络每千米配车数 | TA12 | 辆 |
| | | 司机配载率 | TA18 | 列/km |
| | | 司机生产率 | TA19 | 人/列 |
| | | 全员生产率 | TA20 | 列 km/(人·日) |
| | 速度利用率 | 速度利用率 | TS2 | % |
| | | 单程行驶时间 | TS4 | 分钟 |
| | 里程利用率 | 线路里程利用率 | TB3 | % |
| | | 线路总行驶里程 | TB2 | 万车 km |
| | | 网络里程利用率 | TB5 | % |
| | 兑现率 | 线路日均开行列次 | TC4 | 列次/日 |
| | | 列车运行图兑现率 | TC5 | % |
| | | 网络日均开行列次 | TC6 | 列次/日 |
| | | 网络平均兑现率 | TC7 | % |
| | 准点率 | 线路列车准点率 | TD2 | % |
| | | 网络平均准点率 | TD3 | % |

**续表 8 - 1**

| 指标分类 | | 指标名称 | 指标代码 | 单位 |
|---|---|---|---|---|
| 运行指标 | 列车服务可靠度 | 线路延误事件数 | TE1 | 件/统计期 |
| | | 网络列车服务可靠度 | TE13 | 万车 km/件 |
| | | | 5 min(含)~15 min | |
| | | | 15 min(含)~30 min | |
| | | | 30 min 以上 | |
| | 清客频率 | 网络清客列次 | TF3 | 列次/统计期 |
| | | 网络清客频率 | TF4 | 万车 km/列次 |
| 服务指标 | 乘客服务 | 百万乘客有效投诉率 | SP2 | 次/百万乘次 |
| | | 有效乘客投诉回复率 | SP3 | % |
| | 设施设备可靠度 | 垂直电梯可靠度 | SR5 | % |
| 安全指标 | | 运营事故频率 | Sa2 | 万车 km/件 |
| | | 运营事故次数 | Sa1 | 件/统计期 |
| 能耗指标 | | 线路牵引总能耗 | En1 | 万度/统计期 |
| | | 网络动力照明能耗 | En3 | 度/(站·日) |
| 成本指标 | | 运营成本比 | Co3 | 无 |
| | | 车千米成本 | Co4 | 元/(车·km) |
| | | 人千米成本 | Co5 | 元/(人·km) |

# 8.1 经济效益评估概述

## 8.1.1 经济效益评估的含义

经济效益一般是指在经济活动中投入与产出的比较,即指在经济活动中获得的效用或者经济成果与投入的资源总量之比,包括人力资源、财力资源以及物力资源。因此将社会生产过程中总产出和总投入之间的差值作为经济效益,即总产出额大于所有生产要素投入额的差额。

城市轨道交通项目经济效益评估是指对城市轨道交通项目的经济效益、作用和影响进行全面、客观地分析。主要包括项目财务效益(微观效益)评估和项目国民经济效益(宏观效益)评估。它的基本程序如图 8 - 1 所示。

## 8.1.2 经济效益评估的目标与内容

### 1. 目标

1)考察盈利能力

评价城市轨道交通项目建成运营后是否有盈利,盈利有多大。

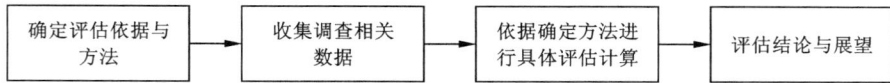

图 8-1 城市轨道交通项目经济效益评估流程

2）评估投资清偿能力

包括两个方面的内容：一是整个城市轨道交通项目的投资回收能力；二是城市轨道交通项目的贷款清偿能力。

3）评估抗风险能力

由于一些不确定因素的变化，会导致经济效益产生明显的变化，有必要对城市轨道交通项目进行不确定性分析，来评估项目是否有一定的抗风险性。

**2. 内容**

经济效益评估包括两项主要内容：财务效益评估和国民经济效益评估。

1）财务效益评估

城市轨道交通项目财务效益评估是从运营企业角度出发，根据项目投产后的实际财务数据，如票价、客运量、广告收入等重新预测整个项目生命期的财务数据，计算项目运营使用后实际的财务评价指标，有助于提高今后类似轨道线路财务预测水平和项目微观决策科学水平。

2）国民经济效益评估

国民经济效益评估是从整个国民经济乃至全社会角度出发，根据城市轨道交通项目有关的实际数据和国家新近颁布的影子价格、影子汇率等参数，计算出国民经济评估指标，为提高今后的宏观项目决策科学化水平提供依据。

3）二者关联性

财务效益评估与国民经济效益评估既有联系、又有区别。不论是财务效益评估还是国民经济效益评估都是从经济角度对项目的效益状况进行的评估。在具体评估方法上，国民经济效益评估只需在财务效益评估基础上进行调整计算即可。因此，对于项目经济效益评估，一般是先进行财务效益评估，然后进行国民经济效益评估。财务经济效益评估是国民经济效益评估的基础，国民经济效益评估是财务效益评估的前提，是投资决策的主要依据。当两种评估结论出现矛盾时，应本着既要保证微观投资主体的财务效益，也应使国家和社会有益的原则行事，努力使微观效益与宏观效益有机结合起来。

## 8.1.3 经济效益评价指标

评价指标是城市轨道交通项目经济效益或投资效果的定量化及其直观的表现形式，它通常是通过对项目所涉及的成本和效益的量化和比较来确定的。只有正确地理解和适当地应用各个评价指标的含义及其评价准则，才能对投资项目进行有效的经济分析，才能作出正确的决策。

评价指标按照其所考虑的因素及使用方法的不同，可进行不同的分类，其中最常见的分类方法之一是按照是否考虑所量化的成本和效益的时间因素，即是否考虑资金的时间价值，将评价指标分为静态评价指标和动态评价指标。

### 1. 静态指标(不考虑资金的时间价值)

静态指标如表 8 - 2 所示。

表 8 - 2　经济效益评估静态指标表

| 序号 | 指标名称 | 具体含义 |
|---|---|---|
| 1 | 静态投资回收期 | 以项目经营净现金流量抵偿原始总投资所需要的全部时间 |
| 2 | 差额投资回收期 | 运营年成本的节约额,逐年回收因投资增加所需要的年限 |
| 3 | 投资利润率 | 项目的年利润总额与总投资的比率 |
| 4 | 投资利税率 | 项目达到设计生产能力后的一个正常生产年份的年利税总额或项目生产经营期内的年平均利税总额与总投资的比率 |

### 2. 动态指标(考虑资金的时间价值)

动态指标如表 8 - 3 所示。

表 8 - 3　经济效益评估动态指标表

| 序号 | 指标名称 | 具体含义 |
|---|---|---|
| 1 | 净现值 | 城市轨道交通项目预期实现的现金流入的现值与实施该项计划的现金支出的差额 |
| 2 | 净年值(NAV) | 按给定的折现率,通过等值换算将方案计算期内各个不同时点的净现金流量分摊到计算期内各年的等额年值 |
| 3 | 内部收益率(IRR) | 资金流入现值总额与资金流出现值总额相等、净现值等于零时的折现率 |
| 4 | 外部收益率(ERR) | 使一个方案原投资额的终值与各年的净现金流量按基准收益率或设定的折现率计算的终值之和相等时的收益率 |
| 5 | 费用现值(PVC) | 用净现值指标评价方案的经济效果,要求用货币单位计算项目的收益,如:城市轨道交通票价收入额、成本节约额等 |
| 6 | 费用年值 | 将方案计算期内不同时点发生的所有支出费用,按基准收益率换算成与其等值的等额支付序列年费用 |

## 8.1.4　经济效益评估的方法

经济效益评估方法可分为静态评价法、动态评价法及不确定评价法 3 类(见表 8 - 4)。这 3 类评价法有各自的特点和使用条件。

### 1. 静态分析方法

静态分析方法也叫简单分析方法。它没有考虑资金的时间价值,利用项目正常生产年份的财务数据对项目财务效益进行分析,不考虑项目的经济寿命期,计算简便、指标直观、容易理解，但结论不够准确、全面。

静态分析法主要包括投资回收期法、投资收益率法、差额投资回收法以及计算费用法。适用于那些寿命周期较短且每期现金流量分布均匀的技术方案评价。

#### 2. 动态评价法

动态分析方法又称为现值法，它考虑资金时间价值和利息因素的影响，计算整个项目寿命期的财务数据，分析项目寿命期内各年的财务经济效益，并对各年的财务经济数据进行贴现，计算比较复杂，也比较精确。

动态评价法主要包括现值法、未来值法、内部收益率法和年值比较法。适用于经济寿命周期长、分期费用和收益的分布差异比较大的技术方案的经济效益评价。

#### 3. 不确定评价法

不确定评价法主要是指技术方案中某些不确定性因素对其经济效益的影响。这对投资额较大，寿命较长的重大项目来说尤为重要。

比较适用的不确定性分析方法有盈亏平衡分析、敏感性分析和概率分析。

**表 8 - 4　经济效益评价方法总表**

| 评价方法 | 评价指标 | 方案可行 | 方案不可行 |
|---|---|---|---|
| 静态评价 | 投资回收期 $p_t$ | $P_t \leqslant P_C$ | $P_t > P_C$ |
| | 投资收益率 $R'_a$ | $R'_a \geqslant R_c$ | $R'_a < R_c$ |
| 动态评价 | 净现值 $NPV$ | $NPV \geqslant 0$ | $NPV \leqslant 0$ |
| | 净现值率 $NPVR$ | $NPVR \geqslant 0$ | $NPVR \leqslant 0$ |
| | 净未来值 $NFV$ | $NFV \geqslant 0$ | $NFV \leqslant 0$ |
| | 内部收益率 $IRR$ | $I_0 \geqslant I_n$ | $I_0 \leqslant I_n$ |
| | 年值 $AW$ | $AW \geqslant 0$ | $AW \leqslant 0$ |

## 8.2　投融资模式

### 8.2.1　城市轨道交通的基本属性

#### 1. 城市轨道交通是准公共产品

现代经济学认为，社会生产消费的物品可根据其消费、供应的特征划分为公共物品、准公共物品和私人物品。公共物品是社会共同使用的产品和服务，具有消费的非竞争性与非排他性；私人物品是个别主体使用和消费的产品和服务，具有消费的竞争性和排他性；准公共物品是介于公共物品和私人物品之间的产品或服务。

消费的非竞争性是指对于给定的公共物品产出水平，每增加一个消费者时的边际成本为零。即任何一个人对某种物品的消费不会减少别人对这种物品的消费；相反，若只有获得某种物品的人才能消费该物品则表现为消费的竞争性。

消费的非排他性是指某人消费某种公共物品无法排除其他人也消费该种物品；相反，若可以通过一定手段限制消费则表现为排他性。准公共物品介于公共物品和私人物品之间，仅具有公共物品和私人物品两个特征中的一个。

城市轨道交通是城市公共交通的一个重要组成部分，它所提供的产品（即客运服务）可通过设置收费口轻易地排除不付费的消费者，而在运能以内增加一个消费者的边际成本几乎为零。显然城市轨道交通具有排他性和非竞争性，因此，可以视其为准公共物品。

**2. 城市轨道交通是准经营性项目**

项目区分理论是产品分类理论的延伸。具体地说，就是对照公共物品、准公共物品和私人物品的不同内涵，将项目区分为非经营性、准经营性和经营性项目，以此来判定和选择项目的投资主体、运作模式、资金渠道和权益分配方式等，即采取不同的投资管理办法。

非经营性项目主要指无收费机制、无资金流入的项目，其目的是为了获取社会效益。这类投资只能由代表公共利益的政府财政来承担。经营性项目是指有收费机制、有资金流入的项目，属于全社会投资的范畴。经营性项目又可根据其有无收益分为营利性项目和准经营性项目。营利性项目的动机是追求利润最大化，完全可通过市场实现供给。准经营性项目通常带有一定的公益性，虽然有收费机制和资金流入，但因政策或价格等因素往往不具备明显的经济效益，甚至无法收回成本。

城市轨道交通尽管有收费机制和资金流入，但其票价制订政策更多地反映了社会公益性因素，在相当长的时间内其收入根本无法弥补巨额的建设成本。显然，城市轨道交通属于准经营性项目。在政府财力有限的前提下，既无法单纯依靠市场供给，也无法完全依靠政府供给。因此，政府与市场合作供给的方式是其自然而然的选择。此外，由于项目属性可以发生转化，政府可采取适当的措施来提高城市轨道交通的可经营性。

**3. 城市轨道交通的可销售性**

可销售性主要选取竞争潜力、货物与服务的特征、以使用费弥补成本的潜力、公共服务义务和环境的外部因素 5 个方面的指标进行评价，从而得出可销售性指数。可销售性指数从1（最不易销售）到 3（最易销售）记分；综合评估值越高，该产品所表现出的私人物品属性就越强，由私人部门提供的可能性就越大（见表 8 - 5）。世界银行相关报告对城市轨道交通的可销售性综合评估值确定为 2.4。相对于最易销售值 3 来说，城市轨道交通表现出了较高的可销售性指标。这说明只要具备一定的条件，城市轨道交通可由市场供给。

**表 8 - 5　可销售性评估表**

| 交通运输 | 竞争潜力 | 以使用费弥补成本的潜力 | 公共服务义务 | 环境的外部因素 | 可销售性指数 |
|---|---|---|---|---|---|
| 路基和车站 | 低 | 高 | 中 | 中 | 2.0 |
| 铁路运输和客运 | 高 | 高 | 中 | 中 | 2.6 |
| 城市公共汽车 | 高 | 高 | 很多 | 中 | 2.4 |
| 城市轨道交通 | 高 | 中 | 中 | 中 | 2.4 |
| 城市道路 | 低 | 中 | 极少 | 低 | 1.8 |

**4. 城市轨道交通具有明显的正外部效应**

城市轨道交通的建设运营能够明显改善沿线区域的交通状况，提高企业和商家收益，增加土地和不动产价值,促进区域经济发展并增加地方税收,即具有显著的正外部效应。与此同时,轨道交通却因为项目本身效益有限而导致供给不足。因此,通过适当的机制实现外部效益内部化,从而建立项目的盈利机制,是提升轨道交通投融资能力的重要举措之一。

## 8.2.2　城市轨道交通外部收益的内部化

### 1.城市轨道交通的正外部性

外部效应是指一个经济单位的活动对其他经济单位所产生的影响。外部效应可能是有益的,也可能是有害的,即有正外部效应和负外部效应之分。外部效应理论是市场失灵、政府干预的理论基础。城市轨道交通正外部性是指其运营服务使一个城市乃至整体区域获得利益没有获得相应补偿。

### 2.城市轨道交通正外部性产生的原因

(1)从直接经济属性上看,在城市轨道交通系统产品构成中,纯、准公共产品是重要组成部分,因此,城市轨道交通产品能够给城市轨道交通的使用者带来大量直接的外部性经济效益。

(2)从自然属性上看,和其他运输工具相比较,城市轨道交通快捷、安全、可靠、大运量,既节能又环保,负外部性极小,而正外部性很大。同时,大的规模经济同样带来大的正外部效益。

(3)从间接影响上看,城市轨道交通是基础产业,是现代国家和城市经济社会运转不可缺少的重要组成部分,是城市的血液和命脉,具有很大的社会效益或间接很大的外部性。

### 3.城市轨道交通正外部性的构成

城市轨道交通不仅能为乘客提供安全、可靠、方便、快捷、舒适的服务,而且节省了城市之间资源、节约能源、无污染,改善安全状况,提高了社会公平性和生产效率。同时,城市轨道交通系统也是城市现代化的标志,城市轨道交通的建设,战时可用作防空设施,对于国防也有十分重要的意义。因此,城市轨道交通作为城市公共产品的一种,与其他城市公共产品一样具有外部效应,表现出较强的技术、经济、环境资源及社会正外部性。

1)技术正外部性

由于城市轨道交通属于巨型工程和复杂系统工程,它的技术水平一直伴随人类科学技术的发展而进步。经过数百年的发展,如今的轨道交通系统应用了大量的高科技成果,如计算机控制技术、通信技术、列车牵引技术、制动技术等,而有些技术在我国还处于空白状态,在一个城市引进先进的轨道交通技术一定会使这些领先技术产生外溢,促进当地城市轨道交通产业的升级换代。这是因为城市轨道交通系统工程本身会对相关工程施工、服务及设备材料供应产生强烈需求,对已有关联传统产业的产出提出更高的质量和数量需求,并培育和催生出新型产业链。

2)经济正外部性

从微观层面上看,经济正外部性是指城市轨道交通系统对沿线居民、厂商、公共事业团体等相关利益方所产生的经济影响,它能间接地提高沿线企业、商家的收益,增加沿线区域内土地、不动产等资产的价值,从而促进沿线一定范围内住宅、商业的开发及企业的集聚,带来土地及房屋价格的上涨。从宏观层面上看,城市轨道交通能增加城市的社会经济福利,使全体居民受益,以其具有其他公共交通所无法比拟的机动优势(快捷、准点、安全),极大提高了沿线交通相对可达性,使该城市居民的出行时间缩短、平均劳动生产率得到提高、减少了交通事故和交易成本，从而创造出更多的财富和价值。

3）环境正外部性

城市轨道交通与传统公共交通相比，具有运量大、能耗低、污染小的特点，因此，可以产生巨大的环境效益（见表8-6）。

表8-6　不同城市交通方式能耗比较

| 交通方式 | 能耗(MJ/人·km) |
|---|---|
| 小汽车 | 3.2~4.7 |
| 摩托车 | 1.8~2.8 |
| 公共汽车 | 0.3~1.4 |
| 有轨电车 | 0.17~0.8 |
| 轨道列车 | 0.05~0.11 |

4）社会正外部性

城市轨道交通的社会外部性集中体现为5个方面：节约居民出行时间、提高平均劳动生产率、减少道路交通事故、增加社会公平度和幸福指数、提高城市的综合竞争力。轨道交通系统为全封闭全隔离交通，其本身事故比地面交通事故要少得多。同时，由于轨道交通对地面公交客运量的分流，缓解了地面道路交通的拥塞程度，从而间接减少了地面机动车辆发生交通事故的频率。这不但减少了交通事故损失，而且还给社会、个人和家庭幸福创造了有利条件，形成了巨大的社会效益，有利于整个社会的安定团结。由于在途时间短，乘车疲劳度下降，轨道交通舒适度可使乘客的劳动生产率提高。

**4. 城市轨道交通正外部性的内部化**

轨道交通外部收益内部化就是要在调查、数据搜集的基础上，将外部效益量化计算（除了经济效益，交通效益与社会效益都需要转化为货币形式），以确定外部效益内部化的税种、税额、费率等，并且将这些资金作为轨道交通项目资金筹集的一部分，用于建设和管理。同时，制订一系列的公共政策、操作程序、法律保障等制度保证内部化过程的顺利进行。

**5. 城市轨道交通正外部性的对策**

1）政府角度

（1）国家税收手段。可以通过政府收税，政府补贴的方式解决。所以城市轨道交通的发展给周边土地带来的增值效益，必须部分地返还给政府或城市轨道交通企业，用于城市轨道交通和其他公用事业的建设与管理。土地公共增值是城市轨道交通外部性的直接反映，可采用征税方法即国家税收手段来实现效益分享。

（2）城市轨道交通与土地利用一体规划。巨大的建设资金和外部性，决定了城市轨道交通是城市经营的重要内容。而经营城市的首要内容是做好城市规划。城市轨道交通建设带来了沿线土地公共增值，这些增值调整了车站、沿线及整个城市的土地利用结构，形成土地利用沿城市轨道交通线网重新布局；而城市土地利用类型的变化又促进了城市轨道交通的发展，如住宅的高密度开发增加了客流量，二者之间形成一种互动。因此需要进行城市轨道交通与土地利用一体规划，调整土地利用结构以满足城市轨道交通客流需求。

　　（3）城市轨道交通车站的一体规划。车站是客流的集散点，牵制着线路和网络结构，应做好用地控制和高密度开发是关键，特别是综合枢纽站和换乘站，投资大，占地多。综合枢纽站一般包括交通、商业、邮电、金融和咨询等多个行业，乘客在换乘时可以完成购物、娱乐和商务等各自出行目的，增加了对乘客的吸引力，同时推动了枢纽站周围的物业开发和经济繁荣。城市轨道交通车站似一体规划概念如图 8-2 所示。

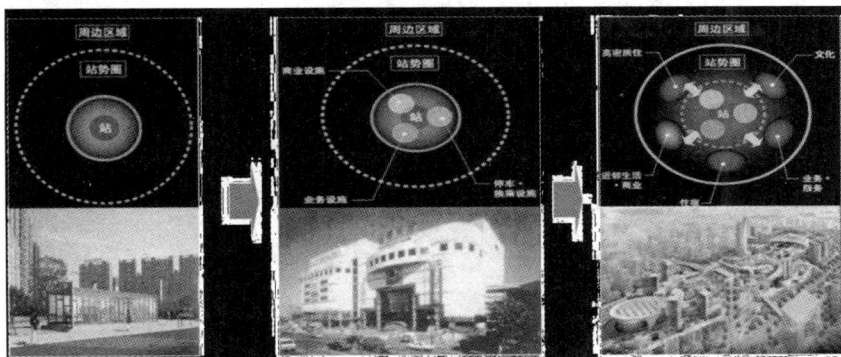

**图 8-2　轨道交通车站的一体规划概念图**

　　（4）距轨道车站 2 km 范围内的土地利用一体规划。城市轨道交通通过改善沿线地域的通达性，极大地刺激了沿线土地的开发利用，从而提高了沿线土地和其他不动产及相关产业的开发利用价值。建成区及旧城区土地利用密度高，一体规划以调整用地和旧城改造为主；建设区是正在规划建设的城市区，城市功能尚未完善，土地利用密度不高，属有开发余地的城区，可适当增加住宅和商业用地比例；新建区是没有开发的新建城区，一体规划应改变以路规划为以人规划，即以土地综合开发利用预测客流量，在规划设计中留有余地，在用地分担上可做适当的调整，如改变容积率提高绿化率，扩大枢纽站用地面积增强车站功能，带动周围特别是沿线土地的开发。表 8-5 给出了城市轨道交通站点开发强度指引。图 8-3 给出了城市轨道交通车站周边土地规划概念图。

**表 8-5　轨道交通站点开发强度指引**

| 离站距离<br>（m） | 推荐容积率 | 主要定位 | 土地利用形式 |
|---|---|---|---|
| <500 | 4.5 以上 | 高密度复合开发区 | 对该区域应进行高强度、混合用地开发；且商业、办公用地主要设置在该区域，可在综合型站点设置区域购物中心；住宅以组团式高层开发为主，设置商业裙楼 |
| 500~1000 | 3.0~4.5 | 中密度开发区 | 对该区域以中等强度的住宅开发为主，在部分有发展潜力的地块可设置办公用地 |
| 1000~2000 | 2.0~3.5 | 低密度开发区 | 该区域受公共运输系统容量限制，应降低土地开发强度，加大公共绿地、公园等公共配套设施比重 |
| >2000 | <2.0 | 潜力开发区 | 该区域交通便捷度不高，但是一旦开通社区公交或者是直接与轨道站相接驳的公交，客流就会明显上升，所以可在该区域内进行一些住宅的开发 |

注：推荐容积率可根据站点周边实际情况灵活调整。

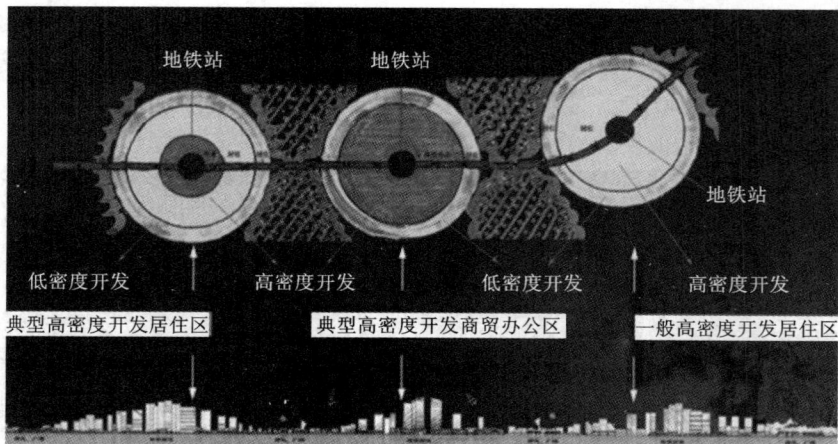

**图 8 - 3　城市轨道交通车站周边土地规划概念图**

（5）城市轨道交通线网的一体规划分析。城市轨道交通建设诱导城市形态演变，改变土地利用结构，规划引导型的轨道交通建设在土地综合开发利用方面具有积极意义。就整个城市而言，轨道交通与土地利用定量一体规划是线网客流需求的保证，对于规划引导型的轨道交通建设，以定量依据一体规划沿线土地，可以利用轨道交通建设整合土地结构，稳定和均衡客流；轨道交通建设和房地产联合开发解决建设资金不足，带动城市经济和相关产业发展，创造城市新的经济增长点。

2）城市轨道交通公司角度

城市轨道交通公司可以通过与房地产联合开发的方式，把来自房地产开发的收益用于补偿城市轨道交通的建设和营运成本。方式可以是城市轨道交通企业提供土地，房地产开发商提供资金，利润按照一定比例进行分成。也可以由城市轨道交通企业自行开发建设，然后进行出租或自行经营。联合开发还能保证轨道交通充足而稳定的客流，提高城市轨道交通企业的票务收入。因此可以改善轨道交通企业总体的财务收支状况，减少前期投资的压力。

以我国香港地铁为例，其经营模式主要是透过物业收益补贴铁路运输的"以地养铁"模式，这是我国香港特区政府的一个策略，也是香港地铁可以盈利的主要方式，在全球主要城市地铁都亏损中是个奇迹。这种模式实际是我国香港政府赋予地铁公司线路沿线部分物业的物业发展权，地铁公司通过对这些物业的房地产开发，来实现盈利。其实质是政府将城市轨道交通最大的外部性土地增值，部分界定给城市轨道交通公司，城市轨道交通公司再对它进行市场化运作，从而实现外部性内在化。联合开发就是将城市轨道交通的线路与车站设施设置在房地产开发或商业发展更有潜力和优势的区位，以达到相互配合并带动彼此的发展，即以城市轨道交通带来的可达性带动周边一定范围内的房地产开发，并将其收益以某种形式用于城市轨道交通的建设运营中，同时，通过房地产开发活动形成良好的商业、居住体系，促进区域经济繁荣，吸引公众居住、消费，从而进一步培育和增加城市轨道交通的客源，提高城市轨道交通收益。

联合开发已经在很多城市得到应用，在美国联合开发起源于 20 世纪初，在很多城市的地铁建设运营、旧城改造中都运用了联合开发；在加拿大，联合开发也在很多项目中得到成功实施；在日本，城市轨道交通与房地产的综合开发策略是 20 世纪 20 年代初期在大阪地区首先采用，并在东京及日本其他地方广泛采用。

## 8.2.3　城市轨道交通的投融资模式

城市轨道交通投融资模式包括传统投融资模式和新型投融资模式，传统投融资模式有权益型和负债型，新型投融资模式主要包括 BOT、PPP 模式。

### 1. 传统的政府投融资模式

传统的投融资模式有权益型和负债型两种投融资模式。权益型融资模式中的权益资金即项目资本金，是指由项目的发起人、股权投资人以获得项目财产权和控制权的方式投入资金。城市轨道交通项目的资本金比例按国家规定不得低于 40%，来源主要为地方政府、市、区两级财政直接投资，沿线土地出让收益，国有投资公司投入，股票融资等。负债型投融资模式中的债务资金是项目投资中以负债方式从金融机构、证券市场等资本市场取得的资金，是项目资金的主要来源，我国轨道交通项目当中的债务资金一般通过银行贷款的形式筹集，具有资金到位快，操作成本低的特点。

在城市轨道交通发展的初期阶段（开始修建第一、第二条线路的时期），一系列配套设施尚未完善，市场化运作的手段欠缺，因此应以政府资金投入为主，运用传统的投融资模式进行投资和融资，我国目前约有 15 个城市开始了城市轨道交通建设，都处于发展初期这一阶段。

### 2. 新型的市场化投融资模式

1）BOT 模式

这种融资方式的基本思想是：由项目所在国政府或其所属机构就某个基础设施项目与非政府部门的项目公司签订特许权协议，授予签约方的项目公司来承担该项目的投资、融资、经营和维护，在协议规定的特许期限内，这个项目公司向设施使用者收取适当的费用，由此来回收项目投融资、建设、经营和维护成本，并获取合理回报，特许期满后，签约方的项目公司将基础设施无偿移交给政府部门。这种融资方式的特点是：政府部门拥有对基础设施项目的监督权、调控权，但没有直接控制权（经营权），也无法获得任何经营利润，只能通过项目的建设和运行获得间接的经济效益和社会效益。

深圳地铁 4 号线二期续延工程是成功运用 BOT 模式的典型案例。按照协议，最初拟采用土地与物业开发与 BOT 相结合的融资模式，深圳地铁 4 号线沿线将建设 $2.9 \times 10^6$ 万 $m^2$ 的物业，可建设住宅和商业用楼 2.9 万套，开发时间为 7 年，预计收益将超过 15 亿元作为城市轨道交通投资回报和运营补贴。不过，根据国家现有的土地政策，港铁在与深圳签订的项目中没有获得物业权的内容。但港铁公司表示，虽然利用物业赚钱是港铁传统的盈利方式，但并非唯一，而深圳市政府也会做出适当补贴。此外，港铁仍在与深圳市政府积极协商，希望使用其他的合作模式参与地铁上盖物业的开发。

2）PPP 模式

PPP 是英文 private public partnership 的缩写，即公司合伙制模式，是指政府、营利性企业和非营利性企业基于某个项目而形成的相互合作关系的形式，通过这种合作形式，双方可以达到比与其单独行动更有利的结果。合作各方参与某个项目时，政府并不是把项目的责任全部转移给私人企业,而是由参与合作的各方共同承担责任和融资风险。PPP 模式对项目周期过程中的组织结构设置提出了一个新的模式。它是以政府、营利性企业和非营利性企业基于某个项目而形成的以多赢或双赢为理念的相互合作形式,参与各方可以达到与其单独行动相比更为有利的结果。

北京地铁 4 号线在建设中应用了 PPP 运作模式。具体为北京市政府出资70%,香港轨道交通公司、北京首创集团、北京基础设施投资公司三方组建的京港轨道交通有限公司出资30%。在该 PPP 模式中,政府资金仍占主导地位。

香港地铁采用公私合营的 PPP 运作模式,即由政府与企业共同出资设立地铁公司,负责地铁的投资、建设和运营。香港地铁融资的特色在于,政府在审批地铁规划时严格保密,并将周边土地收购后,交由地铁有限公司进行综合开发,以土地增值收益来补充地铁建设投资回报和运营补贴。

3)BOT 模式与 PPP 模式的比较

PPP 和 BOT 模式都是新型的市场化投融资模式,都是解决政府投融资财政资金不足的模式,共同点都是为了吸引民间资本和外国资本。由于两种模式合作理念、组织结构和运行程序不同,使其各有自己的特征,两种模式的比较如表 8 – 8 所示。

表 8 – 8　PPP 和 BOT 投融资模式比较

| 比较对象 | 组织机构设置 | 运作程序 | 政府角色 | 风险承担 | 利润分配 |
|---|---|---|---|---|---|
| BOT 模式 | 没有相互协调的机制 | 项目公司不参与项目的前期阶段 | 指导、监督 | 私人承担 | 政府不参与利润分配 |
| PPP 模式 | 有相互协调的机制 | 项目参与者参与项目的立项及可行性研究 | 项目的合作者 | 私人与政府共担风险 | 政府参与利润分配 |

虽然 PPP 模式也有自身的一些缺陷和不足,但在 PPP 模式下,公共部门和私营企业共同参与城市轨道交通的建设和运营,从而减少了政府投资的风险,且有一定的回报,PPP 模式比 BOT 模式更优越、效率更高、风险分配更合理、项目融资成功的可能性更大,因此,PPP 模式是在政府主导的前提下进行市场化融资相对切实可行的一种方式。

与传统的投融资模式相比,以市场为主导的新型投融资模式拓展了融资渠道,充分发挥市场的资源配置作用,引进外资和私有资本,可以大大地减少政府的财政负担。总的说来,这种新型投融资模式比较适用于北京、上海和广州等少数已经开始进入网络化快速发展时期的大城市的轨道交通建设。

城市轨道交通是一种社会公益性产业,具有准公共产品的特性,因此它的投融资模式很难固定化,只能说是根据各个城市自己的经济发展水平和轨道交通建设处于不同的发展阶段来选择适合自己的融资模式。不同时期或同一时期不同国家、不同城市轨道交通项目建设的融资模式都有所不同。随着我国经济的迅猛发展和各项投融资体制机制的不断完善和发展,城市轨道交通建设采用市场化的项目融资模式的趋势是不可阻挡的,因此各地政府应积极探索、优选适合自己城市的最佳投融资模式。

# 8.3 成本分析

## 8.3.1 建设成本

轨道交通建设总成本主要包括土建工程建设成本、车辆建设成本、机电设备建设成本及其他各项费用。但通过实际数据分析发现，前期准备费用、征地拆迁费用及建设期的贷款利息也占有很大比例，且可以采用一定措施加以控制，在建设总成本分析中应该予以重视。其他费用虽然所占比例较大，但多数为专项费用，不可控制，不再细分。因此，认为建设总成本应当包括前期准备、征地拆迁、土建、车辆、车辆段及停车场、机电设备、建设期贷款利息，以及其他费用等 8 项内容，如表 8 - 9 所示。

土木工程建设与机电设备这两项占总成本的比例最大。因此在成本控制过程中，一定要重点关注这两项。

表 8 - 9　城市轨道交通建设成本构成

| 项目名称 | 项目内容 | 占总成本的比例 |
|---|---|---|
| 前期准备 | 施工准备费、基本预备费 | 4% ~7% |
| 征地拆迁 | 征地拆迁、管线改移费用 | 6% ~15% |
| 土木建设 | 车站、区间、轨道结构建设 | 34% ~40% |
| 车辆 | 车辆购置费 | 6% ~13% |
| 车辆段及停车场 | 段(场)内相应的机电建设成本 | 3% ~6% |
| 机电设备 | 供电(包括动力照明)、通信、信号、通风及空调、自动售检机、自动扶梯及电梯、给排水及消防、防灾报警系统、设备监控系统、屏蔽门或安全门等的建设费用 | 17% ~24% |
| 建设期贷款利息 | 建设期的贷款所产生的利息 | 3% ~6% |
| 其他费用 | 人防工程、控制中心及附属、工器具及生产家具购置费、铺底流动资金等 | 8% ~14% |

## 8.3.2 运营成本

### 1. 基本概念

城市轨道交通运营成本，也称为城市轨道交通运输成本，是指城市轨道交通系统为完成乘客运输所消耗的以货币形式表现的一切费用支出，包括支付的职工工资及福利费、材料、电力、折旧费、资本成本及其他费用。一定期间的运营支出就是这个期间的运营总成本；单位运输产品所分摊的运营支出即单位运营成本，是单位运营产品价值的主要组成部分。

### 2. 成本构成

城市轨道交通运营成本由营运成本、管理费用、财务费用和营业外支出构成。各个构成部分的主其内容如下：

（1）营运成本是指轨道交通运营生产过程中实际发生的与营运生产直接有关的各项支出，其内容包括：

①直接从事营运活动人员的工资、资金、津贴、补贴和按批准的结算工资收入与实际工资支出的差额。

②按规定提取的职工福利费。

③生产营运过程中运营设备运用和修理养护所耗用的材料、燃料、动力和其他费用。

④固定资产折旧费。

⑤运营生产过程中发生的季节性、修理期间的停工损失、事故性损失。

⑥按照国家有关规定可以在成本费用中列支的其他费用，如生产部门的办公差旅费、劳动保护支出等。

（2）管理费用是城市轨道交通运营企业行政管理部门为管理和组织运输所发生的各项费用及其他各种管理费用性质的支出。主要内容包括：

①城市轨道交通运营企业管理人员的工资、奖金、津贴和补贴。

②机关办公差旅费、劳动保护费、职工制服补贴、折旧费、修理费、物资材料消耗、低值易耗品摊销及其他费用。

③按规定计提的职工福利费、工会经费、职工教育经费、职工待业保险金劳动保险费、印花税等相关税金、技术转让费、技术开发费、业务招待费、咨询费、聘请中介机构费、广告费、展览费、土地使用费、土地损失补偿费等。

④无形资产及递延资产的摊销、各种坏账损失、存货盘亏、毁损和报废。

（3）财务费用是指轨道交通企业为筹集资金而发生的各项费用。主要包括城市轨道交通运营企业营运期间发生的利息净支出（减利息收入）、汇兑净损失（减汇兑收益）、金融机构手续费以及筹集生产经营资金发生的其他费用。

（4）营业外支出是指与城市轨道交通运输生产经营活动没有直接关系的各项支出。主要包括：

①固定资产盘亏、报废、毁损和处置净损失。

②非常损失，指由于客观原因造成的损失，在扣除保险公司赔偿后应计入营业外支出的净损失，包括自然灾害损失、非季节性和非修理期间发生的停工损失。

③公益救济性捐赠、赔偿金、违约金等其他支出。

④按照会计制度规定计提的固定资产、无形资产和在建工程的减值准备。

**3.影响因素**

城市轨道交通的运营成本受多种因素的影响，主要是固定资产折旧、筹资方式和资本成本、运营工作量、运营组织模式及管理模式的影响。其中，固定资产折旧、筹资方式和资本成本和运营工作量直接影响着轨道交通的运营成本，运营组织模式及管理模式则间接影响着轨道交通的运营成本。

1）固定资产折旧

固定资产折旧是指在固定资产使用寿命内，按照确定的方法对应计提折旧额进行的系统分摊。固定资产折旧随着销售收入的实现来补偿逐渐消耗那一部分价值从而转化为货币资金。折旧在计提期间虽然没有付出实实在在的货币资金，但它本质上却是一种费用，因为固定资产在购买时已经发生了货币资金的支出，只不过这种支出的收益是在资产投入使用后才得以实现。为了真实地反映城市轨道交通运营企业在特定时期的运营成本，根据权责发生制原则和配比原则，应当对轨道交通的固定资产在有效使用期内计提折旧。

固定资产折旧额的计算主要是由固定资产原值、折旧年限、计提折旧的方法预计净残值（率）决定的。城市轨道交通的固定资产折旧主要包括地面固定设施、车辆、牵引电力系统、通信信号系统、车站站舍的折旧。一般是按照年限平均法计提折旧，预计净残值率按其原值的4%计算。随着现代信息技术等高科技技术的飞速发展，城市轨道交通建设也进入了一个新的发展时期，对各种设备设施提出了更高的要求，城市轨道工程建设总投资与以往相比也会明显增加。因此，城市轨道交通的各种折旧费用也会有所增加，从而导致整个运营成本的增加。

2）筹资方式和资本成本

资本成本是企业为筹集和使用资金而付出的代价，体现为融资来源所报酬率，它与筹资方式的选择密切相关。

我国城市轨道交通的投融资传统的模式是以政府财政资金无偿为主体的单一投融资模式，基本上是国家政府直接投资建设，政府资本占较大比重，相应的资本成本很小，因此对城市轨道交通运营成本的影响也不大。

然而，随着城市轨道交通建设速度的加快，单靠政府的力量已经不能解决城市轨道交通的资金投入问题，而是需要在政府主导的情况下寻求各种社会资金支持。因此出现了以政府为主导的负债型投融资模式、投资主体多元化的投资模式等。发行股票和债券、政策性银行贷款、银团贷款、项目融资等都是可选择的筹资方式。不同的筹资方式决定了不同的资金成本。随着城市轨道交通融资体制的不断创新、完善，以及投融资渠道的进一步拓宽，城市轨道交通的必然要考虑投资回报和风险问题。因此，我们在分析和计算城市轨道交通的成本时，必须将资本成本考虑在内，不仅要考虑个别资本成本，还要考虑加权平均资本成本以及边际资本成本。

3）运营工作量

城市轨道交通的运营工作量即指列车的行车里程，是成本的一个重要因素。运营工作量越大，成本也将越高。

4）城市轨道交通的运营管理模式

城市轨道交通作为一种公共交通工具，一直存在着福利性和盈利性的矛盾。毫无疑问，政府应该积极地扶持轨道交通，但城市轨道交通高昂的运营成本对政府来说是一项沉重的财政负担。从当前各大城市轨道交通发展的速度来看，单靠政府的力量难以保持城市轨道交通的可持续发展。因此必须探索适合具体国情和具体城市的轨道交通运营管理模式，以消化城市轨道交通高昂的建设和运营成本。城市轨道交通的运营管理模式与建设资金的来源有关。在原有的运营管理模式下，政府是唯一的投资主体，其建设和运营都是由政府来承担的，是建运合一的运营管理模式，这种运营模式符合城市轨道交通具有的公益性特征。然而，随着城市轨道交通的快速发展以及现代企业制度的建立，产生了诸如政企职责不分、政府财政负担沉重等问题，城市轨道交通的经济特性也在逐渐由公共物品属性向非公共物品转变式的改变，城市轨道交通也要由非盈利性向盈利性转变。

目前，我国城市轨道交通正面临着市场化的改营、建运合一的运营管理模式向政府主导的公建私营模式转变,这样将建设和运营分开,有利于城市轨道交通实现盈利性的目标。因为在这种模式下运营成本的计算将有所不同。

## 8.4 收益分析

### 8.4.1 收益构成

#### 1. 收益的概念

现在西方经济学中,收益是厂商出售产品所得到的收入。收益可以划分为总收益、平均收益和边际收益。总收益是厂商出售产品得到的全部收入,是产(销)量与产品价格的乘积。平均收益是厂商平均出售每单位产品得到的收入,平均收益就是产品的价格。边际收益是厂商增加或减少一单位产量所带来的总收益的变化。

会计学中收益是企业在销售商品、提供劳务及让渡资产使用权等日常活动中形成的经济利益总流入,包括销售商品收益、劳务收益、利息收益、使用费收益、租金收益、股利收益等。按照企业经营业务的主次分类,可以把收入分为主营业务收益和其他业务收益。

#### 2. 城市轨道交通系统收益的构成

城市轨道交通系统收益即城市轨道交通企业在一定的经营期间内所获得的各种类型业务的总收入。主要包括以下几项:由出售车票而获得的票务收入;由出租车内、场站内广告位置以及各站台门面而获得的租金收入;由于城市轨道交通的公益性,所以政府的财政补贴也是其收入的重要组成部分,这一点与其他企业有所不同。

1)票务收入

票务收入是由出售车票而获得的收入,是城市轨道交通企业的主营业务收入。这部分收入的多少由票价和客流量的大小决定。而票价的制订方法有很多种,下面简单介绍几种常见的票价制订方法。

(1)平均成本定价法。平均成本定价理论是指在运量一定的情况下,以票价为基础的运输总收入必须能够补偿轨道交通企业的平均运输成本费用,平均运输成本是定价的最低限界。公式表示即为:

$$P = F/Q + C_V + r \tag{8-1}$$

式中:$P$ 为票价,元/人;$F$ 为固定总成本,元;$Q$ 为客运量,人;$C_V$ 为单位变动成本,元/人;$r$ 为单位客运量的利润,元/人。

平均成本定价模式从社会总体分析上看是比较合理的,其突出优点是考虑了城市轨道交通企业从事运营生产的劳动消耗,操作起来比较简单。但这种定价方法也存在着一些问题:

①没有考虑和反映运营市场上供求关系与票价之间的相互关联和影响,在需求发生变化时,不能灵活地调整票价以适应市场状况。

②没有考虑成本差异对票价制订的影响。城市轨道交通运营的实际成本除了车辆维修、职工工资以及经营管理水平的影响外,还与线路的标准、线路所处的地质条件、客流量的大小等因素有关,因此,轨道交通不同线路之间的成本也是有较大差异。这些差异并不是由于企业经营管理造成的,因此,以平均运输成本定价必然造成不同线路之间由于运输成本不同而产生的盈利差异,长期下去,会导致某些线路的滞后发展。

③这种理论把客运量看成是既定的，而不是动态和竞争的，即企业可以用既定不变的客运量去推算自身的票价率，如运量大则票价就低一点，运量小，票价就相应高一点，结果使票价受此影响不够稳定了。

以平均成本定价一般适合于城市客运市场不十分活跃，竞争不太激烈，并且轨道交通具有了比较稳定的客流情况。

（2）边际成本定价法。边际成本是指增加单位运量而引起的总成本的增加量。在运营规模不变的情况下，边际成本实际上就是增加的可变成本，它随客运量的变化而变化。用公式表示为：

$$MC = \frac{\mathrm{d}TC}{\mathrm{d}Q} \tag{8-2}$$

式中：$MC$ 为边际成本，元；$TC$ 为运输成本，元；$Q$ 为运输周转量，人·km。

边际成本与平均成本关系如图 8-4 所示。

边际成本定价是为追求经济效益而采取的一种定价方法，比较适合于城市轨道交通的特点，对于运力过剩、客源不足的线路，平均成本很高，边际成本却很低，如果按平均成本定价，一方面抑制了运输需求，制约了社会发展；另一方面运输设备闲置，造成资源浪费。如果以边际成本定价，由于成本水平相对较低，不仅可以促进运输需求，还可以提高运输设备利用率，增加运输收益。边际成本定价模式不仅考虑了成本消耗，也考虑了运输市场上的供求状况，它可以满足制订分线票价、分区票价的需要。

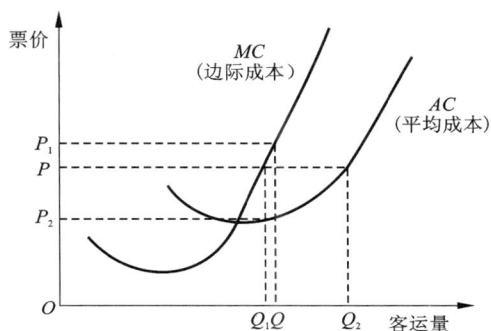

图 8-4　边际成本与平均成本关系

依据边际成本定价需要注意的是，由于这种定价模式只考虑成本的边际变化，没有考虑总成本的情况，所以当边际成本长期小于平均成本，就会使轨道交通客运公司发生亏损。因此，边际成本定价只适合于短期定价，若长期采用此方法定价，就不能形成稳定的票价体系和合理的票价水平。所以，采用边际成本定价模式需要具备两个前提条件：一是轨道网络早已形成，而且有相当多的剩余运输能力；二是在各种城市交通运输方式之间，各个运输企业之间为争夺市场份额而展开竞争。

（3）运输市场供需关系定价。依运输市场供需关系定价，存在着一个经济学假定，即票价随着运输供给的增加而下降，随着运输供给的减少而提高；同时，又随着运输需求的增加而上升，随着运输需求的减少而下降。供给曲线与需求曲线的交点就是供给与需求相等的均衡点。这个点意味着市场上城市轨道交通供给与需求恰好平衡。事实上，用供需关系确定价格，是市场经济条件下定价的一般方法，是价值规律运动的一般表现形式。票价与城市轨道交通市场供求之间的关系，首先是运输价值决定着票价水平，票价机制调节着运输市场供求，而运输市场供求又反作用于票价。成为影响或决定票价与运输价值的一致（或偏离）。因此，它们相互影响、相互制约。从短时期看，运输市场供求决定着票价，使票价围绕着运输价值上下波动；从长时期看，票价调节着运输市场供求的平衡与不平衡，调节着资金和劳动力等生产要素的流入或流出。所以，合理的票价既要反映运输价值，又要反映运输市场供求。票价只有反映运输市场供求，随着市场供求的变化而变化，才能正常发挥票价的调节功能，实现资源的合理配置，促进轨道交通运输业的健康发展。

同时，依运输市场供需关系定价，要结合运输市场自身的特点进行，例如供给和需求对票价的敏感性是否一致就需要进一步研究，供需均衡票价是由市场作用产生的而不是通过任一个运输企业就能确定的，企业不是在主动创造票价，而是在被动地接受票价，等等。由于运输生产有其自身的特殊性，供给过剩和需求过剩通常会交替出现，仅仅从供需关系一个方面来确定票价，容易出现票价波动过大、影响供需双方利益的不足，因此，制订轨道交通票价不能不充分考虑供需关系，又不能唯一地依赖供需关系。

以上不同的定价模式分别从不同的层面制订了轨道交通的票价，在理论上均具有一定的合理性，但是对影响票价制订的因素考虑得不够全面，存在着片面性。城市轨道交通票价的制订非常复杂，涉及的影响因素有：政府政策、客流量、乘客心理定价、运营成本、竞争状况分析和常规公交、出租车定价、居民收入水平、兄弟城市地铁票价状况。更加合理的城市轨道交通票价的制订中应该尽可能地反映这些因素的影响。并且由于轨道交通公益性和福利性特征，世界上大多数政府对城市轨道交通票价都有限制，不可能完全按投资回报的方式定价，这就造成了政策性的亏损，需要以其他方式的收入来弥补。

## 8.4.2　轨道交通资源开发收益

资源开发收益包括轨道交通沿线商铺、广告、银行、通信等资源开发收入。资源开发的不同模式对应的收入模式是不同的。

（1）商铺经营：根据城市轨道交通站点位置、商铺规模、地上物业以及客流群体特点的不同，经营内容可以作不同选择；商铺的经营有自主经营和管理、整体出租或外包和合作开发与经营。

（2）广告资源：站台广告、站厅广告、出入口通道广告、楼梯看板广告、扶梯广告等。主要的城市轨道交通广告形式体现在城市轨道交通通道墙面广告、城市轨道交通内电子广告牌、液晶显示屏、票务广告、车厢广告、全列车广告，车辆、站点冠名权、投影广告、动感海报、地面广告、纪念专片广告、立体广告。城市轨道交通广告开发可采用的方式一种是自营，即自我进行开发；另一种是外包，即将城市轨道交通中可以用来做广告的地方打包招标，将经营权出租给一个有实力的广告公司进行开发。广告资源开发采用自营还是外包需要进行详细的测算。

（3）通信资源：可开发的通信资源收入有基站建设场地及通信机房的出租、收取通信信号线网一次接入费、通信使用收费、公务电话出租、地下管线出租等。

## 8.4.3　土地增值收益

城市轨道交通建设不仅可以大为改善沿线的交通状况，而且能使沿线各车站周围土地增值，城市轨道交通项目开始规划时就可以充分考虑利用沿线土地增值来解决建设的资金缺口。我国香港地铁上盖物业开发收入占地铁建设成本的近一半左右。上盖物业开发形式分为：商用房、写字楼、住宅小区、娱乐场所、餐饮服务等。开发时要考虑原有发展规模、人口居住密度、城市发展规划、地理因素等影响因素。开发实施可采用自营方式，即由城市轨道交通项目公司对城市轨道交通沿线房地产的规划、开发、出售、物业管理全权负责；或将整个开发工程及以后的物业服务管理进行拍卖、转让、或合资，交给专业的房地产开发商经营，并订立合同，确认股权和利润分配原则，保证城市轨道交通项目公司的利益。

土地价格（以地租 $LR$ 表示）与交通设施（以运费 $TC$ 表示）之间存在一种互补关系。地租与城市中心距离呈反比，而运费与城市中心距离呈正比，地租 $LR$ 与运费 $TC$ 之和（称为阻力成本）为常数 $FC$，地租消失点代表城市的边界。当交通设施改善后，交通成本降低（$TC \rightarrow TC'$），低价则相应提高（$LR \rightarrow LR'$），地租消失点向远离市中心的方向移动如图 8 - 5 所示。该现象也说明交通设施的改善可以扩张城市的范围。

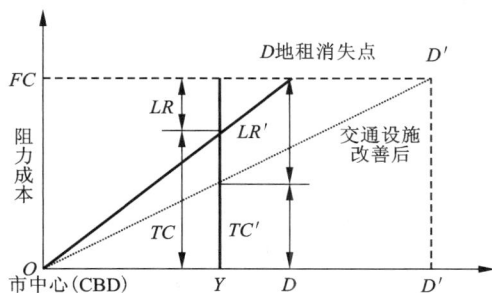

图 8 - 5　交通设施改善前后地租与运费的关系

也就是说城市轨道交通既提高了沿线的可达性，又降低了其到市中心的交通成本，并节省了居民的出行时间，带来了周边土地的增值。

在城市轨道交通沿线的新城区引入 TOD（transit oriented development）模式，即以交通引导土地开发的模式。利用城市轨道交通拉开和优化城市发展格局，扩大城市发展空间的同时，增加城市轨道交通客流量并利用土地增值部分弥补轨道交通建设资金的缺口。

我国香港地铁赚钱的一个重要原因就是香港政府在发展城市轨道交通的同时结合周边物业共同发展。具体做法是在为建设地铁集资时采取出售周边物业的方式，将地铁站点附近的土地出售给开发商进行开发，由于公共交通的发展必然导致人们出行方式的步行化，而步行化又必然要求开发商在打造 TOD 的时候注重广场、花园、商服、天桥等公共设施的建设以吸引和方便居民搭乘地铁，所以在一定程度上开发商代替政府进行了城市公共设施的建设。香港政府也采取了一定的政策优惠，比如说如果开发商可以将退红线增加一米的话，政府会允许开发商提高容积率并增加建设面积等。

## 8.4.4　政府财政补贴收益

城市轨道交通是一项建设和运营成本巨大、财务周期长的巨型工程。作为具有公益性质的产业，城市轨道交通的社会效益与经济效益是不对等的，其社会效益远远大于经济效益。但其巨大的价值效益只有客票收入等小部分返还到了地铁经营者与投资者手中，这是造成其政策性亏损的主要原因。在效益返还机制没有建立或不健全的条件下，企业只收益客票收入是无法负担起产品的全成本的，因此，需要政府的财政补贴来维持其正常的生产运营。

目前，国内外采用的城市轨道交通补贴方式归纳起来一般有 4 种：

### 1. 合理报酬原则

政府在进行补贴时，充分考虑企业经营成本，并将企业利润作为总成本的一个必要组成部分，企业通过政府补贴可达到其合理回报率（即城市轨道交通企业利润水平主要依据其资本回报率确定）。东京地铁即采用了该补贴方式。

### 2. 盈亏平衡原则

政府给予优惠措施、扶持政策，甚至给予财政补贴，使城市轨道交通公司在运营亏损期间盈亏平衡。巴黎地铁即采用这种补贴方式。巴黎地铁的建设和运营成本基本上都由公共财政承担，政府通过控制票价来确保社会效益的发挥，同时补贴票款收入与运营成本之间的差额。

### 3. 对亏损按比例补贴

对于城市轨道交通公司的运营亏损，政府只补贴亏损额中的一部分，即按一定比例（如亏损额的80%）给予补贴，由城市轨道交通公司通过其他渠道或方式解决其余部分。但政府的补贴应保证企业有足够的现金流，保持资产适当的流动性，以能够对外举债。

### 4. 按客运周转量补贴

客运周转量是城市轨道交通企业运营绩效评价的一个重要指标。为了在对城市轨道交通公司进行补贴的同时，形成对公司的激励机制，政府可采用按城市轨道交通公司客运周转量给予补贴的方式。客运周转量大，补贴力度大；客运周转量小，补贴力度也小。这样可以将政府的补贴与企业经营业绩挂钩，从而调动城市轨道交通企业培植客流和搞好业绩的积极性，改善其"造血"功能，增加收入。

上述4种补贴方式中，合理回报率补贴方式对企业来说比较理想，企业不用担心运营状况，不管运营好坏，政府都将补贴至满足轨道交通企业的资本回报率；但该方式不利于调动轨道交通公司的经营积极性，且政府的补贴压力很大。盈亏平衡方式对政府的补贴压力相对减小，但企业易产生惰性。对亏损按比例补贴方式虽然在一定程度上对轨道交通企业形成激励，迫使其寻求其他方式或渠道解决亏损，但会给城市轨道交通企业带来较大的运营压力，不利于城市轨道交通的持续发展。按客运周转量补贴方式可以调动轨道交通企业的运营积极性，是一种比较理想的方式，但在实际操作中对单位周转量的补贴额度难以评估，操作难度较大。因此，在实际城市轨道交通运营中，一般建议政府给予城市轨道交通企业盈亏平衡的补贴方式，以保证城市轨道交通的持续发展。

国内几个城市对城市轨道交通的扶持政策和优惠措施有：

上海城市轨道交通运营中实施了多项扶持政策和优惠措施，如给予较大的自主经营权，实行财政退税、房产税减免、所得税优惠（轨道交通盈利起5年内所得税优惠）、在成本计提上不提折旧或少提折旧、享受多种经营补贴等。多种经营补贴基本实现盈亏平衡，2003年盈利约2亿元。

北京城市轨道交通采用了用电单一计价、设备更新贴息贷款、技术改造专项财政拨款、土地使用税减免、地下建筑房产税减免等优惠措施，同时在折旧计提、成本核算等方面也给予了实际的优惠，并采用了亏损补贴方式（1、2号线给予全额补贴，亏损多少补贴多少；13号线和八通线不给予直接的补贴，但对亏损实行挂账方式）。同时，北京还给予地铁公司更大的经营自主权，允许公司探索合理的资本结构和管理机制。

广州地铁采用了用电单一计价（市政府专门为地铁确定了一个高于大工业用电、低于商业用电的价格）、贷款本息政府包干（市政府全额减免了地铁的建设长期贷款偿还及其利息）、地铁沿线部分土地物业开发权、房地产的税费优惠（全部减免）、政府每年给予3000万~5000万元的专项补贴等优惠政策，同时，在成本方面还享受不计提折旧［运营公司仅承担运营成本部分，如果计提折旧则广州地铁的全成本为25元/（车·km），不计提折旧为9元/（车·km）］，在会计政策上允许地铁按照经营状况适当提取年度折旧和在发生当期列支大修理支出等。

香港给予地铁公司拥有地铁沿线一定范围内的土地开发权等优惠政策。由于香港拥有高密度的人口分布，地铁日均客流达 250 万人次，加之占总收入 20% 以上的关联产业开发收入，目前，香港地铁已实现了自负盈亏。

## 8.5 绩效评估

### 8.5.1 城市轨道交通绩效评估概述

绩效即正在进行的某种活动或者已经完成的某种活动（取得的成绩），因而绩效既可以看作是一个结果，也可以看作是该结果产生的经过。

企业绩效是在一定市场结构下，由一定市场所形成的企业创新能力、生产现场管理、资本运营、核心竞争力、获利能力等方面的最终成果，它反映企业的运行效率，是市场理论中微观层面的一部分。

企业绩效的评估就是评估主体运用数理统计和运筹学方法，采用特定的指标体系，按照一定的评价标准和程序对评估客体的管理业绩作出客观、公正和准确的价值判断的过程。

城市轨道交通企业，一方面是社会最基本的经济组织，另一方面是政府委托的提供城市轨道交通产品和服务的公共部门，其经营状况的好坏，不仅直接关系到企业的生存，也关系到提供城市轨道交通产品和服务水平，影响社会福利，因此对城市轨道交通企业的绩效评价则相对复杂。总的来说，有如下的特点：

**1. 目标多重性**

受城市轨道交通企业双重性质的影响，它在追求经济效益的同时还要追求社会效益，其企业绩效评价也必须考虑这双重的追求目标，针对目标进行结果评价。

**2. 主体多元化**

受城市轨道交通服务对象和利益主体的影响，对企业的考评不仅仅需要站在企业投资者和经营者的立场上评价其经营好坏，还需要站在相关利益主体的立场上，评价通过城市轨道交通的运营和服务对其利益和福利的影响程度。

**3. 多角度综合评价**

受城市轨道交通企业经营特点的影响，财务绩效无法完全、真实地反映经营者对城市轨道交通资源经营的成果。因经营者为追求城市轨道交通的社会效益投入的大量资金、资源以及管理、技术创新，并不全部直接表现为财务绩效，而是表现为城市交通改善、投资环境提升、城市结构优化、社会福利提高，并且作为垄断企业接受政府在定价方面的规制。单纯以财务绩效评价忽略企业对城市效益的贡献，不利于对经营者产生激励。

### 8.5.2 城市轨道交通绩效评估组织实施

**1. 绩效评价目的**

通过对项目决策、项目实施、项目完成、经济效益、社会效益等的综合评价，一方面，总结经验规律，查找问题不足，提高财政专项资金使用成效，把轨道交通项目办成惠民工程和群众满意工程。另一方面，总结推广项目建设和运营中的基本经验、特色做法、创新举措，对轨道交通项目运营前景和可持续性发展做出科学预判，为后续城市轨道交通和其他市政项目的建设和运营提供借鉴。

**2. 绩效评价组织管理**

成立绩效评估工作组，具体负责评价工作的实施和管理。该小组一般由政府部门、轨道公司相关人员及相关专家共同组成。例如，重庆市城市轨道交通 3 号线项目专项资金绩效评估工作由重庆市财政局统一组织，市财政局监督检查处牵头，中审亚太会计师事务所重庆分所和有关专家共同参与，组成绩效评价工作组。

**3. 绩效评价重点内容**

确定评价工作中的重点，尤其是对于一些专项评估来说，一定要明确工作重点，在做好重点工作的基础上兼顾其他一些方面。

**4. 绩效评价原则标准**

评价工作组秉承科学规范、客观公正、定性定量的原则，采取计划标准、行业标准、历史标准相结合的方式开展绩效评价。

**5. 绩效评价方法**

根据评价目的、评价内容、评价范围等，确定适宜的绩效评价方法，以得到更加公正合理的评价结果。在具体的评价工作中，可用以下几种方法：

（1）比较分析法：把两个相互联系的指标数据加以比较分析，借以做出程度性判断，分绝对数比较和相对数比较。

（2）问卷调查法：在抽查的站点发放问卷，围绕服务质量、票价合理性、乘坐舒适性、乘坐方便性、乘坐安全性等重点事项向社会公众开展广泛调查，获取第一手资料。

（3）访谈法：随机访谈了轨道集团公司管理层、站点工作人员、乘客和站点附近商铺经营者等，根据被询问者的答复搜集客观的、不带偏见的事实材料和评语。

（4）抽查法：抽查了一定比例的城市轨道建设路段。对项目运营的财务情况进行了全面查验。

（5）专家评价法：评价实施全过程均邀请专家参与，就有关重点难点问题咨询专家意见，对难以采用技术方法进行定量分析的因素做出合理估量。召开专家评审会进行综合评价。

## 8.5.3 城市轨道交通绩效评估指标体系

由于城市轨道交通企业提供产品的公益性及其巨大的正外部性，对其进行绩效评估不能像一般的盈利性企业一样，以财务指标为主，如果城市轨道交通企业套用竞争性、盈利性企业的绩效考评体系进行绩效评价，指标的选择和设计难免顾此失彼，不利于城市轨道交通行业的长远发展，不利于社会成员充分享受城市轨道交通运营带来的福利。城市轨道交通企业绩效评价以实现经济效益和社会效益的综合效益最大化目标为出发点，全面反映城市轨道交通企业各经济环节对总体绩效的影响。

**1. 社会效益层面绩效分析**

城市轨道交通巨大的外部性，常使城市轨道交通的评价有巨大的外部效益，财务评价的相应指标值则较低，并增补相应的社会效益指标。从公司的效益核算来考虑，评价城市轨道交通企业的社会效益实现情况，就是评价企业经营行为的外部性。主要从政府、关联企业和社会公众等 3 个主体出发考虑关键指标。每个主体关注的问题都不大一样：政府关心投入资金的使用效率和城市轨道交通对市政政策措施的配合程度，关联企业关心的是对本企业正常经营的影响，社会公众关心的是城市轨道交通产品和服务的票价、安全、质量和水平等。

因此，对城市轨道交通企业经营行为的社会绩效评价可从这 3 个方面进行。

1）对政府的影响

可以从对政府公共政策的参与和支持方面的义务进行评价，主要指那些无法用货币表示的企业对政府的贡献，如参与并执行市政府制订福利性优惠政策；配合政府进行各类社会公益、精神文明、提高城市化水平等各类非盈利性活动。

2）对关联企业的影响

关联企业指的是企业经营行为会影响其利益的供应商、客户企业、竞争对手等。评价企业的经营行为对关联企业的影响可以从以下两个方面进行。

（1）技术创新溢出：企业因合作、合约、人员流动、行业竞争、技术交流等行为，产生的技术创新溢出。包括技术创新溢出的正效应，如获得溢出效应的企业可以减少创新成本，降低技术开发成本，以及整体业态水平提高等。也包括负效应，如运用了不适当科技成果，造成不良反应。

（2）经营行为的外部性：企业经营行为的外部性包括外部经济和外部不经济两个方面。城市轨道交通企业的生产经营活动会为其他市民、企业和经营者所附带产生成本或效益，如通过地铁业务的发展，带动上、下游产业的发展，如设备制造、物资供应、维修服务、广告等；通过资源开发，为相关产业提供更为优异的经营平台和环境，增加相关产业的就业机会等；但城市轨道交通建设带来的地面开挖、围挡，可能破坏其他企业原有的经商环境造成客源流失，或者损坏其设施等。

3）对社会公众的影响

（1）节能和环保：主要是指企业在能源保护和节约原材料方面的政策目标和计划，投资和经营活动是否贯彻环保原则。选用单位人次能耗来反映企业在节能减排和环保方面的水平。

（2）公众健康、安全与保护：是指企业在公众健康、安全与保护方面的政策，行为准则、目标，包括企业对员工在这方面的培训和考核，以及对企业的供应商、分销商、顾客等在公众健康、安全与保护方面的政策延伸。

（3）社会投资与捐赠：是指企业是否有详细的社会投资与捐赠的政策、计划、准则。

**2. 财务层面绩效分析**

财务层面绩效分析必须基于城市轨道交通企业的产业特点进行分析和设置指标。城市轨道交通行业在资产价值和盈利能力方面具有如下特点：

（1）城市轨道交通行业的固定资产沉没成本较高，专用设备投入大，资产变现能力差，但资产的保值、增值能力很强。城市轨道交通的规定资产的洞体、结构、桥梁等使用长达上百年，从时间和空间来看城市轨道交通资产的升值潜力都很巨大。受城市轨道交通沿线住房条件、土地开发强度，路网变化以及服务水平的不断提高，城市轨道交通将吸引更多的客流，票款收入，从长远看具有一定的增长趋势。此外城市轨道交通的附加商业机会多，可以通过广告、物业经营、智能卡服务的开发、沿线房地产的开发、沿线其他各类商业企业外部收益的内在化、政府补贴等途径增加地铁收益，商业发展和资产升值潜力巨大。

（2）城市轨道交通企业的资产盈利水平具有一定的浮动性。城市轨道交通具有分期建设、分期使用、分段取得收益的特点，其建设行为在很大程度上受城市发展和规划战略的影响，可能在一段时期内，建设投资水平与经营水平不匹配。如城市轨道交通的收入主要来自于使用者支付的费用，而具有规划引导性的线路的使用者需要通过线路配套的设施不断完善来吸引和培育，线路发展期的盈利水平有限。

（3）城市轨道交通盈利空间有限。首先，是因为城市轨道交通的经营受时间的限制，不可能像其他行业一样，通过加班生产出更多的产品以增加收入；受空间的限制，只能在已经建好的轨道上运行，票款收入被限制在固定的线路上，运输能力被限制。其次，政府对属于自然垄断行业的一体化经营模式的城市轨道交通企业实施了严格的价格规制，无法自主根据供求情况调整价格。最后，由于存在外部性，城市轨道交通项目的内部收益率偏低。

（4）营运成本巨大而稳定，边际营运成本趋于零。城市轨道交通营运成本巨大，在水电、人员工资方面的开支占总营运成本的 7 成左右。这部分开支具有一定的刚性；同时营运时间固定，营运期间人员工资以及水电费的支出变化量不大，每增加一名乘客，增加的营运成本几乎为零。

（5）没有一般产品的市场风险。由于是为社会公众服务的，所以受经济周期影响小，客流长期保持稳定发展，收入稳定，市场风险较小。

根据以上城市轨道交通行业在资产价值和盈利能力特点分析，城市轨道交通企业必须提高固定资产的利用率，增强资产的盈利水平，以提高企业的偿债能力和应急能力，保证企业的正常运营，通过拓宽市场实现企业的增长和成功。这些财务目标涉及营运能力、盈利能力、偿债能力和发展能力 4 个方面，因此，对城市轨道交通企业经营行为的财务绩效评价可从这 4 个方面进行：

①营运能力。营运能力反映了企业营运效率的状况，主要用于评价企业管理者在既定的资产规模下，如何利用管理技巧来发挥营运效能，发挥单位资产创造更大价值的潜能。营运能力一般可用资产周转率、存货周转率、应收账款周转率等指标评价。由于对轨道、车辆等固定资产使用效率是城市轨道交通企业营运能力的核心。具体指标可选用固定资产周转率和满载率两个指标。

②盈利能力。盈利能力是对企业经营结果的衡量。由于城市轨道交通的实际盈利水平受多方面外部因素影响，对盈利能力的评价重点放在企业可控制的增收减支和利用资产获利的能力上。

营业成本比率：是营业成本和主营业务收入的比率。从企业内部管理方面评价企业的盈利能力。如同业的企业之间各类生产要素情况较为一致，这一指标的差异评价企业对各类要素管理和利用水平的差异。那些营业成本比率较低的同行，往往就存在某种优势，而且这些优势也造成了盈利能力上的差异。该指标有助于企业加强内部管理，节约支出，提高经营效益。

资源开发收入：是一体化经营的城市轨道除客运收入外的其他附属资源经营总收入，包括车站和车厢的广告收入，车站内的商业收入和其他与项目建成后有关的主营业务外的收入等。资源开发收入是一体化经营的城市轨道企业将外部效益内部化的重要途径，对企业盈利起到举足轻重的作用，因此必须有效地全面、有效整合公司资源，扩大资源开发的盈利能力。

③偿债能力。由于城市轨道交通行业固定资产沉没成本较高，专用型设备投入较大、资产变现能力较差，因此我们选取能够反映偿债能力和应急能力的指标评价其正常运营和生存能力。

④发展能力。企业可以通过一个会计年度的财务指标状况，评价企业的营运、盈利等绩

效，但必须对潜伏的销售能力、资本增值速度减缓等保持警惕，确保企业的长远发展。在评价经营绩效时，可通过发展能力指标，反映企业发展能力状况，揭示潜藏危机。由于城市轨道交通企业资产是其对潜在竞争者的优势，扩张市场是企业扩张的最终决定因素，选取总资产增长率和市场份额增加率作为发展能力指标。

### 3. 客户层面绩效分析

1）市场地位

市场占有率反映本企业的客运量占城市所有类型公共交通方式客运量的份额。反映了企业对城市交通，特别是公共交通的影响程度。

2）客户满意度

客户因欲望和要求而产生期望，满足客户的期望会导致满足感，超越客户的期望还可带来更强烈的客户忠诚。这里对城市轨道交通的不同客户主体的类型和利益、要求，选择客户认为重要的因素，从提供产品的时间、质量、履行承诺的能力等方面评价企业在多大程度上满足了客户的欲望和要求。

投资项目按时完成率：政府方面的满意度用投资项目按时完成率进行评价。政府关注的是企业财政资金和公共资源，筹集城市轨道交通项目效率和水平。该指标鼓励企业按时完成投资项目，提高政府满意度。

乘客投诉率：乘客方面的满意度用乘客投诉率进行评价。该指标用乘客的投诉次数与总客运量的比率来表示。反映了所提供的城市轨道产品和服务不合格程度。如提供的产品在舒适性、便捷性、准点性、安全性等各方面没有达到承诺或乘客的预期，乘客产生的不满，并通过电话、信件等进行投诉。

经营行为的规范程度：业务往来企业方面的满意度用经营行为的规范程度进行评价。企业经营行为的规范程度是企业在经营活动中，在遵守法律、法规，恪守诚信，规范经营等方面的承诺、行为准则以及其履行情况。

### 4. 业务流程层面绩效分析

城市轨道交通企业必须提升运营服务的安全性、可靠性和运营的效率，并提升建设水平，并严格履行政府的委托，保证工期速度。我们将业务流程层面绩效分为效率、可靠性和安全性 3 个方面。

1）效率

该类指标反映城市轨道交通的整体运作能力。企业的运作效率可反映在业务处理的一致性、灵活性、质量、速度等多方面，但如果投入的资源越多，这些指标的表现都会提高。因此用相对指标来衡量，更能反映企业的整体运作水平。因此该指标用平均每名员工运次来评价，即衡量城市轨道交通维持一定的运输规模需要投入的人力和时间，如所需的人力和时间越少，则效率越高。

2）可靠性

城市轨道交通是一个大系统，所跨行业涉及车务运营、土木建设、机电维修等几个大类。其提供服务的可靠性来源于各个环节业务流程顺畅，资源调配得当，反映了经营者的整体运作能力。本文选择城市轨道交通服务提供主流程上分为建设、运营和运作支持 3 个主要环节，分别设立可靠性指标。

工期完成率：工期完成率衡量城市轨道交通建设环节的可靠性。用完成工期计划项目数÷计划项目数×100%来表示。

运行准时率：运行准时率是正点运营的车次数与总开行的车次数的比率，用以表示运营车次按规定时间正点运行的程度。用于衡量城市轨道交通运输环节的可靠性。

设备完好率：用于衡量城市轨道交通运作支持环节的可靠性。

3）安全性

安全性指标有运行事故率和建设工程重大责任事故次数。

运行事故率：报告期内，发生运行事故的次数与总运营里程的比率。

建设工程重大责任事故次数。

### 5. 学习与成长层面绩效分析

虽然客户层面和业务流程层面的绩效分析已经对企业的经营状况进行了内部和外部绩效分析和构造，但这些评价指标都集中在企业现有的竞争能力方面，而学习与成长层面则强调了企业不断创新，保持其竞争能力，未来发展势头和不断的成长能力。学习和创新被认为是企业取得长远发展和实现战略目标的途径之一。

1）员工培训

员工作为企业的一种重要资源，可通过各种培训，提高员工学习能力和专业化水平，继而提高企业竞争力。该指标可以用劳动生产率来反映结果，即总客运量与企业员工总数的比率。

2）员工满意度

企业的组织应具有一定的稳定性，同时需要有效的激励机制保证企业的活力。员工满意度反映了员工对企业的忠诚、乐于积极地投入工作的情况，有力地促进企业的长期发展。可用关键岗位员工流失率指标来进行评价。

3）技术创新

企业技术创新的绩效可从技术创新投入和技术创新产出两个方面进行评价。由于城市轨道交通服务产品的特点，新的科技成果运用带来的收益难以量化，因此选择技术创新投入类指标中的科技创新资金投入率指标进行衡量，该指标为科技创新总费用与总收入的比率。科技创新总费用包括研究研制费、购买外部技术费、机器设备购置费、试生产费、资料培训费等。

---

**拓展阅读**

---

### ➤ 成都地铁采用经营性租赁方式购置列车

2014年5月29日，成都地铁公司与南车投资租赁有限公司举行了成都地铁1号线、2号线增车租赁项目合同签约仪式，正式签署成都地铁1号线、2号线共计36列、216辆地铁车辆租赁合同，这也是成都地铁创新性地在国内首次采用经营性租赁方式增购上线列车。

地铁车辆是地铁运行的关键运载系统，关系到乘客安全和系统可靠性，因此成都地铁公司在总承包商选择和车辆选型上十分慎重。成都地铁通过公开招标形式最终确定了南车投资租赁有限公司作为成都地铁1号线、2号线增车租赁项目的集成商。首批租赁车辆将在2015年上半年1号线南延长线开通时上线运营。

地铁1号线、2号线均为成都市轨道交通骨干线路，自开通以来，客流增长迅猛，给两线运能带来挑战。为满足今后尤其是2015年3号线、4号线开通后地铁初步成网的客流需求，成都地铁创新性地在国内，首次采用经营性租赁方式增购上线列车。

　　根据安排,计划增加的 36 列车均为租赁,租赁期为 10 年,其中 1 号线车辆计划投入运营时间为:2015 年 3 月上线 6 列、2015 年 9 月上线 6 列车、2016 年 3 月再上线 6 列车;2 号线车辆计划投入运营时间为:2015 年 6 月上线 6 列、2015 年 9 月上线 6 列、2016 年 2 月再上线 6 列。

　　由于此次加车采用租赁的方式也是全国首创。据了解,一列车费用在 4000 多万元,前期就要先预付 30% 资金,车辆到达后更要一次性付 60%,对当期财政会造成较大压力。而如果采用租赁,周期会比购买减少 6 ~8 个月左右,此外,车辆到达使用后才会按季度给租金,不会占用大量当期财政资金。

---

### 思考与练习

　　1.简述城市轨道交通经济效益评估的意义。
　　2.城市轨道交通经济效益评估的内容。
　　3.城市轨道交通成本构成。
　　4.城市轨道交通收益包括哪些部分?
　　5.如何开展城市轨道交通绩效评估?

# 模块九
# 发展前沿

## 【引　例】

　　磁悬浮驱动概念诞生于 20 世纪中叶，随后英国伯明翰机场于 1984 年建成使用了全球首条商业磁悬浮列车线路，碍于技术原因，其速度仅有 42 km/h。虽然磁悬浮起源于欧洲，但发扬光大于亚洲，目前日本和我国都在积极地发展这项技术，而位于上海浦东机场的磁悬浮列车也是目前世界上最快的商业线路，时速可达 431 km。

　　然而，工程师对于速度极限的追求是无止境的。据英国《每日邮报》报道，全球首个真空管超高速磁悬浮列车圆形测试平台于 2014 年 5 月 13 日在我国西南交通大学超导实验室建成。当列车时速达到 400 km 以上时，超过 83% 的牵引力会被浪费在抵消空气阻力上，同时气动噪声也会超过 90 dB，高于列车环境设计标准要求的 75 dB，在此情况下，如果想要在获得超高速的情况下保证舒适性和能耗经济性，那么最好的办法就是让列车在近乎真空的环境中运行——真空管磁悬浮列车的想法由此诞生。

图 9 - 1　真空管超高速磁悬浮
列车圆形测试平台

　　早在 2013 年 3 月西南交大便研制出了最初的高温超导磁悬浮（HTS）测试环线，而最新的这个模型则加入了真空管道，成为世界上首个真空管道运输（ETT）系统。运行时，管道内的大气压比外界低 10 倍，列车可以将更多的动力用于驱动车辆提速前进。不过碍于实验环线的半径仅有 6 m，因此测试车辆的最高速度目前只达到了 50 km/h。根据研究人员的估算，未来真空管高温超导磁悬浮列车的运行速度最快可达近 3000 km/h。因此这项技术不仅能够用于客运，而且还能被用于军用和商业航空器的发射技术。

## 9.1　城市轨道交通发展趋势

### 9.1.1　装备与控制技术进展

#### 1. 城市轨道交通减震逐渐受到重视

轨道减震技术的通常做法是在组成轨道的各个刚性部件之间插入弹性层，按插入位置的不同可分为扣件减震、轨枕减震和道床减震。弹性层所处的位置越靠下，悬浮的质量就越大，越能获得较好的减震效果。

1）一般减震措施

2012 年 4 月正式实施的北京市地方标准《地铁噪声与震动控制规范》对 Z 震级插入损失作出定义：在其他条件相同的情况下，使用减震措施与使用普通扣件（DT – Ⅵ2）线路，隧道壁 Z 震级之间的差值记为△VLZmax；单位为 dB。这里提到的普通扣件即一般减震措施，其主要作用是固定钢轨，以及在列车运行时为轨道提供必要的缓冲，包括广泛应用于北京城市轨道交通的 DT – Ⅵ2 型和 DT – Ⅶ2 型扣件、在上海地铁与北京地铁普遍使用的 WJ – 2 型扣件及广州地铁普遍使用的单趾弹簧扣件。

2）中等减震措施

中等减震措施的减震能力（即使用减震措施与普通扣件线路隧道壁 Z 震级插入损失）为 5 ~ 10 dB，常用的中等减震措施主要有双刚度剪切型轨道减震器扣件（Ⅲ型、Ⅳ型轨道减震器扣件）、压缩型轨道减震器扣件（ALT. 1 扣件、Lord 扣件）、Vanguard 扣件、弹性短轨枕和弹性长枕式等。

3）高等减震措施

高等减震措施的减震能力为 10 ~ 15 dB，主要减震原理是在轨枕下或道床下铺设弹性垫层，形成质量弹簧体系，通过增加参震质量，降低轨道结构的自震频率，从而得到较好的减震效果。高等减震措施有梯形轨枕轨道结构（见图 9 – 2）和纵向轨枕轨道结构（见图 9 – 3），以及橡胶浮置板道床和固体阻尼钢弹簧浮置板道床等。梯形轨枕由 PC 制成的纵梁和钢管制成的横向连接杆构成，轨枕下放置弹性垫层起缓冲减震作用，目前广泛应用于我国地铁；纵向轨枕利用横向混凝土纵梁代替梯形轨枕的混凝土钢管结构。国内外常用的橡胶浮置板道床有整体支撑、线性支撑与点支撑等支撑形式。橡胶浮置板道床减震材料除了传统的橡胶材料外，还包括阻尼橡胶材料及聚氨酯微孔弹性材料，其减震性能和工作年限与材料性质密切相关。

图 9 – 2　梯形轨枕轨道结构

图 9 – 3　纵向轨枕轨道结构

4）特殊减震措施

液体阻尼钢弹簧浮置板道床（见图 9 – 4）是城市轨道交通行业内公认减震性能最好的轨道形式，是现行唯一的特殊减震措施。液体阻尼钢弹簧浮置板道床利用液体阻尼钢弹簧隔震器支撑钢筋混凝土道床板，形成一个高质量、低刚度的"质量—弹簧"系统，其固有频率为

5~7 Hz，减震能力在 15 dB 以上。液体阻尼钢弹簧浮置板道床成本和工程造价很高，不具备大面积铺设条件，目前大多应用于线路近距离下穿建筑物，以及对减震要求较高的古建筑、研究机构、医院、博物馆和音乐厅等场所。

图 9-4　液体阻尼钢弹簧浮置板道床

近年来，新建城市轨道交通线路各等级减震措施区段占总线路比例逐步升高，这与人们对控制地铁震动产生的环境影响需求密不可分。北京城市轨道交通近几年新建线路的各等级减震措施统计如表 9-1 所示。

表 9-1　北京市新建线路各等级减震措施统计表

| 线名 | 中等减震（m） | 高等减震（m） | 特殊减震（m） | 减震线路总长（m） | 占全线比例（%） |
|---|---|---|---|---|---|
| 5 号线 | 32600 | 171 | 480 | 33251 | 56.00 |
| 4 号线 | 15385 | 7742 | 3250 | 26377 | 47.00 |
| 亦庄线 | 12426 | 1600 | 4672 | 12858 | 40.30 |
| 大兴线 | 7240 | 3030 | 3670 | 13940 | 32.2 |
| 房山线 | 7956 | 4565 | 880 | 13403 | 28.00 |
| 昌平线 | 19039 | — | — | 19039 | 44.30 |
| 6 号线一期 | — | 21980 | 5255 | 28140 | 45.90 |
| 8 号线二期 | — | 13678 | 660 | 14338 | 40.86 |
| 9 号线 | 5940 | 6240 | 2730 | 14910 | 41.00 |
| 10 号线二期 | 1082 | 25629 | 3374 | 30085 | 46.10 |

**2. 车辆制式多元化发展**

传统的地铁与轻轨均采用钢轮钢轨，国内极大部分城市建成的地铁、轻轨线均采用了此种制式。随着技术不断进步，各城市结合线路特点和功能需求，因地制宜，在国内相继出现了像重庆跨座式单轨交通、广州的直线电机车，以及上海高速磁悬浮列车和无人驾驶列车。至于低速磁浮、空中客车、磁浮飞机也正在上海、威海、成都等地酝酿之中。

同时，更高的行车密度对车辆的可靠性、可维护性和可用性以及安全性提出了更高的要求。为了减小设备故障对列车启动加速性能的影响，牵引和空气制动系统将更多地采用架控方式。为了提高车辆的可维护性，车辆设备将大量采用模块化部件。为了彻底消除压缩机油乳化现象，无油压缩机有可能得到推广。

目前北京、上海、广州、武汉、成都等城市都对中心城市与卫星城之间的轨道交通线路进行了规划，由于这些线路的站间距较长，为缩短运行时间，这些车辆的最高速度应该选择在120～140 km/h。对于此速度的轨道交通车辆，要求采用更大容量的牵引逆变器和牵引电机，对于制动系统来说，踏面制动已经不能满足要求，而要采用盘形制动。

**3.列车运行控制系统精准可靠**

城市轨道交通的列车控制方式将会依托现代计算机技术及通信技术（包括计算机通信）发展并结合城轨交通运行特点，遵循以下技术方向发展：

（1）车载、地面及控制中心采用高性能、安全可靠的全计算机配置，构成完整的计算机列车控制系统。

（2）采用先进通信技术（包括计算机通信），实现车—地—中央控制中心间实时、双向、高速、大容量数据通信，实现列车位置报告、列车运行控制数据、列车运行状态、设备状态等信息传送，达到有效、可靠、安全、自动控制列车运行的目的。

（3）采用计算机大容量数据存储技术，将列车控制所需静态数据（如线路数据）存储在车载计算机内，通过查询，方便可靠地提取，并直接从车上输入及存储列车数据（如制动减速率、列车长度等），不但减少了车—地间信息传输的数据，而且使列车具有完整智能功能，为各种性能不同的列车运行在不同线路上创造条件。

（4）车—地间通信采用无线通信技术，设备简单，工作可靠，降低投资及运营维修成本。

（5）逐步制订相关标准，尤其是车—地间通信协议标准，为城轨交通列车达到互联互通（使用不同厂商设备、不同性能的列车，可运营在城轨交通不同线路上）打下基础。

**4.制动售检票系统 AFC 更加智能**

1）标准化

国家标准化管理委员会在2007年发布并实施《城市轨道交通自动售检票系统技术条件》。这是我国首次制订的 AFC 系统国家标准，标志着 AFC 系统的标准化迈出了第一步。同时，各地城市轨道交通企业也在制订 AFC 系统各层设备细化的企业标准，如《轨道交通自动售检票系统公共接口规范》《线网读写器接口标准》《车站计算机与车站设备接口标准》《设备界面设计标准》等。

标准化使 AFC 系统呈良性发展的趋势。它带来以下影响：

（1）建立完善的产品测试验收流程，在 AFC 系统产品质量得到有效保证的前提下，可产生出一批有实力的国内供货商和高品质设备。

（2）使 AFC 系统新增与改造实现分段招标。

（3）为运营部门日后采用 AFC 系统国产化配件提供了标准。

（4）使运营部门对 AFC 系统设备的使用和维护进入标准化时代。

（5）使设备功能具备可扩展性，随时满足运营工作出现的新变化、新要求。这些影响可使 AFC 系统在发展中所产生的技术难题和风险得到缓解。

2）智能化

智能化是 AFC 系统近几年来的最新发展趋势。AFC 系统第五层（清分系统层）的建立除了满足日常的结算业务外，更重要的是使体系内所汇集的各类票务数据能被有效整合，利用 BI 技术将城市轨道交通企业中现有的数据转化为知识，帮助企业各业务部门作出明智的业务经营决策。如：帮助车务部门分析决策乘客分流方案、帮助营销部门分析决策票价优惠方案、帮助资源部门分析决策资源营销方案、帮助财务部门分析决策财务收支方案等。而在过去，这些都是由各专业领域人才完成的，现在 BI 可以协助完成这些工作。

随着 AI(人工智能)技术的不断发展与成熟，其在 AFC 系统各层的应用将会不断地延伸，使 AFC 系统不但具有高度的自动化，而且具有高度的智能化。这将大大地缓解了 AFC 系统对各专业领域、各层级人才的需求压力。

**5. 通风空调系统注重安全、经济、环保**

随着城市轨道交通建设规模的日益壮大，建设速度的加快和技术水平的不断提高，通风空调系统也将取得越来越快的发展进步，从国家工程建设、城市发展和人员等多方面的需求上分析，其未来发展趋势将是安全健康、经济节能、环保美观。

1)安全健康

通风空调系统担负着城市轨道交通内部的空气环境控制的重任，事关乘客和工作人员的健康与安全，系统设置和设备配置上一定要以此为最基本的出发点。以往工程上采用的系统形式也都是以此为前提的，但随着工程建设速度的加快，遇到的复杂实际情况越来越多，例如：城市地下长大隧道、山岭隧道、过江(河、海)隧道等。山岭隧道经常伴随着大埋深情况，过江(河、海)隧道经常具有较大长度，因此在隧道中部设置中间风亭的代价将极其巨大，甚至技术上不可实施；长大隧道由于结构施工的要求，其结构形式多种多样，隧道通风和排烟仅依赖已有的技术措施已不能完全满足要求或技术经济合理性很差，这些都导致传统的系统设置和运行模式无法适应实际的需要。中庭式车站、双洞或三洞式全暗挖车站等多种新型建筑和结构形式车站目前也屡见不鲜，通风空调系统必须根据实际需要不断改进，实现既满足人员健康要求又保证安全的目标。

在实际工程建设的地质勘察过程中，不断遇到地下气压较高的有害气体的情况。当城市轨道交通线路穿越储气层时，在设计、施工和未来运营过程中，一定要认真考虑有害气体对工程的危害以及对工程后期运营带来的不利影响，这是通风空调系统面临的新问题，如果没有合理可靠的技术手段，将会威胁人员的健康尤其是安全。杭州地铁 1 号线就遇到了类似的难题。现实问题要求通风空调系统适应新情况、发展新技术、解决新问题。

随着列车运行速度的提高，隧道内的空气压力也随之发生变化，国内已经有若干条城市轨道交通线路列车最高运行时速达到了 120 km/h，空气压力的波动对人员的舒适造成较大影响，情况严重时会危及健康。通风空调系统需要针对空气压力的变化，结合人员的健康要求，提出合理有效的控制标准，并会同有关专业共同加以解决。

城市轨道交通的地下部分相对较为封闭，随着人们健康意识的提高，对地下空间的空气环境将提出越来越高的要求，如人员新风量要求、空气温度随季节和室外气候变化的要求等，另外对于空气品质的要求也不断提高，这些都需要通风空调专业不断研究，不断发展来逐渐加以解决。另外，针对地下线路含尘量大，列车运行中轮轨摩擦、刹车过程中刹车片和轨道与车轮摩擦等产生大量的粉尘，以及日常对地下过滤器的清理难度较大等实际问题，需要研究相应的自动或半自动清洗装置，对过滤器或其他设施进行清洗。

2)经济节能

传统的城市轨道交通通风空调系统存在两大突出特点：一是占用面积和空间巨大，一般来说，地下车站设备及管理用房一半的面积被通风空调机房占用。二是运行能耗极高，南方城市约50%的运营能耗为通风空调系统耗能；而北方城市通风空调系统的能耗也达到运行总能耗的近1/3。

目前出现的集成系统等就是在这方面作出的有益尝试，但这些与工程建设的需要，尤其是国家节能减排的国策要求还有很大差距，还需要继续努力、继续探索，要从系统的精确计算、系统制式的选择、系统设备的配置、系统控制、系统运行模式以及新设备的研发与应用等多个角度来做大量的工作。

从系统制式的选择上看，合理的系统方式设置对节省所占用的土建空间和运营节能至关重要，应当结合气候条件、运力因素、土建结构类型、地质情况、建设标准和经济实力进行综合的技术经济比较，发展和采用合理的系统制式。如：目前通过的由国内多位著名专家鉴定的课题——"可调通风型站台门通风空调系统"就是一项意义重大的创新和探索。课题组开创性地提出了可调通风型站台门的理念，研制了相应的产品，并且提供了基于可调通风型站台门的适用于不同气候条件的新型环境控制系统形式，能够很好地满足城市轨道交通各种正常及事故工况下通风空调系统的全部功能需求，节能效果显著；同时，还可以有效解决严寒地区冬季站内温度偏低的技术难题。

在系统方式和系统构成方案确定后，系统设备的选用及配置就成为重要的环节。在工程建设中，考虑到不同运营时期客流量和热负荷的不同，通风空调应采用不同的设备配置标准以适应负荷的变化，达到最大的运行节能效果，因此，应该大力提倡设备的科学分期安装实施。另外，应从建设和运营管理及投资体制方面综合研究适当的对策和政策。

上述几方面涉及的都是系统结构形式的变化，是设备资源和系统设置理念的调整，在系统控制模式的发展上，也应给予高度重视，这是系统能否实现高效节能运行的关键。目前出现了一些可喜的情况，在南京地铁1号线的BAS（building automation system）系统的设置中，首次为其通风空调系统设计了高度智能化的方案，并应用地下车站温度的全年控制标准，取代目前的夏季温度标准和冬季温度下限，从而尝试解决通风空调系统在非最热季的优化控制问题，以实现系统的运行节能。科学合理地确定系统运行模式对系统节能具有至关重要的作用，城市轨道交通通风空调系统的运营应根据季节、客流、运营时间和各地气候特点，本着充分利用外界自然条件，有效适应内部负荷变化规律的原则合理设定，这样才能有效节省运营能源。在运行模式方面应当结合工程实际，投入精力进行充分的研究。

3）环保美观

城市轨道交通是城市交通的主动脉，对城市具有多方位的影响，城市轨道交通通风空调系统也需要受到高度关注。

从城市景观角度考虑，凸出地面的风亭和设置在地面的冷却塔、风冷机组等设施与设备无疑会对城市景观造成影响。在一些敏感区域和道路、建筑物布局紧张地段，以及居民集中地区，这些矛盾极为突出。这就需要在风亭位置的选择、风亭尺寸的选用、风亭建筑形式等方面多加研究。对于通风空调系统也应进行创新性研究，以利于解决此类问题。例如目前出现的蒸发冷凝式系统就是其中的一项实际举措，这项技术采用蒸发冷凝机组取代传统意义上的冷却塔装置，设置在地下，并充分利用水的汽化吸热将热量散发，实现提高制冷效率，也有利于节能。

城市轨道交通通风空调系统对城市环境的噪声与振动影响也不容忽视。城市轨道交通线路可能穿越城市不同环境要求的区段，其对周边的环境噪声与震动影响应满足环保的要求。

从这个意义上分析，城市轨道交通通风空调设备应低噪声、低震动和低能耗。

## 9.1.2　智能化与信息化

轨道交通发展离不开智能化与信息化手段，智能化与信息化在轨道交通中有着深入而广泛的应用。智能化与信息化是整个轨道交通工程的杠杆，是实现高水平运营管理的关键，智能化与信息化在保证安全、提高效率、及时反映、节能减排等方面发挥着关键性的作用。智能化与信息化是轨道交通技术发展的必然要求。但建设过程中不能采用为信息化而搞信息化，或在既有系统上叠加和重复相关功能的做法。信息化应重点解决基于实现状态的涉及运营安全的重要设备和系统的运行状态，以及故障数据的采集和分析方面。同时，随着乘客对运营信息需求的提高，特别是故障和应急情况下网络运营信息的需求增加，信息化还应重点在进一步完善面向乘客和管理者的网络运营乘客信息系统建设方面加大投入。

根据《2020—2025 年中国铁路信息化行业市场前瞻与投资战略规划分析报告》显示，2013 年我国轨道交通信息化系统市场规模仅为 81 亿元，增长率为 24.62%；到 2015 年，我国轨道交通信息化系统市场规模已达 124 亿元，增长率为 24%。

从市场细分来看，2022 年信号系统仍将是比重最大的一个子系统，其市场规模将可能达到亿元。我国城市轨道交通信息化系统是由 6 个子系统组成，分别是信号系统、综合监控系统、自动售检票系统、综合安防系统、通信系统、乘客资讯系统。

## 9.1.3　绿色低碳与节能减排

城市轨道交通相对于其他城市公共交通工具而言，具有安全舒适、快速环保、运能大和能源消耗少的特点。按照同等运能比较，城市轨道交通的能耗只相当于小汽车的 1/9，公交车的 1/2。因此，城市轨道交通本身就具有重要的低碳、节能意义。城市轨道交通相对于其他城市交通工具的另一个特点是以耗电能为主，而不是燃油。石油作为国家核心能源，是工业经济的命脉，当今世界几乎所有国家都把石油安全置于能源战略的核心位置。石油安全直接关系到国家能源安全，关系到经济社会的可持续发展。因此在特大城市、大城市中，以城市轨道交通为骨干、提高占公共交通的出行比例，符合国家宏观经济层面的能源政策，有利于建设资源节约型、环境友好型社会。

我国城市交通节能的措施之一，是建立绿色城市交通系统，应对城市化进程和交通机动化快速增长的挑战，构建可持续性的城市交通系统模式。超大、特大城市将加快城市轨道交通建设，形成立体城市交通系统，大力发展城市公共交通系统。通过优化城市交通系统结构和完善城市间交通模式，提高城市交通系统效率并达到系统节能目的。

城市轨道交通的节能减排工作也十分重要。虽然按同等运能比较，城市轨道交通能耗比其他形式交通方式小，但由于其大运量的特点，使得总耗电量相当大，是耗能大户，仍有节能潜力。因此，城市轨道交通建设和运营在遵循以人为本，方便旅客的出行和换乘，做到"方便、快捷、准时、舒适"等原则的同时，作为重点用能单位，严格遵守《中华人民共和国节约能源法》合理用能的原则，一直致力于加强节能管理、推进技术进步、提高能源利用效率、减少环境污染方面的研究。国家发展和改革委员会在交通基础设施建设项目审批程序中也要求必须进行"节能专篇"的研究，要求项目应遵循的合理用能标准及节能设计规范、项目能源消耗种类和数量分析、项目所在地能源供应状况分析、能耗指标、节能措施和节能效果分析等内容。应结合具体运营规模、技术标准和工程实施条件，进行城市轨道交通节能研究，并将具体措施融合到建设中。

节能涉及多项专业技术，应以有限的能源消耗取得最大的经济利益为目标，充分调动各方面积极因素，把节能分析、节能设计、节能管理紧密结合起来，达到降低综合能耗指标的目的。

**1.城市轨道交通能耗分析**

城市轨道交通运营过程中主要消耗的电能可以分为车辆运行的牵引耗电和其他设备耗电两大类。其中，车辆运行的牵引耗电包括列车在正线运营、出入车辆段（停车场）以及在试车线上调试所消耗的电能。受到线路敷设方式、车辆选型、运输客流量、车站规模等因素的影响，不同线路中各类能耗所占总能耗的比例也不尽相同。一般而言，列车牵引能耗在各类系统中所占比例最大，占到总能耗的近一半。

1）运行速度的影响

在实际运行过程中，列车保持匀速或者加速运行时需要牵引力克服阻力做功，因此，列车运行速度对牵引能耗有较为显著的影响。以广州地铁 3 号线"珠江新城—赤岗塔"区间为例，保持其他条件不变，分析列车在不同速度下的牵引能耗，计算结果如图 9 - 4 所示。

列车运行速度对牵引能耗有很大的影响。列车运行速度的提高将导致运行阻力急剧增加，能量消耗也相应有显著地增加，但列车在区间的运行时间可以得到节省。随着运行速度的提高，列车的区间运行时间不断减少，且减少的幅度随着运行速度的提高而逐渐减弱；随着运行速度的提高，列车牵引能耗逐渐增加，且增加幅度较大。当列车运行速度从 20 km/h 提高到 95 km/h 时，牵引能耗由 5.091 kW·h 提高到 30.364 kW·h，运行速度每提高 5 km/h，牵引能耗平均增加 12.6%。

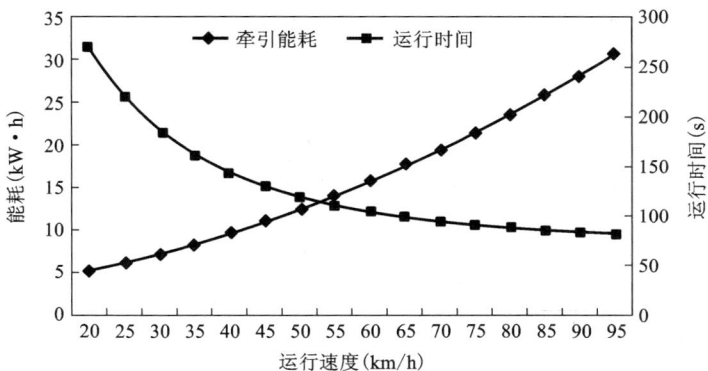

**图 9 - 5　列车牵引能耗、运行时间与运行速度关系图**

2）列车停站时间

列车停站时间包括开门时间，乘客上、下车时间，关门时间。其中，开关门时间较为固定，因此，停站时间的长短主要受乘客上、下车时间的影响。在一定范围内，列车牵引能耗与区间运行时间成反比，而区间运行时间和停站时间共同组成乘客的旅行时间，因此，列车停站时间的选取对牵引能耗同样有着较大的影响。以广州地铁 3 号线"珠江新城—赤岗塔"

区间为例,保持旅行时间和其他条件不变,分析列车在不同停站时间下的牵引能耗,计算结果如表9-2所示。

**表9-2 不同停站时间下的列车牵引能耗表**

| 停站时间<br>(s) | 区间运行时间 | 牵引能耗<br>(kW·h) | 停站时间<br>(s) | 区间运行时间 | 牵引能耗<br>(kW·h) |
|---|---|---|---|---|---|
| 40 | 1 min 22 s | 30.364 | 34 | 1 min 28 s | 23.393 |
| 38 | 1 min 24 s | 27.025 | 32 | 1 min 30 s | 22.213 |
| 36 | 1 min 26 s | 25.510 | 30 | 1 min 32 s | 20.661 |

通过适当降低列车运行速度或增加惰行时间,实现减少列车停站时间,增加列车在区间的运行时间,从而减少列车牵引能耗。在旅行时间固定的情况下,列车停站时间由40 s减少到30 s时,牵引能耗从30.364 kW·h减少到20.661 kW·h,停站时间每减少2 s,列车牵引能耗平均减少7.4%。

3)满载率

满载率指列车实际载客量与列车定员的比值,是判断城市轨道交通运能安排是否合理的重要指标。满载率的变化会引起列车总重的变化,进而影响列车牵引能耗。以广州地铁3号线"珠江新城—赤岗塔"区间为例,保持其他条件不变,分析满载率对列车牵引能耗以及单耗(单位旅客周转量牵引能耗)的影响。不同满载率下的列车牵引总重如表9-3所示,能耗计算结果如表9-4和图9-6所示。

**表9-3 不同满载率下的列车载客量和牵引总重表**

| 不同满载率下的载荷 | | | | | |
|---|---|---|---|---|---|
| 满载率(%) | 10 | 20 | 30 | 40 | 50 | 60 |
| 载客(人) | 135 | 270 | 405 | 540 | 675 | 810 |
| 总重(t) | 226.1 | 234.2 | 242.3 | 250.4 | 258.5 | 266.6 |
| 不同满载率下的载荷 | | | | | |
| 满载率(%) | 70 | 80 | 90 | 100 | 110 | 120 |
| 载客(人) | 945 | 1080 | 1215 | 1350 | 1485 | 1620 |
| 总重(t) | 274.7 | 282.8 | 290.9 | 299 | 307.5 | 315.2 |

注:列车自重218 t,定员1350人,乘客重量按60 kg/人计算

在同一运行速度下,随着满载率的提高,列车牵引能耗逐渐增加;在同一运行速度下,随着满载率的提高,列车牵引单耗逐渐降低,且降低的幅度随着满载率的提高而逐渐减弱。如图9-6所示,当满载率小于30%时,牵引单耗随满载率提高的降幅较大。以运行速度95 km/h为例,当满载率分别在10%、20%、30%的情况下,单耗分别为126.972、64.827、44.137 W·h/(人·km),后者比前者分别减少了48.9%和31.9%。

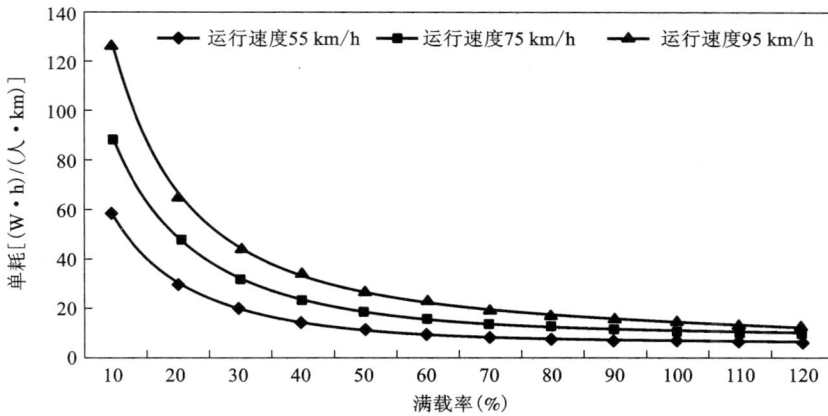

图9-6　列车牵引单耗与满载率关系图

表9-4　不同满载率下的列车牵引能耗表

| 满载率（%） | 牵引能耗（kW·h） | | | 牵引单耗[W·h/（人·km）] | | |
|---|---|---|---|---|---|---|
| | 运行速度 55 km/h | 运行速度 75 km/h | 运行速度 95 km/h | 运行速度 55 km/h | 运行速度 75 km/h | 运行速度 95 km/h |
| 10 | 11.449 | 17.761 | 25.369 | 57.302 | 88.894 | 126.972 |
| 20 | 11.623 | 18.121 | 25.905 | 29.087 | 45.384 | 64.827 |
| 30 | 12.086 | 18.696 | 26.456 | 20.164 | 31.191 | 44.137 |
| ⋮ | ⋮ | ⋮ | ⋮ | ⋮ | ⋮ | ⋮ |
| 110 | 14.262 | 21.764 | 30.705 | 6.489 | 9.903 | 13.971 |
| 120 | 14.635 | 22.119 | 31.320 | 6.104 | 9.225 | 13.063 |

由于列车牵引总重分为车辆自重和乘客重量两部分，随着满载率的提高，乘客重量在牵引总重中所占比例不断增加，相应总能耗中用于牵引乘客的这部分能耗比例在增加。因此，单位旅客周转量的能耗会随之降低。

**2. 城市轨道交通主要节能措施**

1）线路选线与运营组织重视节能

线路节能设计主要考虑尽可能优化曲线半径，以减少车辆行驶过程中因曲线阻力大而增加电耗；优化线路节能坡，设置合理的进出站坡度，使列车进站时上坡，将动能转化为势能，列车出站时下坡，再将势能转化为动能，这样有利于减少牵引能耗；线路纵坡设计还综合考虑泵站位置等设备布置，以达到优化、合理、经济、节约能源的目的。

确定全线的总体运营规模、合理确定列车编组、合理设置运营交路、合理安排列车运营对数等技术措施，将有效降低人车千米能耗。

2）车辆节能

选用调频调压控制的交流牵引系统。该系统通过变频调速避免了列车调速时由附加电阻消耗掉大量的电能，也不会因附加电阻的发热提高隧道内的温度而要求增加通风量和制冷电能。该系统能有效利用再生制动，利用车辆行车密度大、不同车辆同时处于不同牵引、制动工况的概率较高的特点，可较多地回收车辆制动能量，理论上可回收25%左右。

选用轻体车辆。车辆采用不锈钢车体，车辆自重比普通铸钢车体约减少3t，用等能量比较的方法推算，每辆车可节约运送50位乘客所需的能量。随着车体自重的减轻，相应能减轻轮轨磨耗，减少维修量等附加节能效果。

采用列车自动控制节能。电动客车采用微机控制自动驾驶。在信号系统设计时，根据线路的坡道、弯道及列车载重等情况，设计自动驾驶 ATO 曲线，自动调整行驶速度，控制随行点使电动客车永远处于最佳运行状态，以便减少电耗，达到更进一步节能的目的。

3）供电系统节能

牵引供电系统节能设计。合理设置中压供电网络接线形式，既减少系统电缆的长度，也可以减少开关设备数量，降低设备损耗和线路损耗，达到节能的效果。合理设置各种类型变电所。牵引网采用导电率较高的钢铝复合接触轨，牵引网电能损失较少，减少变电所的空载能耗。牵引变电所预留设置车辆再生储能设备安装条件，如果每座变电所均设置该设备，每年可降低牵引用电量约5%左右。选用环保节能设备，如配电变压器选用非晶合金变压器，虽然一次投资有所增加，但是长期运行与普通变压器相比，可节约相当电能。

动力照明系统节能设计。动力照明配电设计按照负荷分级供电的原则进行，对各种负荷，按其重要程度分为一级、二级、三级。减化了供电系统，节约配电设备。采用集中无功自动补偿和分散无功补偿措施，提高功率因数，降低线路损耗。在照明产品的选择上，选择高效、节能的光源、灯具。选用先进节能的电机电器设备，电扶梯及大型风机、水泵等采用变频控制，节约设备用电。从运营管理上，当车站高峰过后，可以关闭部分公共照明设备，变频电梯低速运行。

4）通风空调系统节能

（1）系统形式节能设计。根据地区的气候环境条件及对通风空调系统方案的比选，城市轨道交通通风空调系统形式尽量利用列车活塞效应，从而采用自然通风方式，节省风机的能耗。风机变频控制。通风空调系统的设备一般按远期高峰小时运行情况进行配置，而系统负荷随列车的对数、客流的变化而变化。在运行初期、近期客流及行车对数远没有达到设计水平，因此设备容量有较大的富余量；同样在非高峰时段的系统负荷较高峰时段也有较大的差距，也存在设备容量富余的问题。

（2）表冷器开启降低能耗。该设备设计为门式，两侧设轴，可以在通风季节电控延轴开启，降低系统的通风阻力和能耗。根据实测结果，$8 \times 10^4 \text{m}^3/\text{h}$ 的组合式空调机组，表冷器打开前的风机功率为 50 kW，打开后风机功率降为 36.8 kW。通过表冷器开启，在通风季节能耗可以降低28%左右。对于通风季节长的城市来说，节能意义非常重大。

（3）采用节能运行模式。由于城市轨道交通内部的发热量大，具有全年热负荷的特性，通风空调系统的设计应充分利用非空调季节室外的天然冷源对城市轨道交通内部进行冷却，尽量减少空调系统的运行时间，节约能耗。

（4）其他节能措施。车站的各风机及空调机组，根据环境的变化自动启动或停止设备，减少不必要的能耗。采用有效的空调风管、冷媒管等保温措施，减少冷量运输能耗。选用合理的室内温湿度标准，尽量取用温湿度的上限值，以减少空调冷负荷，降低制冷能耗。详细计算空调负荷及管路水力计算，选用合适的设备容量以避免浪费。

5）设备监控系统节能

采用综合监控系统对全线各车站内的变电所系统设备、通风空调系统设备、给排水系统设备、电梯系统设备、低压照明系统设备进行综合性的监控与调度管理。可以对全线的变电所系统的基础设备进行集中管理；根据不同季节、各车站不同的客流情况、室内外的环境情况，做到合理送排风（空调），使空调得到有效的利用；通过综合监控系统程序的合理设计、运营调度人员的合理组织可以减少能耗损失。

6）给排水系统

最大限度地利用市政自来水供水压力，采用生产、生活用水由市政自来水直接供水，消防给水系统平常运行时尽量利用市政自来水稳压。选用行之有效的新技术、新工艺、新材料和新设备，以提高供水的安全可靠性，降低能耗和水损。

车辆段应最大限度地利用市政自来水供水压力，给水加压采用变频供水设备或无负压供水设备，职工浴室热源可采用太阳能热水器。车辆冲洗和检修废水经处理、消毒后再回用于洗车或冲洗零部件，既节约用水，又保护环境，完全符合国家节能环保政策。建立中水处理和回用系统，并考虑雨水利用，以最大限度地节约水资源，进而减少环境污染。在有条件收集、处理和利用雨水时，应尽量利用雨水。

7）自动扶梯

采用具有变频调速功能的公共交通重载荷型自动扶梯，其特点是当扶梯空驶一段时间后，会自动将运行速度由 0.65 m/s 切换到 0.13 m/s 的节能运行速度。当有人乘坐扶梯时，通过其部传感器感知到有乘客后，其内部变频器将控制扶梯速度由 0.13 m/s 平稳过渡到 0.65 m/s 的正常运行速度，保证及时将乘车送至目的地。

8）车站综合 UPS 电源系统

新建城市轨道交通线路的弱电系统如通信、信号、综合监控、AFC 等均需要设置 UPS 电源。设置综合 UPS 电源系统，对各设备系统的 UPS 电源进行技术整合设置。这种方式符合系统集成的发展趋势，并具有实现资源共享，减少 UPS 电源设备的重复设置的节能效果。

**3. 城市轨道交通低碳节能技术发展方向**

1）加快研发环保型高架系统技术

城市轨道交通的高架线路具有建设安全风险小、建设速度快、投资见效快、运营成本低等优点。尤其是节省运营期的能耗，高架线的运营能耗仅为地下线的 0.45 倍，节能效果明显。但是多数已建高架线用于大运量城市轨道交通系统上，由于采用了较大轴重 A、B 型车辆，已运营高架线的震动、噪声对沿线居住环境、土地的经济价值确实存在一定的负面影响。

所以应该加快开展环保型高架系统的研究，即将高架线路的桥梁梁式、减震降噪综合控制、景观等作为一体进行综合研究。力求解决高架线的震动噪声、景观协调、沿线土地利用等问题，为扩大高架线路的敷设提供技术支持，也才能取得城市轨道交通低耗资、高效益的目的。综合轨道、轨旁减震降噪系统的技术措施，力求部分代替或取消声屏障，适合敷设高架线的环境条件及技术条件研究。

车辆、轨道的减震降噪技术和产品已有较系统的研究。目前应加快开展桥梁梁式对噪声尤其是结构二次噪声的影响研究，如研究城市轨道交通 U 形梁高架线系统等。同时也需要开展适合高架线敷设方式的系统制式，应采用低噪声的系统制式，如：直线电机系统、跨座式单轨系统等。

2）加快开发高效、低耗的新型设备与设备系统

针对目前城市轨道交通能耗大、能源利用效率较低的现状，最首要的工作就是抓紧开发高效、低耗的设备系统与新型设备。这里应包括设备系统和设备两个部分。

设备系统的开发主要是设计单位在方案研究阶段，将系统节能作为重要的设计目标，并且勇于创新，开发研究并采用新型的各种节能方案。如：在通风空调系统中采用变频变风量、表冷器可开启的集成通风空调系统；在控制系统的设计中采用智能环境控制系统，对车站与隧道内部的温度、湿度、空气质量、照明等进行有效的实时调控。

设备的开发主要是城市轨道交通有关设备供货商通过技术革新，降低所供设备的能耗。如：供电系统的能量回收装置可以通过回收列车刹车的机械能损耗用于其他列车的牵引供电，可以大大降低列车牵引能耗。但是由于国内产品不成熟，目前多采用进口设备。投资很高，影响了技术的推广。此外，集成通风空调系统中的可电动开启表冷器也是通过多次技术研发产生的节能产品。

3）提高城市轨道交通装备节能标准

目前，城市轨道交通尚没有专用的节能标准，通车套用一般楼宇建筑设备节能标准。考虑到城市轨道交通的特殊性与影响性，其标准应高于一般楼宇建筑设备的标准。对城市轨道交通装备的能耗标准应进行严格规定，以便在设计选型、设备采购时有据可依。

在城市轨道交通装备的招标采购中，不应简单地采用低价中标原则。应综合考虑设备的各项性能参数，突出重点，使国内生产厂家对其引起足够的重视，把精力投入到提高产品性能上来，避免单纯的价格恶性竞争。这样，有利于整个行业向高端发展，提高轨道交通的服务水平。

4）建立城市轨道交通设计节能标准

目前国内尚没有城市轨道交通设计节能标准。城市轨道交通应根据不同地区的气候特点，逐步建立完善各种能耗标准，指导与考核工程节能设计，并作为项目审批的条件。

鼓励城市轨道交通采用新型能源。随着科学技术的发展，太阳能、地热能源、海洋能源等新型能源已开始应用于很多行业，对于城市轨道交通来说，属于城市公共交通，能耗量巨大，若能合理使用这些新型能源，会产生很好的经济和社会效益。我们应该紧密跟踪各种新型能源的发展状态，适时地将其引入城市轨道交通建设。

5）加强城市轨道交通运营节能管理

城市轨道交通的能耗水平除了与设施是否先进有关，还与运营节能管理是否到位密切相关。如：运营部门应充分了解设备系统的节能设计思想，按照设计模式进行系统控制，并根据具体情况进行优化。保证各种节能设施的正常运转，如：空调系统根据室内温度调节冷水机组与通风机的工作状态，如果反应室内温度的传感器故障而没有得到及时修复，就会影响系统的正常运行，增加空调系统的能耗。

6）处理好节能与环保的关系

在节能的同时应处理好与环保的关系。有的系统方案能够节省能耗，但会影响环境，在这种情况下应服从环境保护的目标。如：地下水水源热泵空调系统可以降低空调系统能耗，但是会对地下水资源造成一定的污染和破坏，可能造成地下水水位下降，地面下沉等危险。因此，当节能与环保发生矛盾时应服从环保目标。

7）将节能作为建设决策的重要标准

节能不能仅停留在口号上，必须将是否节能作为工程建设决策的重要指标。如：对于南方炎热地区，屏蔽门系统可以有效降低空调季节的空调能耗，应大力推广使用；但是在北方寒冷甚至严寒地区，屏蔽门系统在非空调季节的通风能耗会高于非屏蔽门系统，不宜采用。在车站设置屏蔽门还是非屏蔽门的问题上，就应该根据节能的原则，在不同地区采用不同的方案，而不应该盲目攀比建设标准，不顾地区特点，全部设置屏蔽门。

## 9.2 城市轨道交通前沿热点问题

### 9.2.1 城市轨道交通网络化运营

城市轨道交通网络化的内涵应该包括网络化规划、网络化建设和网络化运营。

网络化规划是指从城市轨道交通网络而非单线角度规划网络形态、线网密度、线路走向、站点设置、枢纽布局和设施布点，从规划角度确保网络功能的合理性、资源利用的集约性和网络效率的最大化，并且应统筹考虑城市轨道交通网络与地面公交网络、对外交通枢纽的一体化规划发展。

网络化建设是指网络中各线路之间建设时序的合理衔接、标准制式的协调统一、系统的互联互通、资源的整合共享、换乘枢纽的同步建设，以及管理体系的协同高效等，以达到确保网络安全、提高网络效率、集约利用资源、体现以人为本、降低工程造价的目的。

网络化运营是指从网络而非单线角度建立包括构建运营体制架构、配置运营维护资源、确定线网联动职责、制订应急联动机制以及运营管理措施为主要内容的网络化运营管理体系，以确保轨道交通网络安全、可靠、高效的运营。

**1. 网络化的本质**

城市轨道交通网络化的本质体现在网络的开放性、可扩展性和发展的可持续性。网络的开放性表现在轨道交通网络与其他交通体系的有机衔接、相互支持与融合，同时也体现在构成网络系统的各专业技术接口的开放与标准化。网络的可扩展性体现在网络并非一成不变，会随着城市发展而发生变化，城市轨道交通网络应具有可伸展和调整的弹性；同时，构成网络系统的相关技术也应具备可以升级和扩展的能力。网络的可持续性主要体现在网络建设和运营成本的合理性和网络的可经营性，应形成具有网络持久良性循环发展的能力。

**2. 网络化的核心**

城市轨道交通网络化的核心就是要保证整个网络的安全、可靠、高效运营管理。网络的安全包括要保证乘客乘车的安全、保证车辆运行的安全和保证网络系统运转的安全。网络的可靠就是要保证整个网络运转平衡和网络系统的稳态。网络的高效就是要保证网络管理界面分明，层次清晰，网络体系系统科学、运转流程固化，网络信息交互准确、传递及时，网络运转智能高效及成本合理。

**3. 网络化运营关注的新问题**

1）统一化

城市轨道交通标准化包括运营需求标准化、建设标准化和运营管理标准化。运营需求标准化是前提，建设标准化是基础，运营管理标准化是保证。因此，要实现网络运营标准化首先应建立网络运营需求的标准，根据运营需求标准，在建设阶段要进行标准化的规划和设计，投入运营后建立标准化的运营维护管理体系，才能保障网络的安全、可靠和高效运营。

从宏观角度看，城市轨道交通标准化应包括网络中各线系统制式的协调统一，各专业系统采用的技术标准的统一；从具体建设和运营过程来看，标准化首先应该是运营需求的统一和固化，根据统一的运营需求形成标准的设计技术要求以及专业间标准的技术接口。在此基础上建立包括设施设备技术管理规定、各专业系统操作规程、维修规程、验收规程以及调度管理规程等一系列标准化的运营维护管理体系。

2）国产化

虽然我国轨道交通建设国家规定系统设备的国产化率要达到70%以上，但不能回避的是有些系统的关键装备和核心技术我们还没有完全掌握，尤其是没有被运营维护技术管理人员所掌握，这直接影响了城市轨道交通网络化运营的安全和可靠。尤其是当前设备系统技术发展日新月异，产品更新换代周期越来越短，很多先进的技术不断被应用到轨道交通建设中，我们应该在系统设备维修替代产品国产化方面下力气花功夫。只有这样才能从根本上改变运营阶段由于设备系统技术更新换代，带来备品备件缺失、技术方案只能跟着系统设备供货商走的状况。

3）系统集成化和专业（系统）匹配

在网络化运营过程中遇到的系统功能不完善、专业间系统和功能设计不匹配问题的根本是系统集成化问题。在建设过程中，由于各专业分工，往往专业人员各自强调自身专业的重要性，出现专业间各自为政的状况并不少见，对专业接口管理和集成管理相对薄弱，最终造成专业功能不匹配。因此系统集成要求打破专业界限和壁垒，专业间的匹配就是要避免出现专业"短板"现象，这对轨道交通总体设计、建设过程管理以及运营管理水平都提出较高的要求。应避免单纯追求某个专业的高标准和先进技术，而应该更多关注各个专业技术水平的协调匹配，以发挥各专业技术的最大效益。

## 9.2.2   真空管道超高速地面轨道交通

人类没有停止过对更高速度的追求，在这种追求过程中，前人的高速旅行期望不断地由梦想变成现实。迄今，公共运输工具中速度最快者当属飞机和磁悬浮列车，但速度超过200 km/h时，气动阻力占70%以上，牵引功率陡增，300~400 km/h时气动阻力达到90%以上（见图9-7、图9-8）。然而，飞机和磁悬浮列车均有其极限速度，这种速度并非人们旅行的最理想速度和终极速度。飞机和磁悬浮列车速度不能继续提高的障碍是空气阻力，空气阻力跟速度平方成正比例增加。这意味着要想在飞机和磁悬浮列车的基础上实现突破，创造下一代高速运载工具，则需要考虑从根本上减少或消除空气阻力。一个合乎逻辑的可能思路是：建设真空管道，让车辆无接触、无摩擦地在其中运行，即可使速度在飞机速度基础上数倍地提高。这种运输方式就是真空管道运输，英文中称为"evacuated tube transportation，ETT"，它将给今后的运输模式与运输格局带来革命性变化。

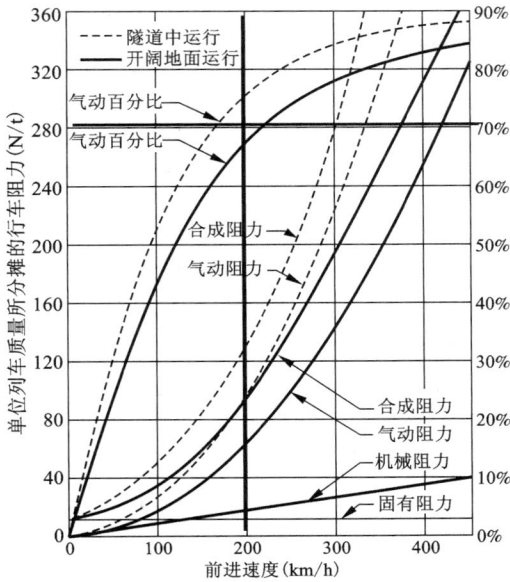

图 9-7 气动阻力(正比于速度平方)

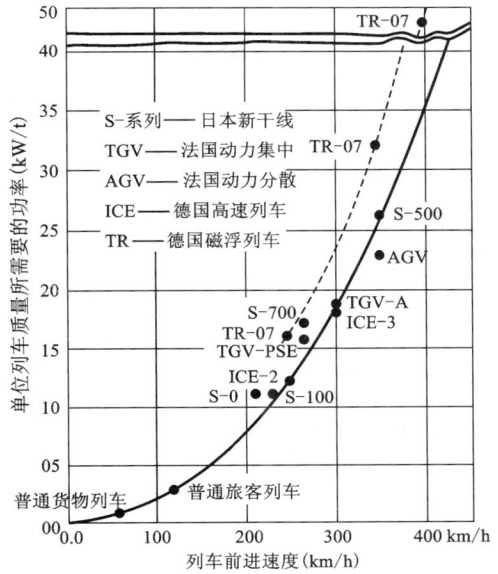

图 9-8 牵引功率(正比于速度立方)

### 1. 真空管道运输的设想

世界科技史上,任何一项重大发明或发现都是人类共同智慧的结晶,是一代又一代人思想积淀积累达到一定程度时质变的体现。最终实现这一转变者,即被人们认定为该技术的发明人或缔造者,从而载入科技发展的史册。至于真空管道运输,从思想萌芽到概念提出,再到专利申报与获得,大致也经历了类似的过程。

现代火箭之父 Robert Goddard,在 Worcester 工学院 1904 年的开学典礼上演讲时提到:在波士顿至纽约之间建一条真空管道铁路线,车辆通过电磁方式悬浮在轨道上,消除金属之间的接触,这种运行方式从波士顿到纽约的旅行时间只需 10 min(根据作家 Edward Pendray 所著的 Robert Goddard 传记记载)。

1965 年,Edwards LK 发表了题为"高速管道运输(high-speed tube transfortation)"的文章,提出了一个能够在 90 min 内从波士顿到达华盛顿的客运系统设想,此系统由一对抽成一定真空的管道组成,其中的车辆运行速度为 804.67km/h。

还有资料显示,早在 20 世纪 60 年代,美国麻省理工学院的专家通过技术分析,设想了一种高速运输工具——真空管运输系统,而且预计在 21 世纪可能成为现实。该设想的轮廓是:横贯美国东西,由纽约到洛杉矶修建一条长 3950 km 的地下隧道,隧道内抽成相当于 1‰个大气压的真空,将磁浮车系统安装在隧道内,在这种真空隧道中,时速可达 25000 km/h,即使采用该理论速度 1/4 的速度,即平均速度 6750 km/h,由纽约到洛杉矶也只要 36 min 30 s 的旅行时间。

Forgacs 的研究对真空管道与大气环境中的运输线路进行了比较。他提出的真空管道运输系统由真空泵抽成一定真空、埋置于地下,且用永久磁铁对车辆提供悬浮力,速度为966 km/h,相应的普通线路速度为 483 km/h。研究表明,真空管道中速度提高增加的效益远远大于开挖隧道增加的成本，足以补偿隧道开挖工程费用；真空管道运输系统对环保贡献巨大，而能耗又非常小。另外，对不同的悬浮方式作了比较，用电池提供悬浮力的系统可能造成牵引力损失，不如采用永久磁铁优越。还指出真空管道运输系统最好采用永磁悬浮模式。

1978 年，美国兰德(Rand，www.rand.org)公司的研究人员 Robert M. Salter 在他的研究报告(trans-planetary subway systems：a burgeoning capability)中作了如下描述：一种叫"运输之星"的地铁系统，由电磁支撑和在地下一定真空度的管道中运行的车辆组成，能够在 1 h 内穿越美国。该系统跟地方运输系统之间有转运连接，还可以进行货物运输。但是隧道开挖是一个复杂、昂贵的问题，在地下几百英尺的岩石中挖掘隧道要求采用先进的隧道挖掘机。

经过多年的研究与设计，美国佛罗里达机械工程师 Daryl Oster 于 1999 年获得真空管道运输(ETT)系统发明专利，至此，真空管道运输作为一项正式的专利技术被记录在世界科技发明史上。在此后的几年中，关于真空管道运输的评价，一些人认为它并不是什么新发明，也有人说在几十年前他们都有类似的设想。因为道理很简单，旅行速度要想继续提高，必须克服空气阻力，而在地表消除空气阻力的唯一有效方法就是建设真空管道。但是，历史的光环最终只落到对该发明起决定性作用的人身上。从这种意义上来说，历史所承认的真空管道运输系统的发明人大概只有 Daryl Oster 了。

### 2. 美国 Et3.com 公司的 ETT 研究工作

Daryl Oster 的 ETT 专利包括如下内容：沿线路方向的两根抽成真空的管道，车体，真空设备，悬浮部件，加速装置，能够回复能量的刹车系统，减震装置，管道定位器，辙叉系统，自动控制、检测与维护装置，施工方法，安全系统等。

为了促进 ETT 研究与开发工作，Daryl Oster 于 1999 年在美国佛罗里达州注册成立 Et3.com 公司。公司采用特许加盟制度，加盟费 100 美元，加盟后即成为 Et3.com 公司的一名特许人，不仅意味着持有该公司的一份股份，同时可以继续发展其他对 ETT 有兴趣、愿意支持、推动 ETT 发展的成员。这种方式的好处是可以调动和联合社会各界人士，把对 ETT 的支持者凝聚起来，从各自的领域为 ETT 早日实现贡献力量。

根据美国佛罗里达高速铁路建设署(Florida high speed rail authority，FHSRA)的计划，将在 Tempar-Lakeland-Orland 之间修建一条 137 km 的高速铁路。2002 年，共有来自世界各国的 17 家公司的技术方案得到提名。

Et3.com 公司的 ETT 方案名列其中。在 2003 年的最后一轮竞标中，共有 4 个方案入围，ETT 方案建议报告是其中之一。2003 年 3 月，FHSRA 主持的 4 个方案的竞标答辩在佛罗里达举行，当时 Daryl Oster 在中国，没能亲自出席答辩，导致 ETT 方案支持率下降。ETT 方案处于不利竞争地位的原因还有：①旧有技术势力较强大，形成对 ETT 这种新技术的抵制；②FHSRA的竞标主持者同时是其中一个方案的支持者，造成对其支持方案的偏袒和对 ETT 方案的歧视；③ETT 毕竟没有任何试验线，未经过实践检验，技术可行性容易受到质疑。

由于政府支持以及资金筹措等方面的原因，目前 FHSR 计划处于停顿状态。然而，ETT 从获得专利到列入政府高速线路备选方案，是一个不小的进步。

### 3. 瑞士的 Swissmetro 系统

Swissmetro 是一种完全设置在地下的交通设施，由两个直径 5 m 的隧道组成，线路的大部分从岩石中穿过，依据地形的变化，深度一般在地下 60～300 m 处。车站都设在城镇中心，跟城市和地面的运输线连接成网。隧道中抽成一定的真空，真空度大约跟 18000 m 高空的气压相当，这是协和式飞机作高速飞行所需的高度与大气密度，这种真空环境有利于减小空气对车体的阻力，节省用于驱动的能量。运行车体用磁悬浮方式，由直线电机驱动，设计运行速度 500 km/h。

本项目最早由 Rodolphe Nieth 在 20 世纪 70 年代提出，随后受到瑞士联邦理工学院专家的支持。在联邦政府和私人企业的资助下，于 1993 年 3 月完成预可行性研究，表明这种系统在技术上和经济上都是可行的。1992 年成立 Swissmetro 公司，为主要研究筹集到一定的必要资金。1997 年 11 月，向瑞士政府提交了修建 Geneva-Lausanne 线路的申请报告。1999 年 6 月，完成了主要的研究工作。

### 4. 我国在真空管道运输领域的研究与发展

早在 20 世纪 70 年代，我国有些报纸就对美国科学家提出的真空管道运输系统设想作过报道，后来还有一些评论文章相继见报。1988 年，老一代铁道工程专家郝瀛教授在他的《中国铁路建设》一书中，把真空管道运输系统视为未来铁路发展的一种模式作了介绍与描述。后来还有其他书籍作过类似的介绍。

2001 年，我国在这一领域的研究人员跟 Daryl Oster 建立联系，启动了真空管道运输在中国的研究与推动工作。令人欣慰的是，真空管道运输理念在中国的认可程度甚至超过美国。开始时，尚有部分嘲笑、怀疑和视其为科学幻想者，随着一些专业领域教授、院士层面专家表示出认同、关心和支持，人们开始转向理解，并给予力所能及的支持。

2002 年底，Daryl Oster 来到我国，先后应邀到北京交通大学、中科院电工所、西南交通大学、北京特运科技公司、铁道部专业设计院等单位演讲报告 ETT 及其研究工作。由于 Et3.com 公司提交给 FHSRA 的 ETT 方案选用高温超导磁浮技术，高温超导块材和永久磁铁是建设 ETT 系统的主要材料，所以 Daryl Oster 走访了北京有色金属研究院超导研究中心。作为意向的超导块材供应方，Et3.com 公司跟北京有色院超导中心签订了合作协议，其他签订合作协议的还有山西磁材联盟、铁道部专业设计院、北京交通大学建筑设计院、西南交通大学超导研究开发中心等单位。

作为外聘专家，Daryl Oster 在西南交通大学工作 3 个月，就建设高温超导磁浮模式的真空管道运输试验线进行了交流探讨。大家对世界上第一条真空管道运输试验线率先在中国建成充满信心。Daryl Oster 离开后，西南交通大学成立了"真空管道运输研究所"，正式启动了我国在真空管道运输领域的研究开发工作。这是世界上第一个由大学或者政府部门成立的真空管道运输研究机构，表明我国在这一领域的研究已经走在了世界前列。

### 5. 其他国家的相关研究

同中国、美国和瑞士相比，其他国家对真空管道运输的研究只限于部分学者通过写论文发表一些个人见解，均无专门的研究机构和协作团队，研究工作缺乏系统性和组织性。

2003 年，日本学者 M. Okano 等人在 Physic C 上发表文章：超导磁浮货运系统可行性研究——暨高温超导块材磁浮导轨的荷载特征。文中描述了一种在真空管道中行驶的货运系统，这种系统采用超导块材的磁通钉扎原理进行导向。

### 6. 发展趋势

真空管道运输从设想提出、概念形成到技术专利的确立，经历了一个漫长的过程。随着 20 世纪末材料工艺、航天工业、计算机、自动控制、高速铁路等技术走向成熟，建设 ETT 所需的基础条件已经具备。尤其是，互联网、电子商务、无线通信的高度发达，对便捷物流和超高速运输提出了新的要求。人类环保、能源意识的增强，也要求开发更加生态友好、节省能源的交通工具。因此现在启动 ETT 建设项目研究既有客观需求，又符合现实条件。

美国 Et3. com 公司的 ETT 系统和瑞士 Swissmetro 公司的 Swissmetro 系统都属于真空管道运输范畴，但二者之间有本质的区别。Et3. com 公司的 ETT 基于小管道断面、独立的小车体，高频率连续发车，除了可以低速运行，更追求高目标速度，不仅适合较短距离运输，长大距离更能发挥其优越性。而 Swissmetro 的出发点是为了解决瑞士本国或者欧洲范围内的运输问题，由于将来应用的目标区域较小，则没有追求超高速度。管道断面以及车辆大小跟现有的地铁相当，运行车辆采用组合车列方式。可见，ETT 模式更符合真空管道运输的未来发展方向。

目前，美国在真空管道运输领域的研究工作暂时处于领先地位。由于我国相关领域的研究人员能够瞄准这一国际前沿科技，并积极开展交流与合作研究，使得中国在真空管道运输领域的研究同样处于国际领先水平。近年来，我国经济保持持续高速增长，综合国力不断攀升，许多高端科技创新研究及应用开发进入世界前列。种种迹象表明，中国占领未来世界科技制高点的趋势越来越明显。就真空管道运输而言，我国具有非常有利的研究开发基础，具备率先建成世界第一条真空管道运输试验线路的环境条件。占领这一科技制高点是中国的机遇，也是中国实现跨越式发展的机会窗口之一。

## 9.2.3 磁悬浮轨道交通

磁悬浮轨道交通是一种靠磁悬浮力（即磁的吸力和排斥力）来推动的列车。由于其轨道的磁力使之悬浮在空中，行走时不同于其他列车需要接触地面，因此只受来自空气的阻力。磁悬浮列车的最高速度可达 500 km/h 以上，比轮轨高速列车的 300 多 km/h 还要快。磁悬浮技术的研究源于德国，早在 1922 年，德国工程师赫尔曼·肯佩尔就提出了电磁悬浮原理，并于 1934 年申请了磁悬浮列车的专利。1970 年以后，随着世界工业化国家经济实力的不断加强，为提高交通运输能力以适应其经济发展的需要，德国、日本等发达国家以及我国都相继开始筹划进行磁悬浮运输系统的开发。

由于磁悬浮列车具有快速、低耗、环保、安全等优点，前景十分广阔。常导磁悬浮列车可达 400～500 km/h，超导磁悬浮列车可达 500～600 km/h。它的高速度使其在 1000～1500 km 之间的旅行距离中比乘坐飞机更优越。由于没有轮子、无摩擦等因素，它比目前最先进的高速火车省电 30%。在 500 km/h 速度下，每座位/km 的能耗仅为飞机的 1/3～1/2，比汽车也少耗能 30%。因无轮轨接触，震动小、舒适性好，对车辆和路轨的维修费用也大大减少。磁悬浮列车在运行时不与轨道发生摩擦，发出的噪音很低。它的磁场强度非常低，与地球磁场相当，远低于家用电器。由于采用电力驱动，避免了烧煤烧油给沿途带来的污染。磁悬浮列车一般以 4.5 m 以上的高架通过平地或翻越山丘，从而避免了开山挖沟对生态环境造成的破坏。磁悬浮列车在路轨上运行，按飞机的防火标准实行配置。它的车厢下端像伸出了两排弯曲的胳膊，将路轨紧紧搂住，绝对不可能出轨。列车运行的动力来自固定在路轨两侧的电磁流，同一区域内的电磁流强度相同，不可能出现几辆列车速度不同或相向而动的现象，从而可能排除了列车追尾或相撞的危险。

### 1. 磁悬浮轨道交通分类

1）常导型磁悬浮列车

常导型也称常导磁吸型,以德国高速常导磁浮列车 Transrapid 为代表(见图 9 - 9)。

基本原理:它是利用普通直流电磁铁电磁吸力的原理将列车悬起。

工作原理:常导磁悬浮列车工作时,首先调整车辆下部的悬浮和导向电磁铁的电磁吸力,与地轨道两侧的绕组发生磁铁反作用将列车浮起。在车辆下部的导向电磁铁与轨道磁铁的反作用下,使车轮与轨道保持一定的侧向距离,实现轮轨在水平方向和垂直方向的无接触支撑和无接触导向。车辆与行车轨道之间的悬浮间隙为 10 mm,是通过一套高精度电子调整系统得以保证的。此外由于悬浮和导向实际上与列车运行速度无关,所以即使在停车状态下列车仍然可以进入悬浮状态。常导磁悬浮列车的驱动运用同步直线电动机的原理。车辆下部支撑电磁铁线圈的作用就像是同步直线电动机的励磁线圈,地面轨道内侧的三相移动磁场驱动绕组起到电枢的作用,它就像同步直线电动机的长定子绕组。从电动机的工作原理可以知道,当作为定子的电枢线圈有电时,由于电磁感应而推动电机的转子转动。同样,当沿线布置的变电所向轨道内侧的驱动绕组提供三相调频调幅电力时,由于电磁感应作用承载系统连同列车一起就像电机的"转子"一样被推动做直线运动。从而在悬浮状态下,列车可以完全实现非接触的牵引和制动。

磁场大小:常导型技术比较简单,产生的电磁吸引力也相对较小,接近地磁,小于许多家用电器,对人体不会产生影响,无须采取防护措施。

悬浮高度:常导列车悬浮的气隙较小,高度一般只有 8 ~ 10 mm。

速度:常导型高速磁悬浮列车的速度可达每小时 400 ~ 500 km,适合于城市间的长距离快速运输。

缺点:常导磁悬浮技术的悬浮高度较低,因此对线路的平整度、路基下沉量及道岔结构方面的要求较超导技术更高。

数据对比:Transparid 磁浮铁路系统是为旅客运输和高附加值货物运输而开发的,车辆的驱动、制动、悬浮、导向和供电以无接触方式进行。

迄今为止,德国共建造了 8 代磁悬浮列车(T9. T10 已经研制成功,但未投入正式运行),在试验线上运行总里程已达 35 万 km,乘坐人数近 30 万人次,积累了大量的经验和数据。1989 年,德国研制的 TR - 07 型磁悬浮车在实验线上获得了 435 km/h 的最高时速,1993 年又创造了 450 km/h 的时速。

2)超导型磁悬浮列车

超导型磁悬浮列车也称超导磁斥型,以日本 Maglev 为代表(见图 9 - 10)。

基本原理:它是利用超导磁体产生的强磁场,列车运行时与布置在地面上的线圈相互作用,产生电动斥力将列车悬起。

工作原理:超导磁悬浮列车的最主要特征就是其超导元件在相当低的温度下所具有的完全导电性和完全抗磁性。超导磁铁是由超导材料制成的超导线圈构成,它不仅电流阻力为零,而且可以传导普通导线根本无法比拟的强大电流,这种特性使其能够制成体积小功率强大的电磁铁。超导磁悬浮列车的车辆上装有车载超导磁体并构成感应动力集成设备,而列车的驱动绕组和悬浮导向绕组均安装在地面导轨两侧,车辆上的感应动力集成设备由动力集成绕组、感应动力集成超导磁铁和悬浮导向超导磁铁 3 部分组成。当向轨道两侧的驱动绕组提供与车辆速度频率相一致的三相交流电时,就会产生一个移动的电磁场,因而在列车导轨上产生磁波,这时列车上的车载超导磁体就会受到一个与移动磁场相同步的推力,正是这种推力推动列车前进。其原理就像冲浪运动一样，冲浪者是站在波浪的顶峰并由波浪推动他快速前进的。与冲浪者所面对的难题相同，超导磁悬浮列车要处理的也是如何才能准确地驾驭在移动电磁波的顶峰运动的问题。为此，在地面导轨上安装有探测车辆位置的高精度仪器，根据探测仪传来的信息调整三相交流电的供流方式，精确地控制电磁波形以使列车能良好地运行。

磁场大小：超导磁悬浮列车由车上强大的超导电流产生极强的电磁场，磁感应强度大小约为 5T(特斯拉)，技术相当复杂，并需屏蔽发散的强磁场。

悬浮高度：因而，超导磁悬浮列车悬浮气隙较大，一般可悬浮高达 100 mm。

速度：超导磁悬浮可达 500～600 km/h。

缺点：超导磁悬浮技术由于涡流效应悬浮能耗较常导技术更大，冷却系统重，强磁场对人体与环境都有影响。

数据对比：日本国铁于 1962 年开始私下研究超导磁悬浮列车技术，在 1964 年获得官方支持，6 年后国铁总部内建成了世界第一条悬磁浮列车试验装置。1977 年，在九州宫崎县建成世界第一条磁悬浮试验线(长 7 km)。

迄今为止，日本科学家先后研制成 10 余种磁悬浮列车试验车，在宫崎和山梨试验线上累计运行了十余万 km，载人已将近 10 万人次。

图 9-9　德国磁浮列车

图 9-10　日本磁悬浮列车

**2. 技术系统**

磁悬浮列车主要由悬浮系统、推进系统和导向系统 3 大部分组成，尽管可以使用与磁力无关的推进系统，但在绝大部分设计中，这 3 部分的功能均由磁力来完成。

1)悬浮系统

悬浮系统的设计，可以分为两个方向，分别是德国所采用的常导型和日本所采用的超导型。从悬浮技术上讲就是电磁悬浮系统(EMS)和电力悬浮系统(EDS)。

EMS 是一种吸力悬浮系统，是结合在机车上的电磁铁和导轨上的铁磁轨道相互排斥产生悬浮。常导磁悬浮列车工作时，首先调整车辆下部的悬浮和导向电磁铁的电磁排斥力，与地面轨道两侧的绕组发生磁铁反作用将列车浮起。在车辆下部的导向电磁铁与轨道磁铁的反作用下，使车轮与轨道保持一定的侧向距离，实现轮轨在水平方向和垂直方向的无接触支撑和无接触导向。车辆与行车轨道之间的悬浮间隙为 10 mm，是通过一套高精度电子调整系统得以保证的。此外由于悬浮和导向实际上与列车运行速度无关，所以即使在停车状态下列车仍然可以进入悬浮状态。

EDS 将磁铁使用在运动的机车上以在导轨上产生电流。由于机车和导轨的缝隙减少时电磁斥力会增大,从而产生的电磁斥力提供了稳定的机车的支撑和导向。然而机车必须安装类似车轮一样的装置对机车在"起飞"和"着陆"时进行有效支撑,这是因为 EDS 在机车速度低于大约 25 英里/h 无法保证悬浮。EDS 系统在低温超导技术下得到了更大的发展。

超导磁悬浮列车的最主要特征就是其超导元件在相当低的温度下所具有的完全导电性和完全抗磁性。超导磁铁是由超导材料制成的超导线圈构成,它不仅电流阻力为零,而且可以传导普通导线根本无法比拟的强大电流,这种特性使其能够制成体积小而功率强大的电磁铁。

超导磁悬浮列车的车辆上装有车载超导磁体并构成感应动力集成设备,而列车的驱动绕组和悬浮导向绕组均安装在地面导轨两侧,车辆上的感应动力集成设备由动力集成绕组、感应动力集成超导磁铁和悬浮导向超导磁铁 3 部分组成。当向轨道两侧的驱动绕组提供与车辆速度频率一致的三相交流电时,就会产生一个移动的电磁场,因而在列车导轨上产生磁波,这时列车上的车载超导磁体就会受到一个与移动磁场相同步的推力,正是这种推力推动列车前进。其原理就像冲浪运动一样,冲浪者是站在波浪的顶峰并由波浪推动他快速前进的。与冲浪者所面对的难题相同,超导磁悬浮列车要处理的也是如何才能准确地驾驭在移动电磁波的顶峰运动的问题。为此,在地面导轨上安装有探测车辆位置的高精度仪器,根据探测仪传来的信息调整三相交流电的供流方式,精确地控制电磁波形以使列车能良好地运行。

2)推进系统

磁悬浮列车的驱动运用同步直线电动机的原理。车辆下部支撑电磁铁线圈的作用就像是同步直线电动机的励磁线圈,地面轨道内侧的三相移动磁场驱动绕组起到电枢的作用,它就像同步直线电动机的长定子绕组。从电动机的工作原理可以知道,当作为定子的电枢线圈有电时,由于电磁感应而推动电机的转子转动。同样,当沿线布置的变电所向轨道内侧的驱动绕组提供三相调频调幅电力时,由于电磁感应作用承载系统连同列车一起就像电机的"转子"一样被推动做直线运动。从而在悬浮状态下,列车可以完全实现非接触的牵引和制动。

3)导向系统

导向系统是一种侧向力来保证悬浮的机车能够沿着导轨的方向运动。必要的推力与悬浮力相类似,也可以分为引力和斥力。在机车底板上的同一块电磁铁可以同时为导向系统和悬浮系统提供动力,也可以采用独立的导向系统电磁铁。

**3. 优缺点**

1)优点

总体来说,磁悬浮轨道交通具有高速、低噪音、环保、经济和舒适等特点。磁悬浮列车从北京运行到上海,不超过 4 h,从杭州至上海只需 33 min。在时速达 200 km 时,乘客几乎听不到声响。磁悬浮列车采用电力驱动,其发展不受能源结构,特别是燃油供应的限制,不排放有害气体。据专家介绍,磁悬浮线路的造价只是普通路轨的 85%,而且运行时间越长,效益会更明显。因为,磁悬浮列车的路轨寿命可达 70 年,而普通路轨只有 60 年。磁悬浮列车车辆的寿命是 35 年,轮轨列车是 25~30 年。此外,磁悬浮列车的年运行维修费仅为总投资的 1.2%,而轮轨列车高达 2.4%。磁悬浮高速列车的运行和维修成本约是轮轨高速列车的 1/2。磁悬浮列车和轮轨列车乘客票价的成本比约为 1:2.3。

作为目前最快速的地面交通工具，磁悬浮列车技术的确有着其他地面交通技术无法比拟的优势，它克服了传统轮轨铁路提高速度的主要障碍，发展前景广阔。

2）缺点

（1）由于磁悬浮系统是凭借电磁力来进行悬浮、导向和驱动功能的，一旦断电，磁悬浮列车将发生严重的安全事故，因此断电后磁悬浮的安全保障措施仍然没有得到完全解决。

（2）强磁场对人的健康，生态环境的平衡与电子产品的运行影响仍需进一步研究。由于电磁强、辐射大、制动差、环保低、安全不可靠、经常坐会导致男性阳痿、早泄和前列腺增生，女性会导致月经失调、痛经和妇科病等，未成年人会导致发育异常，不长个子、瘦弱、精神迟钝、反应性差。

2006年，德国磁悬浮控制列车在试运行途中与一辆维修车相撞，报道称车上共29人，当场死亡23人，实际死亡25人，4人重伤。这说明磁悬浮列车突然情况下的制动能力不可靠，不如轮轨列车。在陆地上的交通工具没有轮子是很危险的。因为列车要从动量很大降到静止，要克服很大的惯性，只有通过轮子与轨道的制动力来克服。磁悬浮列车没有轮子，如果突然停电，靠滑动摩擦是很危险的。此外，磁悬浮列车又是高架的，发生事故时在5 m高处救援很困难，没有轮子（有的磁悬浮列车有轮子），拖出事故现场困难；若区间停电，其他车辆、吊机也很难靠近。

### 4. 发展瓶颈

磁悬浮轨道交通虽然具有许多优势，但到目前为止，世界上正式投入商业运营的磁悬浮列车线路仅有个位数，运营国家有日本、韩国、中国。尽管德国早已有了实验线路，但并未投入商业运营。2005年上海浦东机场到市区30 km长的线路将投入正式运营，但磁悬浮列车要想与现今的普通轮轨式铁路一样，成为民众日常交通工具，尚存在一些瓶颈问题需要解决。

首先是安全方面。由于磁悬浮系统必须辅之以电磁力完成悬浮、导向和驱动，因此在断电情况下列车的安全就不能不是一个要考虑的问题。此外，在高速状态下运行时，列车的稳定性和可靠性也需要长期的实际检验。还有，则是建造时的技术难题，由于列车在运行时需要以特定高度悬浮，因此对线路的平整度、路基下沉量等的要求都很高。而且，如何避免强磁场对人体及环境的影响也一定要考虑到。

参加修建上海磁悬浮快速列车的电力专家介绍，敷设在磁浮工程全线的电缆，是德国进口的一种普通铝芯制高压电缆，受电后将产生20 kV高压。专家提醒有关部门，要注意工程沿线周围施工安全，并加强对沿线电缆的保护力度，以防止意外事故发生。

其次是资金难题。上海段约30 km的线路设计投资为100亿元人民币，而德国的两条线路，一条36.8 km，将耗资约16亿欧元；另一条长度78.9 km，则将耗资32亿欧元。实际施工中，根据地形、路面及设计运送能力的不同，当然造价也会相差较大。但无论如何，1 km的路线至少需要3.5亿元人民币的投资，也就是说，1 cm线路需要花费5000元修建。

---

**拓展阅读**

---

### ➢ 个体轨道交通（PRT）

个体轨道交通（personal rail transit，PRT）是一种起源于美国的新型交通模式，已有近50

年历史。PRT 具有车辆自动行驶、系统建设与运行经济、节地、节能、快速、安全、方便、车辆可个人拥有、山地适应性好等特点，极可能成为未来的主导交通方式（见图 9 - 11）。个人轨道交通将如同个人计算机（PC）一样对生活、生产、环境产生广泛深远影响。我国人口众多、土地与能源等资源极为匮乏、山地资源丰富利用稀少，应大力推行个人轨道交通，以取代占用土地多、安全问题多、环境问题多的小汽车交通模式。

**图 9 - 11　个体轨道交通 PRT 实例图**

1）PRT 主要特征

相对于现有的公交模式，公共汽车和地铁，PRT 是面向个人的交通工具，一台 PRT 一次只为一个人服务，根据这个人的出行要求规划特定的行驶路线，直达目的地，不会像公汽或地铁一样，为了其他乘客的需求中途停靠或绕行，不需换乘就可以到达轨道网络上的任一站点。时间上，也可以依个人的需要，随时使用 PRT，没有赶不上末班车的烦恼。

同时，PRT 是快速的，因为中途不停靠，不需要换乘，可以灵活使用最近路线，不用等车，随时都有 PRT 在最近的车站等候你使用，因为这些相对现有公交的优势，PRT 可以轻松地达到或超过公共汽车或地铁的旅行速度。

设计合理的 PRT 是一种真正的公共交通工具，具备公共交通工具运行成本低，节能的特征。同时 PRT 不需人工干预，在人力成本高涨的今天，PRT 的运行成本相对公交或地铁优势会更加突出。

世界上多个国家对 PRT 都有研究和投资，美国、英国、瑞典、新西兰、俄罗斯、印度等都有投入研究和建设。虽然参与的机构和个人众多，但大家都面临一个共同的问题，一是单位运力的建设成本，二是单位运输量的能耗。PRT 的关键，是如何在道岔实现导向，现有的导向方式主要有 3 类，侧面导轮导轨式，磁吸式，超声波测车与路边石间隙式。道路有钢轨，混凝土路面，磁悬浮等。

2）PRT 优势

（1）改变交通模式。交通模式的选择取决于交通运输的综合成本，主要因素有安全、交通基础设施建设与维护费用、车辆采购与运行费用、速度、舒适方便性、环境的友好性与卫生、单位投资的运送能力、单位运量的土地能源的消耗等。在土地紧张的城市一般选择节地交通模式或空间交通模式，为减少交通费用减低交通污染一般采用节能清洁交通模式，为减少交通事故人们选择可控性好安全交通模式，为舒适方便人们选择快速直达交通模式。自主转向个人轨道交通（PRT）所具有的安全、节地、自动行驶（节省驾驶劳动）、快速、舒适、直达(无换乘)、节能(约为小汽车能耗的 1/6)、环保、运行与维护经济、轨道可空间化架设等特点，极有可能取代目前小汽车主导的城市交通模式，在一定范围内取代铁路交通和航空交通成为未来主导交通模式。个人轨道交通取代小汽车的交通情形，原有城市道路变为绿地森林，个人轨道交通车辆在林地上空通行。

(2)改变商业与物流模式。自主转向悬挂个人轨道车(PRT)可方便将物品自动拿起运送投递到指定的地方，实现实物自动下载和无人送货，改变目前电子商务中物品投递依靠人员的状况，促进地区与国家边界弱化甚至消失，促进生产物流全球化。减少物品投递环节，提高物品投递速度、投递完好度、投递安全度、扩大电子商务的内容与空间范围，提高网络购物可靠度；自主转向悬挂个人轨道车采用小型行走机构，其自动轨道运行、利用风能太阳能的特点，可降低运行能耗，降低物品投递成本，减少投递的人力消耗，避免投递过程中人为的物品丢失损坏现象，提高网络购物可靠性和及时性；减少甚至取代目前商场或市场模式，减少流通环节、减少流通环节对人力和建筑空间的占用、减少流通成本，使生产产品直接送达消费者。

(3)改变土地利用。改变山地利用；自主转向悬挂个人轨道交通系统爬陡坡能力好、轨道空中架设经济，完全克服山地修路难修路贵通行难问题，使得我国大片高山山地、陡坡山地(含悬崖)、峡谷转变为可用土地，解决我国土地资源不足问题。改变滩涂沼泽地利用；自主转向悬挂个人轨道交通系统可安全经济环保地在沼泽地区通行，使滩涂沼泽地转变为可有效利用的土地。改变沙漠土地利用；自主转向悬挂个人轨道交通系统可安全经济地在沙漠地区通行，由于轨道悬挂在沙地上空不会出现沙丘掩埋道路的情况，轨道维护费用低，通行清洁环保安全快速，可充分利用沙漠地区丰富的太阳能和风能减少交通能耗，使人可在沙漠绿洲附近或有地下水的地区居住工作。将城市人口适当向广阔的山区、滩涂沼泽地区和沙漠地区的转移，实现普通中国城市人的别墅梦想和宽松梦想，使我国的旅游天地更广阔可利用旅游资源更丰富，使更多的易于保持水土的平原地、沟谷地用于绿化和种植。

(4)改变人口分布。个人快速轨道交通以及网络通信使人们在远离城市时也可快速廉价获得商品、服务和信息资源，集聚城镇动力将大为减少。在乡村山区可获得清洁空气与水、开阔宁静的环境、廉价土地资源、丰富风能和太阳能资源，生活质量更高成本更低；个人快速轨道交通将使人口分布再乡村化，城乡人口分布更均衡，改变目前城市人口密集乡村人口减少的趋势，改变目前平原人口密集山区人口稀少的状态、提高人员流动性、弱化地区观念、促进人口季节性迁移、促进人口在全球范围内合理分布。

> **上海磁悬浮列车**

上海磁悬浮列车专线西起上海轨道交通 2 号线的龙阳路站，东至上海浦东国际机场，专线全长 29.863 km。由中德两国合作开发的世界第一条磁悬浮商运线 2001 年 3 月 1 日在浦东挖下第一铲，2002 年 12 月 31 日全线试运行，2003 年 1 月 4 日正式开始商业运营，全程只需 8 min。

上海磁悬浮列车运营速度 430 km/h，部分时段运营速度 300 km/h，转弯处半径达 8000 m，肉眼观察几乎是一条直线，最小的半径也达 1300 m。乘客不会有不适感。轨道全线两边 50 m 范围内装有目前国际上最先进的隔离装置。磁悬浮列车的车窗是透光率较高的高质量玻璃，更好地保证乘客的乘坐体验与安全。

上海磁悬浮列车是世界上第一段投入商业运行的高速磁悬浮列车，设计最高运行速度为

430 km/h,仅次于飞机的飞行时速(见图9-12)。

　　磁悬浮列车上装有电磁体,铁路底部则安装线圈。通电后,地面线圈产生的磁场极性与列车上的电磁体极性总保持相同,两者"同性相斥",排斥力使列车悬浮起来(上海磁悬浮是"异性相吸"原理)。铁轨两侧也装有线圈,交流电使线圈变为电磁体。它与列车上的电磁体相互作用,使列车前进。列车头的电磁体(N极)被轨道上靠前一点的电磁体(S极)所吸引,同时被轨道上稍后一点的电磁体(N极)所排斥,结果是一"推"一"拉"。

　　磁悬浮列车运行时与轨道保持一定的间隙(一般为1~10 cm),因此运行安全、平稳舒适、无噪声,可以实现全自动化运行。磁悬浮列车的使用寿命可达35年,而普通轮轨列车只有20~25年。磁悬浮列车路轨的寿命是80年,普通路轨只有60年。此外,磁悬浮列车启动后39 s内即达到最高速度。目前的最高时速是日本磁悬浮列车在2015年达到的603 km/h。2007年法国TGV实验电气火车在专用试验轨道上测试达到过574.8 km/h的最高速度。2019年5月23日,我国时速600 km高速磁浮试验样车在青岛下线,标志着我国在高速磁浮技术领域实现重大突破。截止2020年5月,我国商业运营的磁悬浮线路有3条,分别为上海磁悬浮示范线、长沙磁浮快线、北京磁浮S1线。在建磁悬浮线路共计2条,未来规划建设磁浮线路共计9条,线路总计将超1000 km。

图9-12　上海磁悬浮列车

思考与练习

1. 近年来城市轨道交通装备与控制技术有哪些新进展?
2. 城市轨道交通运营过程中的能耗影响因素有哪些?
3. 如何实现城市轨道交通的节能减排?
4. 城市轨道交通网络化运营的主要难题是什么?
5. 简述真空管道超高速地面轨道交通的发展历程。
6. 磁悬浮列车的基本原理是什么?

# 参 考 文 献

[1] 上海申通地铁集团有限公司.轨道交通培训中心.地铁设计规范[M].北京：中国计划出版社,2003.

[2] 朱宏.城市轨道交通概论[M].北京：中国铁道出版社,2011.

[3] 吴命利.城市轨道交通概论[M].北京：北京交通大学出版社,2011.

[4] 王明生.城市轨道交通概论[M].北京：人民交通出版社,2012.

[5] 邱薇华,谭晓春,谭复兴.城市轨道交通车站设备[M].北京：中国铁道出版社,2012.

[6] 上海申通地铁集团有限公司.轨道交通培训中心.城市轨道交通概论[M].北京：中国铁道出版社,2012.

[7] 吴芳,颜月霞,马昌喜.城市轨道交通设备[M].北京：人民交通出版社,2012.

[8] 孙章,蒲琪.城市轨道交通概论[M].北京：人民交通出版社,2012.

[9] 彭辉.城市轨道交通系统[M].北京：人民交通出版社,2008.

[10] 杨林,姜保军.交通供配电与照明技术[M].北京：人民交通出版社,2010.

[11] 黄德胜,张巍.地下铁道[M].北京：中国电力出版社,2010.

[12] 方宇.城市轨道交通车辆概论[M].北京：中国铁道出版社,2012.

[13] 刘伯鸿.城市轨道交通车辆段信号技术[M].成都：西南交通大学出版社,2012.

[14] 刘伯鸿.城市轨道交通信号[M].成都：西南交通大学出版社,2011.

[15] 李钢.城市轨道交通综合监控系统的现状和发展[J].现代城市轨道交通,2012,(2)：18－20.

[16] 钟章队.铁路数字移动通信系统[M].北京：清华大学出版社,2012.

[17] 王文斌,刘力,孙宁.我国城市轨道交通轨道减震现状与发展趋势[J].暖通空调,2014,(4)：91－94.

[18] 李学峰,杨万坤.我国城市轨道交通车辆技术现状和发展趋势[J].暖通空调,2014,(4)：91－94.

[19] 李国庆.城市轨道交通通风空调系统的现状及发展趋势[J].铁道机车车辆,2008,28(12)：125－126.

[20] 陈鹏辉.城市轨道交通自动售检票系统的现状与发展趋势[J].城市轨道交通研究,2009,(5)：10－12.

[21] 赵红军.浅析我国城市轨道交通现状及发展趋势[J].内江科技,2011,(8)：45－46.

[22] 宋敏华.城市轨道交通节能技术发展趋势研究[J].工程建设与设计,2009,(1)：8－11.

[23] 蔡涵哲.城市轨道交通运输组织节能因素及方案研究[J].现代城市轨道交通,2013,(6)：68－71.

[24] 毕湘利.从网络化运营角度看当前城市轨道交通应关注的问题[J].地下工程与隧道,2010,(4)：8－11.